ARCHIVES HISTORIQUES
DE LA MARCHE & DU LIMOUSIN

publiées sous la direction

DE MM. ALFRED LEROUX & RENÉ FAGE

TOME I

NOUVEAUX
DOCUMENTS HISTORIQUES

SUR LA

MARCHE & LE LIMOUSIN

Publiés et Annotés

PAR ALFRED LEROUX

ARCHIVISTE DU DÉPARTEMENT DE LA HAUTE-VIENNE

Ancien Elève de l'Ecole des Chartes et de l'Ecole des Hautes Etudes

LIMOGES
IMPRIMERIE TYPOGRAPHIQUE D. GELY
10, rue des Grandes-Pousses, 10

1887

ARCHIVES HISTORIQUES

DE LA MARCHE & DU LIMOUSIN

publiées sous la direction

DE MM. ALFRED LEROUX & RENÉ FAGE

TOME I

NOUVEAUX
DOCUMENTS HISTORIQUES

SUR LA

MARCHE & LE LIMOUSIN

Publiés et Annotés

PAR ALFRED LEROUX

ARCHIVISTE DU DÉPARTEMENT DE LA HAUTE-VIENNE

Ancien Elève de l'Ecole des Chartes et de l'Ecole des Hautes Etudes

LIMOGES
IMPRIMERIE TYPOGRAPHIQUE D. GELY
10, rue des Grandes-Pousses, 10
—
1887

AVERTISSEMENT

Les cinq volumes de textes historiques sur la Marche et le Limousin qui ont été publiés depuis 1883 (1) *sont loin d'avoir épuisé la matière. Il s'en faut même de beaucoup qu'ils donnent au public érudit tous les documents essentiels à connaître. L'exploitation de nos archives locales reste donc, après comme avant, l'œuvre principale de ceux qui, à l'exemple de Baluze notre compatriote, ont souci de donner à l'histoire provinciale la seule base solide qu'elle puisse avoir : celle des témoignages contemporains des évènements.*

*Ce sont ces motifs qui nous ont déterminés à entreprendre, sous le titre d'*Archives historiques de la Marche et du Limousin, *un recueil périodique, analogue à ceux que possèdent déjà le Bordelais, la Saintonge, le Poitou, pour ne parler que des provinces voisines. Notre dessein est d'y insérer, sans égard à l'ordre chronologique, toutes les pièces qui méritent d'être connues sous leur forme intégrale : bulles, lettres-patentes, inscriptions, chartes de toute nature, disséminées jusqu'ici dans les bulletins de nos quatre Sociétés historiques, — chroniques, statuts, cartulaires, vies de personnages illustres, registres de délibérations, cahiers de doléances qui, en raison de leur étendue, n'ont pu encore trouver place dans ces bulletins.*

En n'acceptant dans notre recueil que les pièces pour lesquelles une analyse d'inventaire ne saurait suffire, nous estimons que vingt ou trente volumes permettraient de faire entrer dans le domaine public tout ce qu'offrent d'important les archives de nos trois départements limousins.

---

(1) *Documents historiques bas-latins, provençaux et français concernant principalement la Marche et le Limousin* publ. par MM. A. Leroux, E. Molinier et A. Thomas, anciens élèves de l'Ecole des Chartes. 1883 et 1885, 2 vol. in-8, Limoges, Ducourtieux

Registres consulaires de Limoges, t. III (1592-1662) publ. par MM. E. Ruben et L. Guibert. 1884, in-8, Limoges, Chapoulaud.

Chartes, chroniques et mémoriaux pour servir à l'histoire de la Marche et du Limousin publ. par MM. A. Leroux et Aug. Bosvieux. 1886, in 8, Tulle, Crauffon.

Livres de raison et registres de famille limousins et marchois publ. par M. L. Guibert avec le concours de MM. A. Leroux, A. Lecler et J. de Cessac (sous presse).

Mais ce nombre de trente volumes serait certainement dépassé si, concurremment avec les archives publiques (départementales, hospitalières ou communales), les armoires de familles et les cartons de notaires voulaient bien nous fournir leur contingent d'actes originaux. Il y a de ce côté des mines inépuisables comme en font foi, d'une part, les deux volumes que formeront les registres de famille et livres de raison limousins; d'autre part, l'inventaire des registres de notaires conservés aux Archives départementales de la Corrèze (série E. 204 et ss., 395 et ss.).

Nous sommes prêts à ouvrir notre recueil aux documents de cette provenance sous les conditions suivantes :

1º Envoi des pièces à l'un ou l'autre des deux directeurs soussignés, pour être transcrites et annotées. Les pièces communiquées seront retournées à leurs possesseurs dans le délai d'un mois ou deux, suivant les besoins, et publiées avec cette indication : Pièce sur papier (ou parchemin) en la possession de M. N., de X. ;

2º Au cas où le possesseur joindrait à la pièce originale une copie soigneusement exécutée, cette copie, collationnée et annotée par les directeurs responsables, sera insérée dans le recueil avec cette mention : Copie communiquée par M. N., de X., d'une pièce sur papier (ou parchemin) en sa possession ;

3º Les notaires qui enverraient copie de pièces postérieures à 1600, tirées des registres de leurs études, seront dispensés, s'il y a lieu, de l'envoi des originaux ;

4º Toute personne qui aura communiqué un ensemble de documents équivalant au tiers d'un volume, aura droit à la réception d'un exemplaire de ce volume.

A partir du commencement du XVIIº siècle, les actes sont presque toujours rédigés en français et d'une écriture ordinairement fort lisible. Tout homme instruit est donc en état de les comprendre et de les transcrire d'une manière satisfaisante. Le choix des pièces devra être déterminé soit par l'intérêt des faits qu'elles mentionnent (procès-verbaux d'assemblées paroissiales, transactions en matière contentieuse, testaments importants, chroniques locales, catalogues de bibliothèques, inventaires d'objets d'art, etc.) — soit par la qualité des parties dénommées (dignitaires ecclésiastiques, seigneurs laïques, hauts fonctionnaires, personnages connus, personnes civiles, etc.).

Nous n'épargnerons pour le bien de cette entreprise ni notre temps ni nos soins. Le présent volume prouve que notre éditeur est prêt à nous seconder de tout son pouvoir. C'est au public limousin qu'il appartient d'assurer le succès en s'intéressant comme il convient à une publication qui a pour objet de faire mieux connaître notre passé provincial.

Limoges, 15 novembre 1887.

Alfred LEROUX, René FAGE.

Autant que faire se pourra, les volumes à paraître contiendront toujours des pièces relatives à chacun des trois départements compris aujourd'hui sur le territoire de l'ancienne province de Marche et Limousin. Grâce à la collaboration bénévole de quelques membres de nos sociétés historiques locales, les documents ci-après énumérés sont prêts pour l'impression et paraîtront au fur et à mesure de l'écoulement commercial des volumes publiés :

— *Chroniques limousines des XVIe, XVIIe et XVIIIe siècles.*
— *Doléances du tiers état des villes de Châlus, Eymoutiers, Miallet, Oradour-St-Genest, Rochechouart, St-Léonard, St-Martin-Château en 1789.*
— *Privilèges et libertés de la ville de Beaulieu, XVe siècle.*
— *Statuts et règlements ecclésiastiques.*
— *Extraits des archives de Limoges, faits au XVIIe siècle par Pierre de St-Brunon et le P. Avril.*
— *Documents relatifs aux villes d'Eymoutiers, Guéret, Magnac-Laval, Rochechouart, Treignac, Turenne, etc.*
— *Nécrologes de Limoges, de Solignac et des Ternes, antérieurs au XVIe siècle.*
— *Documents liturgiques et relevés bibliographiques.*
— *Extraits divers pour servir à l'histoire littéraire, etc., etc.*

DOLÉANCES

DES CORPORATIONS & CORPS CONSTITUÉS

DE LIMOGES

1789

Les doléances des trois ordres du Limousin ont été publiées dès 1868 dans les *Archives parlementaires*. Nous n'avons donc pas à nous en occuper ici. Les doléances des paroisses et communautés semblent pour la plupart perdues. On trouve cependant celles de la paroisse de Mialet dans les *Archives parlementaires*, et celles de la paroisse d'Oradour-St-Genest aux Archives départementales de la Haute-Vienne.

Quant aux nombreux cahiers de doléances des corporations et autres corps constitués, deux seulement ont vu le jour :

1° Les doléances des grands vicaires ou demi-prébendés de l'église cathédrale de Limoges dans les *Archives parlementaires* ;

2° Les très humbles et très respectueuses représentations des chanoines de Tulle dans un *Recueil de pièces historiques* publié à Paris en 1789, (t. II).

Les cahiers qui ouvrent notre publication auraient dû sortir depuis longtemps de leur obscurité, car ils constatent d'une manière très précise l'état de l'opinion publique dans notre province en 1789 et traduisent ce profond désaccord des idées et des institutions qui fut, en somme, la première et véritable cause de la Révolution.

Nous donnons ces cahiers dans l'ordre même où ils ont été classés par M. Ant. Thomas en 1882. Nos numéros correspondent à ceux de son *Inventaire des Archives communales de Limoges*, série AA, n° 8. Il est à noter que ces cahiers ne sont que des minutes, dont quelques-unes cependant portent des signatures autographes. Il est possible que les originaux expédiés à Versailles aient offert quelques leçons différentes. En tout cas nous avons soigneusement suivi le texte que nous avions sous les yeux, en rectifiant seulement quelques incorrections grossières.

A. L.

I. — « **Objets que la compagnie du Sénéchal et Présidial de Limoges charge ses députtés de proposer à l'assemblée du Tiers-Etat de laditte ville pour être insérés dans le cahier des doléances, plaintes et remontrances.** »

Messieurs les députtés demanderont qu'avant tout il soit rendu de très humbles actions de grâces au Roy, de ce qu'il a bien voulu mettre le comble à toutes les preuves de bonté paternelle qu'il n'a cessé de donner à ses sujets depuis son avènement au trône, en convoquant les Etats généraux ; que Sa Majesté soit assurée que la nation sensible qu'elle gouverne, pleine de confiance dans ses promesses et dans les soins infatigables d'un ministre aussi éclairé que vertueux (1), employera tout son zèle pour concourir au rétablissement de l'ordre, à l'extirpation des abus et à la consolidation de la dette de l'Etat.

MM. les députtés proposeront ensuite que, dans le nombre des articles dont sera composé le cayer des doléances, plaintes et remontrances, on insère les articles suivans :

1. CONSTITUTION DE L'ÉTAT.

Que les Etats généraux fixent et déterminent d'une manière solennelle et précise les articles qui seront regardés désormais comme formant la constitution de l'Etat, de manière qu'il ne puisse rester ni incertitude ni équivoque sur le pouvoir

---

(1) Necker qui avait remplacé Loménie de Brienne au mois d'août 1788.

du souverain, sur les droits de la nation en général, sur ceux des différents corps de l'Etat ainsi que de chaque citoyen individuellement;

Que, pour assurer la stabilité et maintenir l'exécution des principes et de l'ordre qui sera établi dans les Etats généraux et en même temps pour perfectionner les opérations utiles qui pourraient y être faittes ou commancées, il soit réglé que les Etats généraux se rassembleront à des époques fixes et périodiques, par exemple tous les cinq ans;

Que les arrêtés pris par les Etats généraux et sanctionnés par Sa Majesté soient rédigés, les Etats tenans, en forme de loi, sans exiger pour leur exécution d'autre formalité que celle de la publication, pour laquelle tous les tribunaux seront compétans, sans qu'il soit besoin d'autre vérification préalable ;

Que les Etats généraux formant avec Sa Majesté le corps législatif de l'Etat, ils ne puissent être gênés par les restrictions mises aux pouvoirs donnés au députés de certaines provinces, toute volonté particulière devant céder à la volonté et à l'intérêt général ;

Que les opinions aux Etats généraux soient prises et comptées par têtes et non par ordres.

2. ADMINISTRATION DES PROVINCES.

Qu'il soit accordé des Etats provinciaux aux provinces qui les demanderont; que le Limosin on particulier soit admis à jouir de cet avantage ; que ces Etats soient constitués, quant à leur organisation et à leurs fonctions, sur le modèle de ceux du Dauphiné (1), sauf des modifications qui pourroient être jugées convenables ; qu'ils soient chargés, en seuls, de la partie des impositions, de celle des routes et autres travaux publics et généralement de tous les autres objets d'administration intérieure ;

Que ces Etats soient indépendans de tous autres et nommément de ceux dont la province de Guyenne sollicite pour elle le rétablissement, en demandant la réunion du Limosin et cherchant à se procurer l'acquiescement de plusieurs gentils-hommes par des voyes sourdes et indirectes ;

Qu'il soit formé une opposition directe à la demande de cette réunion, fondée sur les grands inconvéniens qui en résulteraient pour le Limosin, sur ce que cette province est à une distance énorme du chef-lieu de la Guyenne, qu'elle a toujours eu un régime absolument différent (2), une généralité distincte (3), un gouvernement séparé (4), une administration particulière ; que les fonds, les productions, le genre de revenu, d'industrie de ses habitants et le commerce y sont d'une nature tout à fait étrangère à la Guyenne, qu'en un mot le Limosin ne tient à cette province par d'autre rapport que celui du ressort d'un même Parlement.

3. IMPOTS.

Qu'il soit de nouveau déclaré et consacré aux

---

(1) Demande qui se répète huit ou dix fois dans les cahiers suivants, ce qui s'explique par le fait que le Dauphiné avait relevé ses Etats provinciaux quelques années auparavant.

(2, 3 et 4). Autant d'affirmations fausses historiquement, sous cette forme absolue. Vers la fin du règne de François I le Limosin relevait du parlement de Bordeaux, de la généralité et du gouvernement de Guyenne, sans compter qu'au moyen-âge il était sous la suzeraineté des comtes de Poitiers tout comme le Bordelais.

Etats généraux, comme une maxime fondamentale et inviolable, que nul impôt ne peut être établi ni prorogé sans le consentement de la nation régulièrement et librement assemblée ;

Que les impôts qui seront jugés nécessaires soient également et uniformément répartis entre tous les citoyens de tous les ordres au prorata de leurs propriétés et de leurs revenus, sans aucune exception ni privilège pécuniaire ; qu'ils soient compris sous une seule dénomination et dans un seul rôle ;

Que les collecteurs ou autres qui en feront le recouvrement soient tenus d'en faire la remise aux officiers municipaux ou autres préposés, dans la capitale de chaque province, qui verseront les fonds immédiatement au Trésor royal à des termes fixes et déterminés, sauf des fonds destinés pour les charges de la province que les Etats pourront se retenir ;

Que, dans les cas où des besoins urgents de l'Etat nécessiteroient une augmentation d'impôts, on la fasse porter de préférence sur les objets de luxe et de pure ostentation ;

Que, dans la nouvelle répartition des impôts qui se fera entre les provinces, on ait égard à ce que celle du Limosin, malgré la stérilité reconnue de son sol, se trouve infiniment plus surchargée dans l'état actuel que toutes celles qui l'avoisinent; et qu'une inégalité aussi accablante soit rectifiée ;

Qu'en supprimant les aides et gabelles dans les provinces qui y sont assujetties, ces provinces soient imposées proportionnellement aux autres où ces droits n'étoient point établis ;

Que l'on prenne en considération les moyens propres à encourager l'agriculture et les défrichemens par l'assurance qui sera donnée, à ceux qui feront des amelliorations, de ne pouvoir être augmentés dans leurs impositions pendant un tems déterminé.

4. ADMINISTRATION DE LA JUSTICE.

Que l'on effectue au plustôt la réforme déjà promise du *Code criminel* (1), dont on reconnoît depuis longtemps l'imperfection, d'autant plus dangereuse qu'elle compromet ce que les hommes ont de plus cher : l'honneur et la vie ;

Que, dans cette réforme, on ait égard à l'intérêt de l'accusé sans négliger celui qu'a la société de découvrir le coupable et ses complices qui, presque tous, échapent à la loi ;

Que, dans cet objet, il soit donné un conseil à l'accusé, mais seulement après la confrontation ;

Que le serment soit supprimé lorsque le délit sera de nature à mériter une peine afflictive ;

Que la question et la sellette soient entièrement abolies ;

Que le *Code civil* (2) soit aussi réformé : qu'on s'y attache principalement à abréger et simplifier la procédure, à la dégager d'une foule d'actes et d'écrits inutiles, qui ne font que grossir, prolonger et obscurcir les procès, en accumulant des frais ruineux pour les plaideurs ;

Que la justice soit rapprochée des justiciables, pour que ceux-cy ne soient plus obligés à des voyages longs, dispendieux, souvent répettés et infructueux, pour réclamer ou défendre leurs droits dans des tribunaux éloignés ; et pour cet effet, que toutes cours d'attribution soient suppri-

---

(1) Celui que Louis XIV avait promulgué en 1670.
(2) Celui que Louis XIV avait promulgué en 1667.

mées, ainsi que tous tribunaux d'exceptions, de sorte que chacun soit désormais jugé par ses juges naturels ;

Que, dans les mêmes vues, les ressorts trop étendus de certaines cours souveraines, telles que Paris, Toulouse, Bordeaux, soient restrains, et qu'il soit établi des tribunaux supérieurs dans le chef-lieu de chaque généralité, nommément dans cette province (1), comme étant la plus éloignée du parlement de Bordeaux et la plus intéressée à se plaindre des déplacemens longs et ruineux qu'y exige la poursuitte des procès ;

Qu'indépendamment de ces établissemens, les pouvoirs des présidiaux et des juridictions consulaires soient augmentés, pour que les affaires les moins importantes puissent se terminer le plus promptement et de la manière la moins dispendieuse possible ;

Que les droits dommaniaux de greffe, qui grossissent de plus d'un tiers les frais de procédure et achèvent d'épuiser les parties, soient modérés ;

Que la vénalité des charges de judicature soit abolie, ainsi que l'uzage des épices et émolumens ; qu'il soit pourvu au remboursement des offices et à l'établissement qu'il conviendra de donner aux juges pour prix du sacrifice qu'ils feront de leur tems ;

Que pour remplir les places vacantes dans les cours de judicature, on ne puisse prendre que des sujets qui ayent fréquenté le barreau pendant six ans et qui soient recommandables par leurs mœurs, leur probité et leurs talens ;

Que la réforme annoncée et devenue indispen-

---

(1) Ce passage semble provoqué par le désir de faire annuller une ordonnance royale de mai 1788 qui divisait le ressort du parlement de Bordeaux en quatre grands bailliages : Bordeaux, Condom, Dax et Périgueux, et subordonnait ainsi Limoges à Périgueux.

sable dans les écoles de droit et la manière d'y faire les études soit effectuée ;

Qu'il soit pourvu à la réformation des abus multipliés existans dans les juridictions seigneuriales qui, pour la plupart, ne sont composées que de praticiens ignorans ou avides, demeurant à des distances éloignées du chef-lieu de la juridiction ;

Qu'il soit enjoint en conséquence à tous seigneurs haut-justiciers d'avoir, dans le chef-lieu de leur juridiction, un auditoire, un greffe, des prisons et un concierge ; de ne prendre pour juge, procureur d'office ou greffier, que des personnes qui y soient domicilliées ou qui y fixeront leur domicile immédiatement après leur nomination ; que le juge en outre soit gradué ;

Qu'il soit accordé aux parties, tant en demandant qu'en défendant, la faculté de porter leurs causes directement devant les juge royaux.

5. LÉGISLATION.

Qu'entre autres objets de législation dont la réforme paroit utile, il soit statué que les délais accordés pour la restitution en entier contre les actes passés librement entre majeurs demeureront restreins à cinq ans, et que les mineurs devenus majeurs ne pourront non plus se pourvoir contre les actes où ils se prétendront lésés, après l'expiration des cinq ans à datter de leur majorité ;

Que tous arrérages de rentes foncières et directes ne puissent être demandés que des cinq dernières années et que le fonds en soit prescriptible par cent ans de non payement ;

Que toutes actions tendantes uniquement au

possessoire soient abrogées, ainsi que toutes formalités de rigueur en matière de retrait lignager et de décret ;

Que, dans les instances en saisie réelle et en distribution de deniers, il soit réglé que les frais en aucun cas ne pourront excéder le cinquième de la valeur de l'objet saisi réelement ou de la somme à distribuer ;

Que les droits de guet, bannalité et autres qui tiennent de la servitude soient entièrement abolis.

6. DOMAINES ET DROITS DOMANIAUX.

Que les domaines du Roy, dont le revenu, eu égard à leur valeur intrinsèque, est presque nul et en grande partie absorbé par les frais de régie et perception, soient aliénés et le prix en provenant appliqué au remboursement des offices supprimés et à l'acquittement des dettes de l'Etat ; ces fonds, en rentrant dans le commerce, supporteront leur cotte-part des impositions communes, qui tournera au soulagement des autres. Ils deviendront aussi sujets à des droits de mutation qui accroîtront les revenus publics ;

Que l'administration des haras qui, dans cette province, loin de produire aucun bon effet, n'a servy jusqu'à présent qu'à gêner la liberté et à détruire la race des beaux chevaux, soit supprimée comme infiniment dispendieuse et qu'il soit permis à tous particuliers de tenir des haras.

Les droits de contrôle, centième denier, francs fiefs et autres droits domaniaux se trouvent, dans l'état présent, portés à un taux excessif. Il existe dans ce code tant de règlemens ignorés ou contradictoires que presque tout y est devenu arbitraire et que les citoyens y sont absolument à la mercy des préposés, intérressés à grossir et à multiplier ces droits, sans espoir ni moyen d'obtenir justice ;

Que, pour faire cesser un abus aussi préjudiciable, les droits soient modérés et classés dans un tarif clair et précis qui puisse être connu de tout le monde et qu'il ne soit plus permis d'éluder par des interprettations forcées ou des décisions particulières ;

Qu'il soit établi pareillement des règles certaines pour déterminer les cas où la consolidation du domaine utile avec le domaine direct sera censée opérée ;

Qu'en supprimant le tribunal odieux des fermes, où les parties sont seules juges de leurs propres intérêts, toutes contestations, à raison des droits qui en dépendent, soient portées aux tribunaux ordinaires, devant lesquels les préposez, en cas de mauvaise contestation, seront condamnez aux dépens.

Le domaine du Roy est surchargé, dans l'état actuel, de l'entretien d'un nombre prodigieux de bâtards, enfans exposés (1) et femmes enceintes. Le transport des lieux éloignés aux hôpitaux est meurtrier pour les enfans ; les placemens multipliés difficiles et ruineux pour les hôpitaux ;

Que, pour obvier à ces inconvéniens, il soit pris des moyens efficaces, afin que les seigneurs ou les communautez, dans les cas où les uns ou les autres peuvent-être tenus de ces fraix, ne parviennent plus aussi facilement à s'en décharger et à les verser sur l'Etat.

---

(1) Voyez sur ce point notre *Inventaire des Archives hospitalières de Limoges*, série G, n°° 38 à 75.

7. CLERGÉ.

Qu'en renouvellant les dispositions des loix qui prohibent la pluralité des bénéfices, il ne soit plus permis d'accumuler sur la même tête des titres et des revenus qui feroient l'état et fourniroient à la subsistance de plusieurs individus, sauf à pourvoir par des réunions à l'augmentation des bénéfices à conserver qui ne seroient pas suffisamment dottés ;

Que tous les abbés, prieurs et autres bénéficiers soient tenus de résider dans le chef-lieu de leur bénéfice, et qu'à défaut de résidence ils soient privés du tiers de leurs revenus, proportionnellement au tems de leur absence ; qu'à la diligence du ministère public, ce tiers soit saisi et versé dans les mains du curé ou sindic de la paroisse, pour être employé au soulagement des pauvres, et qu'il soit rendu compte de cet employ aux procureurs du Roy de chaque siège ;

Que le sort des curés soit amellioré ; que leur revenu soit porté pour les moindres cures à 1200 ll., et plus haut pour celles qui seront plus considérables ; qu'au moyen de ce revenu tout cazuel soit supprimé ;

Que, dans le cas ou les dîmes de la paroisse seroient insuffisantes pour remplir ce revenu, il y soit pourvu par des réunions ou des arrondissemens (1) ;

Que dans la distribution des bénéfices on n'ait pas seulement égard à la naissance, mais que

---

(1) C'est-à-dire en réunissant aux paroisses quelques prieurés décimateurs ou en les arrondissant de nouveaux villages.

tous les éclésiastiques, de quelque rang qu'ils soient issus, dont le mérite sera reconnu, soient appelés à y participer.

8. EMPLOIS MILITAIRES ET PENSIONS.

Que l'ordonnance humiliante pour le Tiers-Etat, qui n'admet en qualité d'officiers dans les troupes du Roy que des gentilshommes, soit révoquée ; que ce débouché soit ouvert aux enfans de tous les citoyens honnêtes ; qu'ils puissent parvenir aux mêmes grades et prétendre aux mêmes récompenses ;

Qu'il ne soit plus accordé de pensions de faveur, mais à ceux là seulement qui auront rendu à l'Etat des services réels régulièrement constatés ; et qu'à cet effet, il soit étably un tribunal digne de confiance, chargé d'examiner et juger le mérite des demandes qui seront formées à cet égard.

9. COMMERCE.

Que le commerce intérieur soit dégagé de tous droits particuliers d'une province à l'autre ; que les douanes soient reculées aux frontières du royaume et que toutes marchandises puissent librement circuler dans toute son étendue.

10. LIBERTÉ DE LA PRESSE ET LIBERTÉ INDIVIDUELLE.

Que la liberté de la presse soit accordée pour

tous les ouvrages qui seront souscrits (1) par leurs auteurs, en ce que ceux-ci en demeureront responsables ; et que l'impression de tous écrits anonimes soit prohibée sous les peines les plus sévères ;

Que chaque citoyen soit maintenu dans la liberté que la nature et les loix lui accordent ; qu'en conséquence il ne puisse y être, dans aucun cas, porté atteinte sans une information, au moins sommaire, préalablement faitte devant le juge royal des lieux, et que toutes voyes jurisdiques soient ouvertes aux prévenus pour parvenir à leur justification.

11. ÉDUCATION PUBLIQUE.

Qu'il soit arrêté un plan d'éducation publique, le plus propre à former des citoyens pour toutes les classes de la société, et qu'à cet effet, tous les collèges du royaume soient mis entre les mains de corps en état d'instruire la jeunesse, qui seront tenus de se conformer au plan général, de sorte que, dans tous les établissemens de ce genre, l'éducation soit uniforme et suivie avec les mêmes soins.

Délibéré dans la chambre du conseil de la cour sénéchalle et présidialle à Limoges, le vingt-cinq février mil sept cent quatre-vingt-neuf. Signé : ROULHAC, RABY DU SIRIEIX, RUBEN, DEBEAUNE, BONNIN DE FRAIXEIX, PECCONET DU CHATENET, NAVIERRES, JUGE ST-MARTIN, LENOIR DE LAVERGNE, PECCONET fils et DE SAVARY, conseillers ; JUGE DE LABORIE, LAMY DE LACHAPELLE et MURET DE PAGNAC et BOISSE.

BONNIN DE FRAIXEIX, sindic.

---

(1) C'est-à-dire signés.

II. — Cahier des officiers de l'Election de Limoges.

OBSERVATIONS SUR L'IMPOT DE LA TAILLE.

Le Limouzin est la province du royaume la plus chargée d'impositions, eu égard à son médiocre revenu et à la stérilité de son terroir, dont la moitié est inculte et ne peut produire aucune espèce de revenu. De là viennent les émigrations annuelles du dixième de la population (1).

On a souvent fait des comparaisons de la taille qu'elle paye avec celle des provinces qui l'avoisinent, telles que le Périgord, le Poitou, la Marche et le Berry, par le résultat desquelles on voit que le Limouzin paye plus de moitié en sus dans la propportion des dittes provinces. On a cherché à découvrir le motif de cette disproportion, qu'on n'a pû établir que sur le rachat des droits d'aide et de gabelle dont le Limouzin a toujours été exempt, ce qui a donné lieu, à différentes époques, à une augmentation graduelle sur la taille, dont la proportion s'est accrue par l'établissement de l'imposition militaire et de la capitation.

Un autre motif a pu aussi concourir à cette augmentation. Les biens-fonds de cette province ont été successivement arpentés et estimés depuis

---

(1) L'habitude de ces émigrations semble s'être introduite au xive siècle. Les registres de notaires aux trois derniers siècles en fournissent des preuves multiples.

cinquante ans par les ordres de Messieurs les intendans (1) et l'imposition de la taille, répartie d'après ces estimations, a donné lieu à une augmentation considérable, puisqu'il y a encore environ le cinquième des paroisses qui n'ont point été arpentées, lesquelles ne sont pas aussi chargées que les autres.

Il faudrait donc pour établir l'égalité sur l'impôt de la taille dans toutes les paroisses du royaume :

1ᶜ Que tous les biens-fonds, sans exceptions quelconques et sans distinction particulière de ceux appartenant aux ecclésiastiques, nobles et privilégiés, fussent imposés à la taille ;

2° Pour en fixer la proportion, il faudrait se procurer des baux à ferme, dont on trouveroit plusieurs dans presque toutes les paroisses, qui serviroient de baze à l'estimation des fonds non affermés, lesquels seroient imposés dans une proportion équivalente à ceux qui le sont, sous la distraction néanmoins d'un cinquième ou sixième du montant des fermes, eu égard aux réparations à la charge du propriétaire ;

3° La masse totale de la taille dans chaque province étant fixée d'après une évaluation des fonds prise dans la proportion de ceux qui sont affermés, le Limouzin devroit surement obtenir une diminution considérable, ou du moins ne pas éprouver d'augmentation pour la liquidation des dettes de l'Etat. Car si on parloit pour une augmentation de la masse de l'imposition actuelle dans chaque province, le Limouzin ne pourroit la supporter, puisque depuis nombre d'années il est accablé par celle qu'il paye déjà, qui monte au moins au tiers du revenu réel des biens-fonds,

---

(1) Ces arpentements se retrouvent souvent aujourd'hui dans les archives des communes sous la forme de gros in-folios fort nettement rédigés.

et que, pour en faire le recouvrement, on est obligé d'employer des huissiers dont les frais montent annuellement dans la province à plus de soixante mille livres, sans compter le préjudice résultant de la vente des meubles exécutée fréquemment sur les parties hors d'état de payer (1).

L'établissement d'un Etat provincial (2) dans la province du Limouzin ne pourroit donc être que très avantageux aux contribuables en général pour parvenir à une plus juste répartition de l'impôt, indépendamment des économies qui résulteroient facilement des procédés que cette nouvelle administration emploiroit pour faire la levée des contributions et en opérer le versement à la caisse royale. Cette économie s'étendroit encore sur les autres parties de l'administration qui luy seroient confiées, telles que celles de l'entretien des grandes routes, ponts-et-chaussées, etc.

SUR LES ABUS DANS LA PERCEPTION DES DROITS DE CONTROLLE DES ACTES.

Tout autant qu'il n'y aura pas de règles fixes, reconnues de tout le monde, sur les droits de controlle des actes, le public sera toujours à la discrétion des traitans, qui, intéressés personnellement à grossir les droits de controlle, donnent aux actes toutes les interprétations qu'il leur plait, forcent d'avance au paiement de droits

---

(1) Fréquemment aussi les huissiers étaient reçus à coups de fourches et voyaient se déchaîner contre eux l'ensemble de la population dans certains villages pauvres, éloignés du chef-lieu. Il subsiste bon nombre de procès-verbaux de ces violences.

(2) Singulier bien incorrect puisque l'assemblée ainsi désignée devait forcément comprendre les trois états de la province.

souvent injustes et exigent des doubles et triples droits de ceux même qui, par ignorance et sans être prévenus, laissent écouler des délais dont ils n'ont aucune connaissance. Et la difficulté de se pourvoir au Conseil (1), soit à cause du peu de relation qu'on y a, soit à cause des frais considérables qui en résulteroient, fait qu'on préfère d'abandonner une demande juste, plutôt que d'employer des moyens trop dispendieux.

Sans entrer dans le détail de la multitude de droits de controlle perçus injustement, on n'en citera que deux qui feront connoître jusques où peut aller l'extension [des exigences] de ces percepteurs.

Il est d'usage que dans les contrats de mariage les deux futurs se font un don mutuel de gain de survie. L'un de ces droits ne peut avoir lieu qu'en faveur de celuy qui survit; on perçoit néantmoins tout de suitte le droit de controlle en entier sur tous les deux, quoique l'un ne puisse jamais avoir d'exécution et que l'autre ne doive donner ouverture au droit de controlle qu'au moment du décès de l'un des conjoints.

Dans les contrats de vente d'un bien roturier, on force l'acquéreur ou le vendeur de déclarer la quantité des rentes qui sont dues, et on exige le centième denier du capital de la valeur des dittes rentes, quoy qu'elles n'appartiennent ni au vendeur ni à l'acquéreur; et si, le lendemain, le propriétaire de la rente la vendoit, on feroit payer de nouveau le même droit.

Il est une foule d'autres droits non moins injustes. Les notaires, pour chercher à y soustraire les parties, donnent souvent des tournures dans les actes, qui en rendent les clauses louches

---

(1) Au Conseil du roi dit quelquefois Conseil d'Etat.

et occasionnent dans les familles une multitude de procès.

SUR LE DROIT DES FRANCS FIEFS.

Le droit de franc fief n'est pas moins injuste et onéreux et se ressent de la barbarie des temps passés et de l'ancienne servitude. En effet, si tous les hommes naissent libres, ne peut-il leur être permis de posséder des fiefs qu'en payant le droit dont le noble seul doit être exempt? Ces fiefs ne sont-ils assez chargés par des impôts considérables, sans y ajouter le droit de pouvoir jouir pendant vingt ans d'un fief qui appartient au propriétaire, soit à titre de succession, soit à titre d'acquisition? Et ce droit qui a été fixé à une année du revenu, sans aucune distraction des impôts auxquels ce fief est assujetti, s'est accru successivement non seulement par l'addition des dix sols pour livre, mais encore par l'établissement d'un cinquième en sus pour les droits féodaux et les cinq sols pour livre de ce cinquième. Tous ces droits réunis forment presque le double du premier droit, de sorte qu'on fait payer au propriétaire, sur vingt ans de jouissance, deux années d'avance du revenu de son bien, sans qu'il ait joui de rien et sans s'embarrasser des moyens qu'il peut avoir pour payer les impositions de ces deux années. Si vous ajoutez encore que ce même droit est dû à chaque mutation soit par mort, soit par vente, il s'ensuivra que le revenu des fiefs possédés par le Tiers-Etat est envahi par le traitant tous les cinq à six ans, pour s'enrichir aux dépens du propriétaire, puisque les frais de perception et des remises qui luy sont faittes absorbent peut-être la moitié du produit de ces droits. En les affranchissant de cette servitude, cela donnerait lieu à une infinité de mutations qui procureroient un revenu bien supérieur à celui qu'on en retire.

DROIT SUR LA MARQUE DES CUIRS.

Le droit perçu sur la marque des cuirs en a été fixé de manière qu'il devient non seullement onéreux au public, mais préjudiciable à sa santé.

Indépendemment que la médiocre produit qui en résulte est en partie employé aux frais de perception, les cuirs sont aujourd'hui mal aprêtés et ont perdu de leur ancienne bonté depuis l'établissement du droit, parce que les commis chargés de cette partie font tous les jours des visites sévères chez les tanneurs, fouillent jusques dans les fosses, en font enlever les cuirs qui n'ont pas encore acquis le degré de perfection ; ou le tanneur lui-même, qui trouve une occasion de se soustraire aux droits, les fait enlever pour les vendre en cachette et à meilleur marché. De là vient la mauvaise chaussure qui prend facilement l'humidité et occasionne souvent des maladies.

Le vœu général dans la province du Limousin ne peut qu'être unanime pour demander la suppression de tant de droits onéreux à ses habitans. Et si les circonstances actuelles des affaires du royaume ne permettent pas aux Etats généraux de les supprimer en entier sans subsituer à la place un équivalent de leur produit, versé à la caisse royale pour la liquidation des dettes de l'Etat, cette province préférera toujours une augmentation d'impôt quelconque, moins onéreux au public et moins dispendieux dans sa perception.

SOLIDARITÉS DANS LE LIMOUZIN.

Un autre objet non moins intéressant dans la province du Limouzin pour les propriétaires de biens-fonds concerne les solidarités que les seigneurs sont en droit d'exercer pour le payement de leurs rentes.

Cette province étant régie par le droit écrit, la loy permet de prendre un solidaire pour le payement en deniers ou quitance de la rente duë, et cette demande peut remonter aux trente années antérieures. Ces solidarités retombant le plus ordinairement sur le païsan ou le laboureur, gens peu instruits, qui ne scavent ni lire ni écrire, ils se trouvent embarrassés pour le rapport de leurs quittances et celles des autres tenanciers des trente années dernières, qu'ils ont le plus souvent perdues ou négligé de conserver, ce qui cause le dérangement et même la ruine de cette classe de citoyens.

Il y a nombre de provinces où on ne peut former de demande pour les rentes foncières que de cinq ans, et, par tout le royaume, les arrérages d'une rente constituée ne peuvent se demander que de cette même époque. Pourquoy faire une distinction particulière de celles-cy avec les rentes foncières ? Le délai de cinq ans est bien suffisant pour que les seigneurs puissent se faire payer ou faire des actes conservatoires.

Si ces principes étoient adoptés, il seroit encore essentiel de fixer la prescription des rentes foncières à trente années, dès qu'elles n'auroient été ni servies ni reconnues dans cet espace de temps. Cette loy se pratique en Marche et peut-être dans d'autres provinces. Car il est injuste que des familles, après avoir joui paisiblement pendant des siècles leurs biens sans payer de rentes, soient recherchées sur d'anciens titres dont le rachat des rentes peut avoir été fait, mais dont on est hors d'état de pouvoir justifier des contrats, les biens ayant souvent passé sur la tête de cinq ou six générations.

Cette province a donc lieu d'espérer que, dans la réforme des abus sur l'administration de la justice, une loy juste et équitable, mettra les citoyens à l'abri de recherches qui troublent leur repos et dérangent leur fortune.

III. — « Cayer des doléances et des vœux du corps des officiers de la Monnoîe de Limoges. »

1° Qu'à l'assemblée des Etats généraux l'on opinera par tête et non par ordre ;

2° Que les ordres du Clergé et de la Noblesse seront imposés comme le Tiers-Etat, sans égard aux privilèges, et qu'il n'y aura que des distinctions honorifiques pour ces deux premiers ordres ;

3° Que le Clergé payera sa quotité des impôts, nonobstant la somme des intérêts qu'il paye, à cause des emprunts qu'il a cy-devant faits, si mieux il n'aime aliéner une partie de ses fonds pour opérer sa liquidation ;

4° L'aliénation des domaines de la couronne pour rembourser les dettes de l'Etat, à commencer par les plus onéreuses ;

5° L'abolition des francs-fiefs, qui est un impôt injuste et énorme ;

6° L'établissement des Etats provinciaux pour pour le haut et le bas Limousin et en fixer le siège à Limoges ;

7° La création d'une cour supérieure à Limoges (1) ;

8° Demander que, lors de la répartition générale des nouveaux impôts, la province du Limousin n'y soit comprise qu'en raison de ses revenus et que l'on ne prenne pas pour baze l'ancien plan dans lequel le Limousin est imposé à un taux beaucoup au dessus de ses moyens, comparativement avec les autres provinces du royaume non sujettes à la gabelle ;

9° Que le département qui doit fixer l'imposition de chaque paroisse soit fait par les Etats provinciaux du Limousin, et que les décharges ou indemnités soient accordées par les mêmes Etats, et que les dettes, décharges ou indemnités soient connues par la voie des affiches à la porte de chaque église paroissiale, tous les ans, et par une récapitulation générale formant la somme totale de toutes les indemnités accordées dans toute la province, laquelle récapitulation générale sera imprimée et affichée dans toutes les villes de la province ;

10° Les impôts ne pourront avoir aucun accroissement que du consentement de la nation représentée par les Etats généraux ou une commission intermédiaire, établie par eux ; et l'enregistrement des édits concernant l'administration sera interdit à toute cour souveraine ;

11° Il est bien à désirer que l'on fasse un nouveau tarif, aussi clair et précis que faire se pourra, pour fixer et manifester à tout le monde les droits dommaniaux et de controlle qui sont un dédale dont fe fil n'est pas même également connu par tous les employés du domaine,

---

(1) Limoges possédant déjà un présidial, c'est donc un parlement que l'on demande ici.

dont les injustices et les vexations sont toujours soutenues par des arrêts rendus au Conseil et préparés par les administrations des domaines ;

12° La liberté après l'honneur est sans doute le bien le plus précieux. Ainsi, attenter d'une manière arbitraire à la liberté d'un citoyen est un despotisme révoltant. Telles sont les lettres de cachet : cependant elles peuvent être quelquefois utiles soit pour conserver l'honneur des familles, à cause de l'opinion et du préjugé, soit pour d'autres raisons particulières. On remédierait aux abus du despotisme en établissant un tribunal de magistrats qui serait chargé de vériffier les griefs présentés pour solliciter un ordre du Roy. Cet ordre ne pourrait être expédié qu'après le rapport de ce tribunal, où il faudrait les quatre cinquièmes des voix pour déterminer un jugement de rigueur ;

13° Il faut deffendre toute espèce de résignation de bénéfices, surtout celles des cures, et s'occuper du sort des curés vieux et infirmes ;

14° Deffendre aussi la pluralité des bénéfices simples et autres, à moins que la réunion de plusieurs petits bénéfices soit nécessaire pour former un revenu de 1000 ll. ;

15° Il faut donner aux curés congruistes 1200 ll. ou au moins mille livres, et aux vicaires cinq cents livres ;

16° Il est difficile de faire contribuer les capitalistes qui n'ont point de biens-fonds, et il serait dangereux d'imposer sur le luxe, à cause des arts, des manufactures, du commerce qui éprouveraient un choc plus fatal que le montant de l'impôt ne serait utile. Il n'en serait pas de même des droits d'entrée, dans les grandes villes, sur les commestibles qui ne sont pas de première nécessité ;

17° La suppression des traittes ou péages dans tout l'intérieur du royaume ;

18° La suppression de la caisse de Poissy et de Sceaux comme étant une charge presque directe sur le Limousin (1);

19° La suppression de la juridiction des eaux et forêts ;

20° La liberté d'entrer au service en qualité d'officier sans être obligé de faire des preuves de noblesse, puisque c'est le moyen d'en acquérir une bien légitime en deffandant sa patrie.

Il est encore beaucoup d'objets intéressants dont le tems ne permet pas de s'occuper et qui échapent à la mémoire (2). Il paraîtrait donc indispensable et avantageux de laisser aux députés aux Etats généraux la liberté d'ajouter ou retrancher au cayer qui leur sera remis d'après les connaissances génerralles qu'ils seront à portée d'acquérir par la réunion des lumières des députés de toutes les provinces du royaume.

Ne serait-il pas à désirer que les rentes foncières fussent soumises, pour la prescription, tant pour les fonds que pour les arrérages, aux mêmes termes et époques que les rentes constituées?

IV. — Doléances des juges-consuls de Limoges.

Les députés de la juridiction consulaire, réunis à ceux du commerce, ne pouvant rien ajouter

---

(1) C'est-a-dire suppression du droit d'entrée aux marchés de Poissy et de Sceaux où le Limousin envoyait en effet ses bestiaux depuis plus d'un siècle (Voy. le *Mémoire* de M. de Bernage sur la Généralité de Limoges dans nos *Documents historiques*..... II, p. 164, note 2).

(2) Au moins le corps des officiers de la Monnaie n'aurait-il point dû oublier de demander la réforme du systême monétaire, que réclament d'autres cahiers, ainsi que l'unité de poids et mesures.

aux expressions de la reconnaissance dûe à Sa Majesté, d'après ce qui a été prononcé par MM. du présidial, se borneront à prier les députés aux Etats généraux de représenter :

1° Que le commerce de cette ville doit être considéré comme l'entrepôt des 4 ou 5 provinces voizines, puisqu'il se trouve privé des ressources dont jouissent d'autres provinces (comme rivières navigables, cannaux et communications) et de différentes manufactures qui les enrichissent, d'autant qu'il est prouvé que nos établissements de fabrique n'ont pu subsister qu'à l'aide des secours pécuniaires qu'ont obtenus les entrepreneurs et que ces établissements n'ont jamais présenté l'espoir de faire subsister la 16ème partie des habitans des villes et de la campagne;

2° Que notre commerce n'y doit son accroissement qu'à l'économie et à l'activité de ses auteurs, et que, pour se maintenir dans son état, il a besoin des secours que Sa Majesté bienfaisante luy promet;

3° Que toutes les impositions sous les dénominations actuelles, même la corvée, soient supprimées et remplacées par une seule qui sera perçue de la manière la moins dispendieuse pour être portée dans les coffres de Sa Majesté directement et répartie indistinctement et sans exception sur tous les sujets de Sa Majesté, sans même qu'il puisse y avoir des taxés d'office;

4° Que la province du Limouzin soit érigée en pays d'Etat organisé sur le plan de ceux du Dauphiné et sans pouvoir être annexé à aucune autre province, malgré un nombre assez conséquent de signatures surprises à différents individus du bas Limouzin, tendantes à l'union de notre province à celle de la Guienne;

5° Que les juridictions consulaires ayent le droit de juger définitivement, sans appel et en dernier ressort, jusques à la somme de deux mille livres au lieu de cinq cents livres, somme à laquelle elles sont restraintes; et ordonner de plus que toutes le sommes liquidées par arrêtés de compte, billets, lettres de change ou mandats, en quelle somme qu'elles puissent être, y soient également jugées définitivement et sans appel. Cette augmentation est d'autant plus légitime qu'il n'est que besoin de calculer l'augmentation du numéraire depuis l'établissement des juridictions et demander la même ampliation pour toutes les cours présidialles dans chaque capitalle;

6° Que le corps de la juridiction consulaire, n'étant composé que d'un juge et de deux consuls, doit être augmenté de deux consuls à la première nomination et que les 2 derniers consuls soient tenus de siéger deux années de suitte;

7° Supplier Sa Majesté en renouvellant les dispositions particulières de l'article 17 du titre 12 de l'ordonnance de 1673, de la déclaration des 4 et 21 oct. 1710, ordonner que les assignations de la compétance des consuls seront données au choix des créanciers; et aussi en renouvellant les dispositions de la déclaration du 4 oct. 1723 et 31 août 1729 rendre aux juridictions consulaires la connoissance des faillites, à l'excluzion de tous autres juges;

8° Supplier Sa Majesté de fixer d'une manière uniforme dans toutes les places du royaume les échoyances de tous les effets de commerce;

9° Qu'il plaize à Sa Majesté d'ordonner que tous billets, mandas, reconnaissances, arrêtés de compte contractés par des personnes d'un état différent du commerce, mais faits à l'ordre ou en faveur des marchans, seront justiciables des consuls, sans les assujetir au controlle; et la contrainte par corps n'auroit lieu que contre des marchands ou negotiants qui auroient endossé de pareils engagements, sans qu'il soit autrement rien innové ni changé relativement aux règlements établis concernant les lettres de change ;

10° Que la ville de Limoges se trouvant sans local et bâtiment affecté pour le juge de la juridiction consulaire, les députés ayent à supplier Sa Majesté d'accorder qu'il soit perçu pendant l'espace de...... (1) années une augmentation de 20 ll. sur tous les appointements et sentences, affin d'asseoir des fonds suffizants pour former un emprunt et remboursement d'iceluy successivement avec les intérêts, et mettre le corps des marchands à même d'avoir une salle d'audience et ses accessoires, soit enfin pour le rachapt de l'office du greffe, avec la liberté de l'acquérir et d'en disposer par commission ;

11° Que toutes marchandises et denrées qui auront une fois payé des droits, si aucuns sont fixés et établis, ayent une libre circulation franche dans tout l'intérieur du royaume, par le reculement des douanes intérieures jusques aux frontières, affin de faire cesser les entraves continuelles qu'éprouve le commerce et mettre par ce moyen un nombre infini de malheureux à l'abry de perdre leur liberté par l'appat du plus vil intérêt ;

12° Que les anciens règlements concernant les marchands colporteurs soient remis en vigueur. Le marchand domicillié dans les villes paye l'impôt en entier, et le colporteur, sans y participer, partage les bénéfices ;

13° En considérant que l'économie est le

---

(1) Il y a un blanc dans le texte.

premier avantage du commerce, l'on s'opposera à l'établissement du roulage comme il a été propozé ; car, s'il a lieu, le prix du transport dépendant des actionnaires de cette entreprise, sera porté à un taux si excessif que nos voisins seront forcés de renoncer à leur liaison avec nous, comme nous l'avons déja éprouvé par les difficultés que nous suscitent à chaque instant les directeurs des messageries pour les objets dont le poids n'excède pas celui de 50 ll., ce qui doit encore rendre générale l'opposition à tous privilèges exclusifs ;

14° Demander que les actions en garantie ayent la même forme pour les billets à domicile qu'elles l'ont pour les lettres de change, conformément à l'art. 16 du titre 5 de l'ordonnance de 1673, lorsque les fonds ne seront pas au domicille ;

15° Le réglement concernant les marchands forains serait plus juste si, en permettant à cette classe de marchands de vendre dans toutes les villes où ils ne sont pas domicilliés, on les contraignoit à payer une somme de 6 ll. par chaque jour de leur séjour pour ceux qui n'ont ni cheveaux ni voitures, et 12 ll. par jour pour ceux qui auront des cheveaux et des voitures, le produit de cet impôt devant être affecté à la décharge de l'industrie que payent les marchands des villes ;

16° Demander qu'aucune juridiction ne puisse accorder à un débiteur contre qui l'on obtient sentence, 3 mois de délai, sans l'obliger à fournir caution, et qu'aucun débiteur ne puisse obtenir d'arrêt de surséance sans le consentement de la moitié de ses créanciers. Laquelle surséance ne devroit être accordée que par les juges consuls ;

17° Demander enfin que l'ordonnance de 1673 fut revue, corrigé et interprétée par un comité composé de députés de toutes les chambres et juridictions de commerce.

Présents par noms :

Simon Petiniaud,
Juge député de la juridiction.

Julien Marc,
Député du commerce.

ADDITION AU CAYER DE LA JURIDICTION CONSULAIRE.

18° Tous banqueroutiers qui ne fairont point preuve des malheurs qu'il auront éprouvés, seront obligés de porter le bonnet verd jusqu'à ce qu'ils seront réhabilités.

V. — Cahier des doléances des avocats de Limoges.

Un avenir plus heureux est promis par un roy, l'ami de son peuple. Il veut chercher avec lui les moyens qui peuvent réaliser ce projet paternel. Que grâces lui soient rendues ! Que les députés de la province portent à ses pieds le juste tribut de notre amour et de notre respectueuse reconnaissance ! C'est le vœu de chacun des individus qui forment l'ordre des avocats de Limoges.

Dans le nombre des réclamations ils croyent important de demander :

1° Qu'ils soit établi des Etats particuliers pour le haut et le bas Limousin sans réunion à d'autres provinces; que ces Etats se tiennent à Limoges et que l'organisation en soit modelée sur ceux du Dauphiné ;

2° Que l'impôt soit payé indistinctement par

les trois ordres proportionnellement à leurs propriétés, sans exception même pour les rentes, dîmes et émolumens du fief ;

3° Que l'impôt soit un et sous une seule dénomination, et que le produit, remis par le collecteur dans les mains des officiers municipaux ou autres préposés par les Etats de la province, soit dans un délai déterminé versé dans les coffres de Sa Majesté ;

4° Que toutes charges et contributions devant être également supportées par les membres des trois ordres, il plaise à Sa Majesté ou supprimer les franc-fiefs ou y assujetir tout propriétaire de fiefs et, dans ce dernier cas, déterminer d'une manière positive la perception et l'époque de l'ouverture du droit, en sorte que, quels que soient les événemens, elle ne puisse se renouveler que tous les vingt ans, et que, comme pour l'impôt, le droit soit un et sans accessoires ;

5° Que l'aliénation des fonds dépendant du domaine du Roy soit autorisée ; que les sommes qui en proviendront servent au payement des dettes de l'Etat, et que, jusqu'à leur acquit, il soit sursis à la nomination à toutes abbayes et prieurés royaux dont les revenus seront employés comme dessus, et à cet effet pourvu à leur régie par les Etats de la province ;

6° Que les droits de contrôle, insinuation et tous accessoires soient réduits à un seul ; que le taux en soit clairement déterminé eu égard à chaque acte, et que les contestations à intervenir entre le débiteur et les préposés, même celles pour l'évaluation du centième et demi centième denier et des cas où il est dû, soient portés devant les juges royaux pour y être par eux statué sans appel ;

7° Que la culture du tabac soit permise à tout propriétaire, et que, cependant, jusqu'à ce qu'il en résulte la quantité nécessaire pour la consommation, le prix de la livre de seize onces en soit fixé à quarante sols ; comme aussi les différens droits sur toutes marchandises soient réglés de manière à ne pas inviter la fraude et à débarasser de tous commis, sauf pour la recette ;

8° Qu'il soit pourvu à la réformation du Code civil et criminel (1) et qu'entre autres objets, les loix une fois portées, il ne soit plus permis de s'écarter du texte, sauf le recours à la puissance législative pour interpréter s'il y a lieu et pourvoir sur les cas imprévus ;

9° Qu'il soit réglé que tous moyens de restitution contre les contrats seront proposés entre majeurs dans l'année, sans qu'il soit besoin de lettres de chancellerie ;

10° Qu'en assimilant pour la durée de l'action les arrérages des rentes foncières aux arrérages des rentes constituées, les arrérages des dites rentes foncières ne pourront être demandés que de cinq années ;

11° Que le délai de deux mois, fixé par l'édit de 1771 pour l'expédition des lettres de ratification sur les ventes des immeubles, soit prorogé à six mois ; que les lettres soient sans effet pour les femmes sous puissance de mari et les mineurs non pourvus, et que, dans le cas de distribution des deniers entre les opposans, l'acquéreur soit tenu de les garder dans ses mains aux conditions de la vente, jusqu'à ce qu'il ait été prononcé sur le privilège et ordre des créanciers ;

12° Que, dans l'instruction de la procédure, tous appointemens à quinzaine, huitaine, trois jours, par tout le jour, soient abrogés, sauf dans les jugemens par défaut, faute par le défendeur de se présenter ; lesquels seront précédés d'un

---

(1) Cf. ci-dessus, p. 7, notes 1 et 2.

appointement qui ordonnera que dans huitaine le défaillant accordera ou contestera la demande, à défaut de quoi il sera fait droit ;

13° Que tout accusé puisse, dès l'instant du décret, se faire assister d'un conseil à son choix, même lors de la confrontation, et qu'il soit mis plus de proportion entre le délit et la peine ;

14° Que tous droits de *committimus* (1) soient revoqués, en sorte qu'il n'y ait pour le défendeur d'autre juge que celui du domicile ou celui de la situation des fonds (2);

15° Que tous tribunaux d'exceptions soient supprimés en remboursant aux titulaires la finance de leur office ;

16° Que désormais il n'y ait que deux degrés de juridiction (3) : qu'en conséquence les juridictions seigneuriales soient supprimées, sauf l'indemnité aux seigneurs ;

17° Que, cessant la vénalité des offices de judicature, tout sujet pour en être pourvu doive prouver dix ans de fréquentation du barreau (4);

18° Que la pleine liberté de la presse soit établie en ce que et non autrement les ouvrages seront signés par l'auteur;

19° Que chaque citoyen soit maintenu dans la liberté que lui assurent la nature et la loi, et que pour cela tous moyens d'y attenter, même les lettres de cachet, soient proscrits.

Echaupre, Garat, Talabot, Soulignac, Deloménie de Labastide, Tanchon-Delage, Talandier, Guinaud-Dupré, Montaudon sindic, Peconnet sindic.

---

(1) Droit que possédaient certains dignitaires et privilégiés de faire évoquer leurs procès devant des juges spéciaux pour les soustraire aux juges ordinaires.
(2) Celui du lieu où sont situés les fonds litigieux.
(3) Au-dessus des juridictions seigneuriales et prévôtés royales, il y avait dans chaque sénéchaussée une cour royalle appellée sénéchale. Mais dans certaines localités importantes comme Limoges, Tulle et Brive, le sénéchal s'appelait présidial, avec une plus large compétence, et relevait directement du parlement de Bordeaux.
(4) Le seul article du cahier qui concerne directement les avocats.

VI. — « Cayer des doléances du collège royal des Médecins de la ville de Limoges. »

Après des siècles d'avilissement et d'oprobres, la partie la plus vrayment utile de la nation, le Tiers-Etat est enfin rapelé à des droits sacrés et qu'il n'auroit jamais dû perdre. On lui accorde plus d'égalité, plus d'influence dans les discussions qui intéressent la chose publique ; on l'invite à détailler les abus dont le poids le fait sourdement gémir depuis longtems.

Cependant, comme la réforme de ces abus peut donner naissance à cent autres plus nuisibles encore, si elle n'est dirigée avec prudence ; comme ce qui nous paroit très utile nous sembleroit peut être souverainement absurde si le jeu entier des mouvements de la monarchie était déployé à nos yeux, n'essayons point de nous ériger en tuteurs des rois, en législateurs de la nation ; exposons nos maux parce qu'on nous les demande, parce que nous les sentons et que nous seuls pouvons juger de leur grandeur. Laissons à la haute sagesse du Roy et à la nation assemblée le choix des moyens qu'ils croyront devoir employer pour les soulager.

1° Nous voterons d'abord pour une répartition plus égale dans les impôts. On sait que cette inégalité décourage, ruine les contribuables et fomente entre eux des haines sourdes et éternelles. Que l'impôt soit simple, constamment attaché à la terre, sans acception pour celui qui la possède, quel qu'il puisse être ; que l'opulence, que les emplois soient un moyen de plus d'être utile, mais jamais un titre pour se soustraire à l'imposition et, par un retour cruel, oprimer ceux qui la supportent ;

2° Nous voterons pour une réforme dans l'administration de la justice. Nous sommes bien éloignés sans doute de suspecter l'intégrité des magistrats. Les prévarications sont rares ; nous aimons même à croire qu'il n'en existe pas. Cependant, la justice est éloignée, lente, ruineuse. On prouveroit que tel objet contesté a coûté en frais deux ou trois mille fois sa valeur réelle. Nous demandons donc que la justice soit moins éloignée, moins lente et moins dispendieuse ;

3° Nous voterons pour la formation d'Etats provinciaux. Ils ont en leur faveur l'aprobation des provinces qui en jouissent, l'apui des écrivains les plus patriotes et le vœu de la nation entière ;

4° Nous voterons pour un tarif modéré, clair, précis des droits de contrôle, si on juge nécessaire de les conserver. Qu'ils ne soient plus arbitraires, sujets à l'interprétation perfide et à la rapacité d'un traitant ;

5° Nous voterons pour la convocation des Etats généraux à des époques fixes. On a reconnu qu'eux seuls pouvoient remédier efficacement aux maux de l'Etat et corriger les abus qui, chaque année, naissent insensiblement, même avec les meilleures loix et les princes le plus sages ;

6° Il existe une loi qui rend précaire la possession des biens-fonds et par cela même nuit à l'agriculture. Ce qui est aussi une source féconde de procès, c'est celle qui permet de rentrer en possession d'un immeuble sous prétexte d'une lézion de moitié, et cela pendant l'espace de dix ans. Nous demanderons que le temps pendant lequel on peut mettre en usage cette loi soit borné à une année, pour ne pas rendre éternelles l'anxiété et l'inaction du propriétaire ;

7° Nous demanderons l'abolition du droit de franc-fief, comme ruineux, comme injurieux au Tiers-Etat, comme rapelant ses anciennes chaines et en montrant la cicatrice mal fermée et saignant encore ;

8° Enfin, comme officiers de santé et témoins continuels des maux du peuple, nous ne cesserons d'élever la voix pour réclamer les secours qui luy manquent dans ses maladies. Dans les campagnes il est lâchement livré à une ignorance meurtrière. Les soins qu'on lui vend sont un poison. L'art de guérir est pour luy l'art de la destruction. Ce n'est point la cupidité qui nous commande ces réflections : l'avarice le plus sordide trouveroit peu d'aliments dans ce séjour de l'indigence. C'est le désespoir toujours renaissant de soulager des maux, trop éloignés pour pouvoir l'être, et trop près de nous pour être ignorés, qui nous agite en ce moment (1).

VII. — « Cahier de doléances, plaintes et remontrances que les Notaires royaux de la ville de Limoges, représentés par leurs députés, présentent et remettent à l'assemblée du Tiers-Etat de la dite ville, le 26 février 1789. »

Les notaires s'attacheront principalement aux points relatifs à leur profession (2), tels que les

---

(1) Il est vraiment dommage pour l'historien que le Collège des médecins n'ait point substitué à ce paragraphe, quelque peu déclamatoire, l'indication exacte des maux à soulager et des remèdes qu'on pouvait y apporter. La moindre critique, un peu précise, des vices de l'assistance publique, telle qu'elle était alors organisée, eut aussi mieux valu pour le soulagement du peuple que la demande de réformes financières et politiques, déjà faite par d'autres corps mieux qualifiés.

(2) C'est le seul cahier où nous rencontrions cette claire conception de ce que devaient être les doléances demandées aux corporations et autres corps constitués.

précautions qu'on doit prendre lors de l'admission des sujets pour exercer la profession de notaire, et les droits de controlle, d'insinuation, de centième denier, de francs-fiefs et autres de cette nature. Il y a à cet égard plusieurs abus qu'il est essentiel de réformer. On va les dénoncer, pour que la nation assemblée prenne des mesures pour que le public ne soit plus vexé à l'avenir.

La profession de notaire est d'une étendue immense. Il n'y a presque pas d'affaires qui ne puissent être de son ressort, ny de personnes qui n'en éprouvent tous les jours la nécessité.

Le notaire est un médiateur qui termine les contestations avec équité, qui prévient avec prudence celles qui pourroient naitre par la suite; il est un juge et un arbitre volontaire qui, par son exactitude à rédiger les conventions des contractans conformément à leurs intentions, d'une manière claire et précise et suivant la disposition des loix, des coutumes et des ordonnances, assure tout à la fois le repos et la fortune des familles.

Sous ces différents points de vue, l'individu destiné à exercer la profession de notaire doit réunir en lui plusieurs qualités essentielles, telles qu'une probité et une délicatesse rigoureuses et exemptes du plus léger reproche, de bonnes meurs et une connaissance aprofondie des loys, des coutumes et de toutes les ordonnances en matière civile et bénéficialle, et de tous les réglements relatifs à cet état; enfin le notaire doit joindre à ces qualités de la discrétion et un certain esprit d'ordre dans le dépôt qui lui est confié, pour que le public n'éprouve aucun retard lorsqu'il a recours à ce dépôt.

On voit par là que le notaire est un individu précieux et essentiel à la société. Aussi doit-on être très scrupuleux et délicat dans l'admission de ceux qui veulent embrasser cet état. Un notaire sans probité et sans délicatesse est le fléau de la société, puisqu'il peut abuser à chaque instant de la fortune et des propriétés des citoyens. Un notaire ignorant est encore un grand malheur pour la société, puisqu'au lieu de prévenir et même d'extirper les procès et les divisions dans les familles, il prépare leur ruine, soit à défaut de clarté dans la rédaction de leurs conventions, soit en omettant des clauses essentielles et les termes propres et sacramentels, soit enfin en s'écartant de la disposition des loix, des coutumes, des ordonnances et des règlements.

Pour éviter tant de malheurs et d'inconvénients, il faudroit remettre en vigueur les anciennes ordonnances et règlements, et même leur donner beaucoup plus d'extension ; il faudroit que tout sujet qui se présenteroit pour être reçu notaire fut reconnu notoirement pour homme de bonnes mœurs, d'une probité et d'une délicatesse sans tache et sans reproche, et que tout individu, dont la réputation seroit suspecte et contre qui il y aurait des soupçons fondés et avérés, fut exclu purement et simplement, la sureté publique ayant un intérêt réel à ne pas être exposée à la discrétion d'officiers prévaricateurs, qui pouroient porter le trouble et le désordre dans les familles et en occasionner la ruine. On scait bien que la loy punit avec rigueur les notaires qui prévariquent ; mais la punition et l'exemple ne retiennent pas toujours le scélérat, soit qu'il ait l'habitude du crime, soit qu'il compte sur l'impunité. Il vaudroit donc mieux chercher à prévenir le crime ; et le moyen d'y parvenir est de ne confier une place aussy importante que l'est celle de notaire, qu'à gens d'une probité reconnue et d'une réputation sans reproches.

La capacité du sujet étant essentielle et indispensable pour son admission, il faudroit être très strict et suivre à cet égard les règlements, sans aucune indulgence. Ces règlements exigent que, pour être reçu notaire, on ait travaillé dans une étude pendant cinq ans, dont trois en qualité de premier clerc ; mais, comme on élude cette disposition par la facilité qu'on trouve à se procurer des certifficats, il seroit à propos qu'on prit des informations exactes sur leur sincérité et qu'indépendament de ce, le sujet ne pût être admis qu'après avoir été reconnu suffisament instruit ; qu'à cet effet il fut tenu de subir deux différents examens : le premier de la part des notaires du chef-lieu de la sénéchaussée où il devroit prêter serment, et le second de la part du procureur du Roy et du principal officier de justice de la sénéchaussée, et que la réception fut faitte publiquement et les plaids tenants. Et si, d'après les deux premiers examens, le sujet proposé n'étoit pas reconnu avoir assès de connoissances et de capacité, tant par les officiers de justice que par les notaires, il faudrait qu'il fut renvoyé à un délai de trois mois, après lequel il subiroit encore deux examens de la même manière et seroit reçu s'il étoit jugé suffisament instruit ; et dans le cas contraire, il seroit renvoyé pour six mois, et ensuite pour une année, toujours en subissant deux nouveaux examens après chaque délay ; et si après celuy d'un an il n'étoit pas jugé assès instruit, il seroit exclu pour toujours. Avec ces précautions, il n'y auroit dans cette classe d'officiers publics que des hommes instruits, délicats dans leurs sentiments et remplis de probité, ce qui seroit très intéressant pour le public, qui est souvent la victime de l'impéritie et du peu de délicatesse de certains notaires. Cet abus est facile à réformer, et on ne peut suspecter la pureté des motifs que les notaires de Limoges donnent à leurs doléances à cet égard, puisqu'elles tendent (1) à l'utilité publique et à la sûreté des citoyens. D'ailleurs il ne dépend que des officiers de justice de maintenir et de faire exécuter un règlement si salutaire.

La multiplication des offices de notaires est encore un abus à réformer. L'intrigue et le crédit sont la cause de cette multiplicité de notaires dans les villes et dans la campagne. La facilité avec laquelle les commissaires départis (2) donnent leur avis pour de nouvelles créations, sans consulter les officiers des sénéchaussées, donne lieu à ces abus, dont le public seul souffre par l'incapacité des sujets. Cet inconvénient cessera lorsque les proposés seront assujettis aux examens cy-dessus indiqués.

L'édit de création du controlle, du premier may 1693, celluy du centième denier, de l'année 1703, et les tarifs du 29 septembre 1722 présentent une infinité d'abus à réformer. Le controlle, établi pour donner une datte fixe aux actes et pour éviter par là une infinité de fraudes, est devenu par la suitte un impôt très onéreux au public. Le tarif est obscur en luy même et les commis ne manquent pas de profiter de son obscurité et même de citer vaguement une foule de décisions pour étendre la perception du droit au delà de ses justes bornes.

Il en est de même de l'insinuation qui résulte des contrats de mariage et des testaments. Le

---

(1) Le texte porte *puisqu'elle tend*.
(2) C'est-à-dire les intendants de la généralité.

tarif qui en fixe les droits est vexatoire et injuste. Ces droits se perçoivent sur la qualité des personnes, et c'est là que la haute Noblesse et le haut Clergé sont extrêmement favorisés. Il n'y a aucune proportion dans les droits que payent les curés et les prêtres pourvus des plus petits bénéfices et ceux que payent les évêques et abbés commendataires. Les premiers payent trente francs de principal au controlle et autant à l'insinuation, tandis que les seconds ne payent que cinquante livres.

La même disproportion se trouve entre la haute Noblesse et la bougeoisie des villes. Un bourgeois de ville paye autant qu'un duc et pair, c'est à dire cinquante livres.

Les notables artisans des villes, tels que les maitres cordonniers, savetiers, boulangers et autres, sous le prétexte qu'ils forment une corporation ayant jurande, payent autant que le marchand le plus opulent. Cependant la plus part des artisans n'ont que leurs bras pour toute fortune. Les laboureurs, cette classe si précieuse à l'Etat, sont encore vexés dans le tarif, surtout en Limousin où cette classe est réellement pauvre. Pour corriger ces abus, il est essentiel de faire un nouveau tarif et une nouvelle classe et division de qualités, pour que le pauvre soit soulagé, ne paye pas autant que le riche, et pour que chaque individu soit classé suivant ses facultés.

C'est surtout dans les contrats de mariage et les testaments que la perception du droit de controlle et d'insinuation est la plus injuste. Si dans un contrat de mariage les objets constitués au futur ne donnent pas des droits aussy forts que la qualité des parties, alors le commis perçoit sur le pied de la qualité *et vice versa*. Si dans un contrat de mariage les futurs se font un don mutuel pour cause de prédécès ou gain de survie, on prend le droit d'insinuation sur les deux dons, même sur le douaire ou pension de viduité, s'il y en a (1). Comme il n'y a jamais qu'un des deux dons qui puisse avoir lieu par le prédécès de l'un des futurs, c'est le cas de ne percevoir qu'un seul droit et même d'attendre l'époque où il est ouvert.

Dans les testaments les droits sont encore exhorbitants ; en effet, qu'un père qui laisse des enfants en bas âge en confie le soin et l'éducation à son épouze et qu'il lui lègue l'uzufruit de son bien, à la charge de les nourrir, entretenir et éduquer, la veuve est obligée de payer, en sus du controlle et de l'insinuation, un demy centième denier pour un don qui ne lui profite en rien, puisque très souvent les charges de l'uzufruit en excèdent la valeur. Et si ses facultés ne lui permettent pas de payer dans les six mois du décès, les traittants exercent des contraintes, font faire des commandements, et il faut qu'une malheureuse mère de famille paye un droit en sus et les frais.

Les substitutions donnent encore lieu à des droits très forts, soit dans les contrats de mariage, soit dans les testaments. On les perçoit aussi sur le pied de la qualité, si une substitution s'étend à tous les degrés permis par l'ordonnance de 1747. On perçoit trois droits, même beaucoup plus, s'il y a plusieurs branches de substitution ; et chacun de ces droits monte à cinquante livres pour un bourgeois de ville capitalle, et c'est le grevé qui est forcé de payer ce droit sur une disposition qui lui prohibe et aux siens de disposer de leurs biens. Ce droit devroit être diminué en [ligne]

---

(1) Cf. plus haut, p. 18, dans le cahier des officiers de l'Election, la confirmation de l'existence de cet étrange procédé.

collatéralle et réduit à peu de chose en ligne directe.

Le centième denier et le droit de francs fiefs sont exorbitants, sous différents rapports. Ces droits doivent être supprimés dans certains cas, savoir ; dans les succession des frères entr'eux, et le demy centième denier lorsque l'uzufruit est légué à la veuve ayant enfants *et vice versa*. L'un et l'autre ne doivent pas avoir lieu encore dans les donnations faittes, hors le contrat de mariage, par les pères et mères à leurs enfants, par ce que dans tous les cas les pères, mères, frères et sœurs s'acquittent d'une dette naturelle, conformément à la disposition de la loy. Ces mêmes droits ne devroient être perçus sur la valeur des biens qu'après les dettes déduites. Cependant on les perçoit sans aucune déduction, ce qui est contraire au texte du droit : *Bona non dicuntur bona, nisi deducto acre alieno*. Les droits légitimaires, cette portion sacrée de la nature, ne se fixant qu'après les dettes déduittes, pourquoi le centième et demy centième denier auroient-ils plus de privilège ?

Le franc-fief ne doit être payé que tous les vingt ans. Il est injuste de l'exiger par mutation, soit en succession directe ou collatéralle, soit par donnations, soit par ventes. Ce droit est assés fort tous les vingt ans sans luy donner d'autre extension. Il est encore injuste de le faire payer sans aucune déduction des charges royalles et seigneurialles.

Dans les contrats de vente, on forme un capital des rentes dont les biens sont chargés et on perçoit le controlle et le centième denier sur le capital, comme supplément de prix, ce qui est injuste, attendu que les propriétaires de fonds roturiers ne les possèdent que sous la charge des rentes.

Dans les baux à ferme et à loyer, si le preneur

est chargé du payement des rentes et impositions, ou les porte en augmentation de prix et on perçoit sur cette augmentation comme si les rentes et les impositions, qui sont une charge de bien, pouvoient être regardées comme un revenu.

Si dans une vente il y a des délégations acceptées, ou si dans une quittance le délégué paye en présence du débiteur, on perçoit un double droit de controlle, qui est injuste, en ce qu'il ne s'oppère qu'un seul payement.

En matière bénéficialle, il n'y a aucune proportion dans le droit de controlle. Ce droit est de sept livres dix sols, en principal, et dix sols pour livre pour touttes résignations, permutations, démissions, nominations, prises de possession, procurations pour prendre possession et autres, en sorte que les curés à portion congrue et les petits bénéficiers payent autant que les evêques, abbés commendataires et autres gros bénéficiers.

Il seroit trop long de parler de tous les actes en général; mais par ce qu'on vient de dire, on peut corriger les abus et modérer les droits dans une infinité d'actes. On observe encore que les dix sols pour livre de tous les droits de controlle, insinuation, centième denier, franc-fief et autres est un droit vexatoire qui doit être supprimé. Il s'est accrû par progression de deux sols en deux sols jusqu'à ce point, en sorte qu'au lieu d'un droit en matière de centième denier et de francs-fiefs, ou paye réellement un droit et demy. De tout quoy il résulte qu'il n'est plus question de l'observation des règlements [et] que la perception des droits est livrée à l'arbitraire, les administrateurs et leurs préposés en faisant l'application conformément à leurs intérêts personnels.

Enfin, il existe un abus odieux et révoltant, en ce que, dans les discussions qui s'élèvent pour la fixation des droits, les administrateurs en sont en même temps juges et parties ; et quoique les décisions paroissent émanées (*sic*) du conseil (1), on sait parfaitement que l'administration seule les dirige. Il n'est donc pas étonnant que le public soit toujours opprimé. Il l'est d'autant plus qu'on lui fait payer cher le succès si l'évidence de son droit ne souffre pas de contradiction, puisque l'administration ne supporte jamais de dépends, même dans les plus fausses démarches, tandis que la réclamation du particulier pour obtenir justice est toujours très dispendieuse. Il conviendroit donc d'attribuer exclusivement aux présidiaux la connoissance de ces matières.

La communauté des notaires pouroit se borner à ces observations ; mais, comme chacun de ses membres est également citoyen, elle portera ses vues sur différents autres abus :

1° Les impôts sont mal répartis. La Noblesse et le Clergé n'y contribuent pas ou n'y contribuent que très faiblement. Et comme ces deux ordres possèdent des propriétés immenses, il est aussy juste que naturel qu'ils y contribuent en proportion de leurs revenus.

2° Il paroitroit à propos d'aliéner tous les biens ecclésiastiques et, sur le produit, assigner des pensions à chaque individu, tout comme de suprimer touttes les abbayes commendataires et prieurés royaux. Et pour ne pas dépouiller les titulaires actuels, on pouroit leur donner en pension l'équivalent du revenu.

3° Comme il est humiliant pour le Tiers-Etat, en qui réside le plus de lumière (2) et la prin-

---

(1) **Du Conseil des notaires réunis.**

(2) Affirmation bien contestable en Limousin. On pourrait peut-être la justifier en opposant les magistrats (non les bourgeois) aux ecclésiastiques. Quant à la noblesse du XVIIIe siècle, son ignorance est en effet connue.

cipalle force du royaume, d'être exclu des emplois militaires et autres, on devroit solliciter de la justice des Etats généraux de l'y faire concourir à égalité de mérite. La naissance n'en est pas un; elle est toujours l'effet du hazard.

4º La vénalité des offices de judicature, tant dans les tribunaux supérieurs qu'inférieurs, est un vice dans nos mœurs qu'il faut réformer, en les accordant gratuitement à ceux seulement qui auroient donné des preuves publiques de probité et de capacité, et sans aucune distinction de qualité. Alors il faudroit suprimer les épices et vaccations, qui dégradent le juge qui les reçoit, et assigner des appointements honnettes et toujours proportionnés à la qualité du tribunal, de manière que le juge puisse se trouver au dessus du besoin, n'eut-il même aucuns revenus. D'ailleurs, cette dette, l'Etat la contracteroit et la payeroit avec plaisir.

5º Tous les tribunaux d'exception devroient être suprimés et leurs fonctions réunies aux présidiaux, dont il conviendroit d'amplier les pouvoirs jusqu'à douze mille livres. Supprimer également toutes les juridictions seigneurialles, ou du moins prohiber les revendications et laisser la liberté aux parties de porter ces causes, *recto*, au présidial. Car, outre l'abus qui résulte d'un premier degré de juridiction où il se fait des frais assez considérables, c'est que les appels des jugements préparatoires ou définitifs roulent le plussouvent sur des deffauts de formes et d'ordonnances dont le public est victime, et qui proviennent de l'incapacité des juges et des praticiens de campagne.

6º Les frais de procédure sont une charge qui accablent (*sic*) et ruinent le public. La procédure civile, surtout en matière décrétable, est une hydre qu'il faudroit extirper, en simplifiant l'une et l'autre. Les droits du Roy, les épices des juges, les honnoraires des avocats, les droits des procureurs et les salaires des huissiers exigent un examen approfondi et une réduction proportionnée. Il seroit même à propos d'établir un conseil souverain dans la capitalle de chaque province, pour éviter au public la nécessité de se déplacer à grands frais, souvent pendant plusieurs années, pour solliciter des jugements dans les cours de parlements, à cent lieues et plus de son domicile (1).

7° Les gabelles, traittes et douanes annoncent dans le royaume que la moitié de la nation fait la guerre à l'autre. Ce seroit le cas de les supprimer et de reculer les douannes jusques aux frontières. Par là on éviteroit une immensité de frais occasionnés par la solde des employés, et en même temps on sauveroit l'honneur et la vie à une foule de citoyens ; car on sait combien la contrebande fait verser de sang et infliger de peines capitalles ou infamantes,

8° Ce serait encore le cas de suprimer tous les régisseurs, administrateurs et fermiers généraux et surtout les receveurs généraux et particuliers des finances. Car si le déficit est au point où il se trouve, ces individus n'y ont pas peu contribué. Les fortunes immenses et scandaleuses de la plupart d'eux et celles que d'autres ont dissipées en fournissent la preuve.

9° Chaque province doit désirer l'établissement d'Etats. Le Limousin est dans le cas de l'obtenir tout comme les autres et de demander qu'ils soient organisés comme ceux du Dauphiné. Alors les intendants n'auroient presque plus de fonctions dans les provinces et ces places deviendroient inutiles.

---

(1) Cette distance est assez exacte pour la Marche qui relevait du parlement de Paris. Elle ne l'est point pour le Limousin qui relevait du parlement de Bordeaux.

10° Comme le souverain s'est déjà occupé du Code criminel, on ne peut que former des vœux pour voir consommer cet ouvrage si conforme à l'humanité et à la religion. Mais que ne doit-on pas espérer d'un Roy bienfaisant et ami de la vérité et du ministre vertueux et éclairé qui dirige aujourd'huy la France ?

Fournier.

VIII. — « Représentations et doléances fournies par la communauté des procureurs au Présidial de Limoges. »

L'administration de la justice fixera incontestablement l'attention de l'Assemblée nationale, et dès lors la communauté des procureurs au présidial de cette ville aurait à se reprocher de ne pas concourir individuellement à la réformation des abus qu'entraine l'instruction de la procédure, qui en est une branche nécessaire et indispensable.

Les formalités qu'exigent et que prescrivent également l'ordonnance et les usages pour parvenir à la consommation d'une procédure, surtout en matière décrétable et de distribution de deniers, occasionnent des frais exhorbitants et ordinairement ruineux pour les parties.

Il serait donc à désirer qu'on simplifiat cette instruction dès son principe, soit en restreignant les délais, soit en fixant celui de la discussion, qui deviendrait fatal et rigoureux pour touttes parties.

On devrait aussi interdire la multiplicité des écritures, tant en demandant que deffendant, et les honnoraires des avocats devraient être réduits par le juge lorsqu'il y échoyrait.

Il serait encore avantageux que l'adjudication des biens saisis fut faitte à la barre de la cour, et que l'ordre des créanciers fut également fait sommairement et par procès-verbal à la veue des titres.

Toute action qui n'aurait pour objet que le remboursement d'une somme de 30 livres et au dessous devrait être jugée à issüe d'audiance, après les délais déterminés par l'exploit, sans aucune espèce de formalité préalable.

Nota. (1) Les procureurs se proposent de présenter à MM. les députés chargés de la rédaction des doléances de la province, un mémoire détaillé des abus qui reignent dans l'instruction actuele des procédures, et des moyens d'y remédier.

Il serait également important de faire revivre l'ordonnance du 8 mai dernier (2), après y avoir néantmoins fait quelques changements dont elle est susceptible. Et telle parait être en effet l'intention du Roy, qu'il a clairement manifestée dans sa déclaration du 23 septembre suivant.

On n'apréciera point ici tous les avantages qui résultent de cette ordonnance. Mais la supression des tribunaux d'exception réunissant touttes les affaires dans un même siège où les audiances se tiennent régulièrement et où se trouvent rassemblés des officiers subalternes, on est assuré d'obtenir une prompte justice et d'autant plus briève que la disette des causes dans les tribunaux particuliers où les postulants sont obligés de se présenter, en retarde nécessairement l'instruction comme le jugement.

Les obligations que Sa Majesté impose aux

---

(1) Ce paragraphe est écrit dans la marge du cahier, à la hauteur du suivant. Nous n'avons point retrouvé le mémoire dont il est ici parlé.

(2) Etait-elle donc déjà tombée en désuétude ?

seigneurs pour l'exercice de leurs justices sont d'autant plus intéressantes qu'on est assuré d'avoir un juge instruit en première instance, au lieu que, dans le Limousin surtout, les juridictions seigneuriales sont en majeure partie exercées par des personnes sans talens comme sans expérience. Aussi arrive-t-il que sur 100 causes portées au tribunal supérieur, il y en a au moins 80 où il ne s'agit que de prononcer sur l'instruction des procédures ; et les vices de forme entrainent la ruine des parties, quand bien même elles seraient fondées au fond.

Ces inconvéniens et plusieurs autrs dont on ne parle point ne subsisteront plus en laissant la liberté aux justiciables des seigneurs de se pourvoir en première instance au présidial ; et l'empressement des parties à recourir à ce tribunal, pendant que l'ordonnance du mois de mai a été en vigueur, en a déjà confirmé la sagesse comme l'utilité.

L'augmentation du pouvoir atribué aux présidiaux et les moyens qu'on avait pris pour éloigner toutte difficulté relative à leur compétence, procuraient le plus grand bien à la province. Les procès y étaient terminés en moins de temps et à moins de frais que par le passé ; le temps de l'audience ne s'employait pas à des instructions couteuses et superflües, et il s'y expédiait plus d'affaires en un jour qu'aujourd'hui en quatre.

Les parties n'étaient pas obligées d'ailleurs de s'expatrier et d'aller à 50 ou 60 lieues de leur domicille (1) solliciter un arrêt dans des affaires où souvent l'objet de la discussion ne vallait pas les frais du voyage. Et encore ne parviennent elles à obtenir cet arrêt qu'après plusieurs années ;

---

(1) Au parlement de Bordeaux.

car il est aisé de démontrer l'impossibilité phisique où est le parlement de Bordeaux d'expédier seulement le quart des affaires dont la connaissance lui est exclusivement atribuée ou qui lui viennent par appel des différentes sénéchaussées de son ressort.

Il est donc essentiel de réclamer l'exécution de certains articles de cette ordonnance. Les aventages qui en résultent et dont on ne donne qu'un aperçû, joints à la nouvelle forme de la procédure, de laquelle la nation pourrait s'occuper et dont le gouvernement s'est, dit-on, déja occupé, procureraient un très grand bien aux habitants de la province, qui rejaillirait principalement sur la classe la plus indigente et la plus laborieuse de la société, parceque, comme elle est moins en état de faire des sacrifices et de prévenir les discussions judiciaires, elle est conséquemment la plus exposée aux inconvéniens des formalités actuelles.

Mais pour perfectionner un ouvrage aussi intéressant pour le public, il faudrait que chaque province eut son principal siège dans sa capitale, sous le titre de Conseil supérieur, et qu'à cet égard les arrondissements fussent déterminés d'une manière positive et régulière, sans considération de ressort ni de coutume. On pourrait même demander alors la réunion à celui de Limoges des différentes jurisdictions qui en ont été démembrées pour former les sénéchaussées de Saint-Yrieix (1) et de Bellac (2).

A ce tribunal devrait être exclusivement attribuée la connaissance des matières domaniales.

---

(1) Etablie en 1730, après la suppression de la cour d'appeaux de Ségur.

(2) Etablie définitivement en 1572.

Le public est trop indignement vexé en ce genre pour ne pas solliciter un nouveau régime relativement à la discussion de ses droits dans touttes les parties qui concernent le fisc.

Il conviendrait aussi d'augmenter le pouvoir de la jurisdiction consulaire pour les jugements en dernier ressort, et le porter à 2000 livres. Mais en même temps les juges et consuls devraient être assistés de deux gradués, et les procureurs au présidial autorisés à postuler exclusivement dans cette jurisdiction, avec les mêmes droits seulement que ceux que perçoivent les huissiers. Les parties et les juges y trouveraient un avantage réel, et en cella on rétablirait les procureurs au présidial de Limoges dans un droit dont jouissent presque tous ceux des autres ressorts.

La communauté des procureurs ne se bornera pas aux observations cy dessus. Ses doléances auront encore pour objet l'énormité de la somme de 5,298,372 livres 8 s. 4 d. en impositions que la généralité du Limousin est obligée de payer annuellement, sous les dénominations de taille, impositions accessoires, capitation, droits réservés, vingtièmes, y compris les 4 sols pour livre et en rachat de corvée en nature.

Cette masse d'impôts est d'autant plus accablante qu'elle est disproportionée au produit de la terre et au peu de richesse des habitans; et ce qui la rend moins suportable encore, c'est de ce que, d'une part, le clergé qui jouit de plus d'un quart des revenus en châteaux, préclotures, bois, étangs, fonds de terre, rentes et dixmes, n'y contribue pas, et parce qu'encore les nobles et les privilégiés, qui ont des propriétés les plus étendües, sont à peu près dans le même cas, n'étant assujetis qu'à une modique taxe de capitation personnelle et de vingtièmes infiniment au dessous de leurs revenus, et dont la pluspart, par leurs dignités ou par leur crédit, trouvent le moyen de s'en procurer la non-valleur, en sorte qu'il n'y a que la classe nombreuse et laborieuse qui supporte le poids des impôts dans une proportion véritablement effrayante et la plus injuste.

Le moyen d'éviter un pareil abus serait de ne former de la masse de ces impôts qu'une imposition unique sous la dénomination de subvention territoriale; qu'elle fut répartie par un seul et même rolle, sans exception de propriété quelconque du clergé, de la noblesse et des privilégiés, d'après une base de proportion la plus juste possible.

Il est généralement reconnu en outre que cette province est beaucoup plus chargée que les provinces voisines. Il n'est certainement aucun des intendants qui l'ont successivement administrée qui n'ait été frappé du cri universel. Ils ont tous fait à ce sujet les représentations les plus vives au Conseil, et notament le vertueux et l'immortel M. Turgot, en 1766 (1); mais elles ont été jusqu'a présent sans aucun succès.

La collecte a été suportée jusqu'a présent par les seuls propriétaire taillables, et elle est une charge d'autant plus onéreuse qu'outre les frais qui en résultent, elle est (2) encore nuisible à l'agriculture par le déplacement forcé des collecteurs et de leurs adjoints.

La redevance des rentes et la sollidarité attachée aux fiefs sont les droits les plus destructifs

---

(1) Voyez en effet son *Mémoire sur la surcharge d'impôts de la Généralité de Limoges*, publié en 1766 et réimprimé en 1789 et en l'an VI. On le trouve aussi dans les œuvres complètes de Turgot.

(2) Le texte porte : c'est qu'elle est.

de la propriété, et l'on devrait au moins restraindre à 5 ans dans ce ressort, comme dans cellui de Paris, la demande en payement d'arrérages.

Les propriétaires du droit de la dixme la perçoivent ordinairement au onzième sur la totalité de la production des grains, sans distraction de la semence, en sorte que tous les onze ans le décimateur emporte par cette manière de dixmer la totalité de la semence, sur laquelle il n'a aucun droit. Elle devrait donc être distraite sur les fruits décimables,

(1) On dira peut être qu'au lieu de percevoir une gerbe sur dix, le décimateur ne prend que la onzième et que cette réduction n'a été introduite que pour dédommager le propriétaire de la semence. Mais cette proposition est entièrement vicieuse et pour la démontrer telle il suffit d'un simple calcul.

Supposons par exemple qu'on sème dans un domaine 20 septiers de bled qui, à raison de 4 pour un, donneront 80 septiers de production. Le 11e sur cette quantité s'élève à 7 septiers 2 tiers. Cependant si l'on prélève la semence sur les 80 septiers, il n'en restera que 60 livres dont le dixième ne s'élève qu'a 6, en sorte que le décimateur, dans le régime actuel et qui est presque général dans le Limousin, perçoit évidemment le 11e de plus qu'il ne doit et absorbe conséquemment, dans l'intervalle de 11 années, la totalité de la semence.

Les biens et les autres revenus attachés aux bénéfices simples, qui n'ont point de charges d'âmes, devraient être vendus et aliénés au profit de l'Etat. Ils ne servent ordinairement qu'à favo-

---

(1) Ce paragraphe avec sa démonstration arithmétique figure sur une feuille volante de petit format, intercalée dans le cahier.

riser les passions et le luxe de la pluspart des abbés qui en sont pourvus.

La communauté des procureurs réunit enfin ses vœux à ceux des vrays citoyens pour solliciter de la bonté du Roy que cette province soit administrée par des Etats, à l'instar de ceux du Dauphiné ou de tous autres plus régulièrement établis. C'est l'unique moyen d'économiser sur les impôts et de rendre innutiles les fonctions d'une multitude d'employés supérieurs ou en sous-ordre, plus vexatoires qu'aventajeuses au peuple.

Messieurs les commissaires chargés de rédiger les cayers des doléances voudront bien solliciter en outre Sa Majesté d'ordonner préalablement que les voix seront comptées par tête et non par ordre, pour la fixation des objets dont il sera traité à l'assemblée générale, et que l'on ne puisse pas statuer deffinitivement sur un sans se fixer sur tous les autres indistinctement.

IX. — « Cahier de doléances que présentent les bourgeois de la ville de Limoges à Messieurs les députés du Tiers-Etat aux Etats généraux. »

L'impot est une des parties de l'administration qui mérite le plus d'attention. On a cherché depuis longtems dans cette province des moyens propres à en faire la répartition égale et corriger les abus de l'arbitraire. On a demandé à chaque particulier des déclarations des fonds qu'il possédoit. Ces déclarations ont été fournies; mais leur infidélité a donné lieu à de nouvelles discussions. Pour y obvier on a demandé des arpentemens, des estimations des revenus de tous les biens. Cette opération, quoy qu'imparfaitte et encore remplie de vices, a produit dans cette généralité un assés bon effet, et on peut dire avec vérité que la répartition y est faitte avec plus d'égalité que dans toute autre province du royaume. Cependant, la trop grande connaissance des revenus des biens du Limousin a occasionné une augmentation considérable dans les impositions. On peut facilement s'en convaincre par l'approximation des plumitifs de 1738 et [années] suivantes avec ceux des dernières années. On peut dire encore qu'une seconde cause de cette augmentation dérive du nombre multiplié de nouveaux nobles qui, désireux de jouir des privilèges qui leur sont accordés, ont obtenu des sentences en l'élection pour jouir, en affranchissement d'impositions, la majeure partie de leurs possessions. Les anciens nobles ont encore profité de cette facilité pour avoir des préclotures considérables dans différentes paroisses. Les ecclésiastiques, de leur part, n'ont rien négligé pour profiter des mêmes avantages, de manière que le montant des cottes supprimées a accrû sur la tête des autres contribuables. De là cette disproportion dans les impositions des provinces du Périgord, Poitou, Marche avec celles du Limousin, quoyque la qualité du terrain des premières soit bien au-dessus de celle de cette province. On voit en effet, par une comparaison prise sur les baux des biens du Périgord avec ceux des biens du Limousin, que les premiers ne payent qu'un denier, tandis que les derniers en payent quatre. Il n'y a cependant ny aides ny gabelles dans aucune de ces provinces. Elles n'ont pas plus de privilège l'une que l'autre. Pour réprimer ces abus, il convient demander :

1° L'établissement des Etats provinciaux qui seront chargés de la répartition des impots, des corvées, etc etc ;

2° Qu'il plaise à Sa Majesté ordonner que tout son royaume soit arpenté et les revenus estimés;

3° Que tous les biens-fonds appartenant soit à l'Eglise soit à la Noblesse, soit aux roturiers, soient imposés dans la même proportion, sans aucune distinction;

4° Qu'il n'y ayt qu'un seul rolle dans chaque paroisse, où tous les propriétaires soient imposés suivant leur revenu sous une seule dénomination d'impôt; qu'au bas de chaque article il soit porté la taxe du 20ᵉ en proportion du revenu des fonds, suivant leur estimation. Par ce moyen on évitera les abbus que se permettent les employés dans cette partie, qui, sans aucune connaissance, mais de leur propre mouvement et au gré de leurs désirs augmentent ou diminuent cette imposition. Je dis: sans connaissance, parceque un envoyé du Languedoc ou de la Bourgogne ne doit ny ne peut évaluer les revenus des biends-fonds du Limousin qui ne peuvent être comparés avec ceux des deux premières provinces;

5° Que pour faire une répartition égale dans tout le royaume il soit formé des arrondissements de dix ou vingt paroisses limitrophes, sans distinction de provinces; qu'il soit pris dans chacune de ces paroisses deux propriétaires cultivateurs, instruits et d'une probité reconnue, qui avec un abonnateur expert se transporteront ensemble dans chaque paroisse pour procéder conjointement et sous la présidence de l'abonnateur à l'estimation du revenu des biens-fonds de chacune;

6° Demander la suppression des directeurs et autres employés aux vingtièmes comme étant des hommes innutiles. On évitera par là des frais considérables aux provinces et on n'aura plus le désagrément de voir des malheureux imposés pour des biens qu'ils ont vendus depuis plusieurs années;

7° Demander encore la suppression des taxes d'industrie des journaliers. En effet, il répugne de voir un particulier, qui n'a que ses bras, imposé à raison d'un modique produit qu'il arrose de ses sueurs.

La perception des droits de controlle est encore susceptible d'une grande réforme. Les personnes les plus versées dans cette partie sont journellement embarassées. Le tarif de 1722 n'existe plus, pour ainsi dire, que pour la forme. Il est presque impossible d'en faire l'application par la facilité qu'ont les traittans d'obtenir à leur gré des décisions ou des arrets du Conseil, qui ne sont connus que d'eux seuls et dont ils font l'application suivant les circonstances. Ces entraves ont des suites funestes pour les familles, par l'obscurité qui règne souvent dans les actes des notaires qui, par la crainte de donner ouverture à de nouveaux droits, n'osent donner toute la clarté nécessaire à certaines clauses. De là dérivent une multiplicité de procès qui causent quelquefois la ruine entière des familles. Il convient donc solliciter de la bonté du Roy un tarif clair et précis, qui puisse mettre tout le monde à portée de connaître les droits ; qu'il soit défendu à tous employés de l'interpréter en aucune manière ny pour quelque cause que ce puisse être ; qu'il leur soit enjoint au contraire de s'y conformer et l'exécuter littérallement, sous telle peine que de droit. Alors on passerait des actes même pour les plus petites affaires, et la multiplicité rendrait au Roy un revenu plus assuré et plus considérable.

Un autre projet bien important et qui mérite bien l'attention de Messrs les députés, est les rentes foncières et les hypothèques. En effet, n'est-il pas bien malheureux pour les propriétaires de fonds de se voir inquiétés dans leurs possessions par un seigneur qui, un vieux parchemin à la main, se présente et demande une rente considérable sur leurs propriétés, ou les arrérages de cette même rente de vingt-neuf années et la courante, rente qui souvent n'a pas été servie de plus de deux ou trois siècles, qui a été rachetée par les autheurs des tenanciers, mais dont ceux-cy n'ont aucune connaissance. Il en est de même des contrats d'hypothèque qui, étant inprescriptibles de leur nature, portent la désolation et souvent la ruine dans les familles, non seulement à cause du retrait des biens hypothéqués, mais encore par la reddition de compte des jouissances et rétablissement des dégradations, tandis que ces mêmes biens ont souvent été réparés, défrichés, complantés, etc. Pour obvier à tant de malheurs, il conviendrait demander : qu'une rente, soit foncière et directe, soit segonde ou obituaire et généralement de quelque nature qu'elle puisse être, demeure prescrite par sa cessation de service et de défaut de reconnaissance depuis trente ans ; qu'on ne pourra demander les arrérages de cette rente que de dix ans ; que les biens hypothéqués pourront être retirés pendant le même espace de trente ans ; qu'après ce délay passé, il n'y aura plus lieu au retrait, mais que le contrat d'hypothèque demeurera converti en une vente pure et simple, sans autre formalité de justice. Par ce moyen, on éviterait une infinité de procès tant avec les tenanciers qu'avec les différents seigneurs, et la tranquilité régnerait dans les familles. On doit encore adjouter à ces demandes la suppression des droits de francs-fiefs établis sur les biens des roturiers. Ce droit paraît injuste ; un roturier est imposé à raison de tous ses revenus, soit qu'il possède des biens-fonds soit qu'il possède des rentes ; et puisqu'il paye annuellement une imposition sur ces rentes, comment se peut-il qu'à chaque mutation par mort, ou vente, ou tous les vingt ans, il soit obligé de payer l'entier revenu au Roy ? un droit de quint (1) pour les profits féodaux et les dix sols pour livre du total? De sorte qu'un malheureux roturier, possesseur d'une rente de cinquante livres, est obligé de payer, lorsque le cas arrive, pour droit de franc fief : 1° cinquante livres pour le revenu de la rente ; 2° dix livres pour le droit de quint, et trente livres pour les dix sols pour livre. Total : quatre-vingt-dix livres, non compris les impositions annuelles en tailles accessoires et vingtièmes.

Les frais de justice doivent aussi entrer en considération dans les demandes à faire. Ces frais sont si grands et ont tellement accru que la majeure partie des particuliers préfèreraient de perdre la moitié de leur fortune plutôt que d'entreprendre un procès. Il y aurait donc lieu de demander un nouveau code et une nouvelle loy ; de demander encore l'établissement d'une cour souveraine à Limoges, à cause du trop grand éloignement de Bordeaux où les procès sont portés par appel. La difficulté des passages des rivières doit aussi entrer en considération dans cette demande.

L'éducation de la jeunesse mérite encore quelque attention et une place dans les demandes (2). Ne pourroit-on pas représenter que le collège royal de Limoges est confié, depuis la suppression des Jésuites, à des prêtres séculiers qui ne s'occupent que très imparfaitement de leur état, qui ne sont là qu'en attendant un bénéfice, qui s'occupent plus particulièrement d'enseigner dans

---

(1) En marge: NOTA. Le droit de quint est une nouvelle perception faite par les employés. On ignore ce qui peut les y authoriser.

(2) La décadence du collège de Limoges avait commencé avant le départ des Jésuites. (Voyez sur ce point les curieux *Souvenirs* de M. de Vermeilh-Puyraseau). Les prêtres séculiers qui leur succédèrent en 1763 relevèrent au contraire l'établissement, au moins pour quelques années. Il semble donc bien que les doléances ici exprimées ne sont pas exemptes d'exagération.

leurs chambres des jeunes gens qui leur payent 200 ll. par an, ce qui leur fait négliger entièrement les devoirs de leurs classes? Aussi voit-on peu de sujets sortir de ce collège, et on ne peut s'empêcher d'avouer qu'il est bien malheureux, tant pour les bourgeois et (1) autres habitans de la ville, d'être obligés d'envoyer dans des collèges éloignés leurs enfans recevoir cette éducation qu'ils devraient avoir dans leurs foyers. Il est donc indispensable de demander le renvoy de ces prêtres séculiers et donner ce collège à un corps régulier où il y aura de la subordination et par ce moyen une éducation suivie et soutenüe.

On doit espérer de la bienfaisance du Roy qu'il voudra bien donner ces nouvelles marques de bonté aux plus fidèles et les (sic) plus soumis de ses sujets.

THOUMAS.

X - « Doléances et représentations au Roy et aux Etats généraux de la communauté des maitres patissiers de la ville de Limoges » (1).

1° Sur l'excès (?) des impositions auxquelles ils sont assujettis dans différents rolles de la ville tant en tailles, impositions accessoires, capitation, vingtièmes et industrie, leurs charges sont d'autant plus accablantes qu'elles sont suportées par la classe la plus pauvre et la plus nombreuse de la société : celle du Clergé, de la Noblesse et des privilégiés, qui jouissent de richesses immenses, ne contribuant point à la décharge des pauvres.

---

(1) Ce *et* équivaut à *que* dans l'esprit du rédacteur.
(2) L'orthographe de ce document est telle que nous avons dû la modifier d'un bout à l'autre.

2° Le logement des troupes est encore une charge très onéreuse et fatiguante pour les maitres patissiers, parce qu'elle ne retombe aussi que sur la classe la plus pauvre des habitants de la ville de Limoges, tandis que le Clergé, la Noblesse et les privilégiés en sont exemptés, quoy que leur fortune les mette dans le cas d'être prefférés pour une pareille charge.

3° Toutes les denrées (1) qui entrent pour être vendues et consommées dans la ville, sont assujetties à des droits qui, réunis à l'excessive cherté où elles sont montées depuis quelques années, portent la subsistance du peuple à un prix au dessus de ses moyens et le réduit à la plus extrême indigence.

4° La communauté des maitres patissiers espère que la bonté du cœur de son souverain sera affligée de la situation de pauvreté où ses membres et le menu peuple sont réduits, et que sa bienfaisance pour eux (2) l'engagera ainsi que les Etats généraux à faire suporter toutes les charges indispensables dans une proportion égalle sur toutes les classes des citoyens sans distinction. C'est le remède juste et efficace pour remédier aux inconvénients dont se plaignent les maitres patissiers.

5° Enfin la communauté des maitres patissiers espère de plus de la bonté de leur Roy que la province du Limouzin sera administrée par des Etats provinciaux à l'exemple de plusieurs autres provinces qui jouissent déjà de ce bonheur. C'est un établissement qu'elles désirent pour une répartition proportionnelle dans les impositions et

---

(1) Le texte porte : *Les droits d'entrée imposés sur toutes les denrées*.....

(2) Il y a ici dans le texte une phrase qui demeure pour nous inintelligible. Nous lisons : *ses plus heureux à l'avenir pour ses fidèles sujets*. Qu'est-ce que cela signifie ?

la refformation de plusieurs autres abus locaux et particuliers à la ville de Limoges, que l'on ne peut se permettre de détailler dans le présent cayer, mais que les membres bons cytoyens qui composeront le tribunal des Etats particuliers du Limousin, ne laisseront point ignorer au souverain et à ses ministres.

BERNARD PÉRET,
député de laditte communauté.

A Limoges, le .. février 1789.

X bis — Autres doléances des maitres patissiers de la ville de Limoges.

AU ROY,

La communauté des maitres patissiers de la ville de Limoges prennent (*sic*) la liberté d'exposer à Sa Majesté que les charges auxquelles ils sont imposés sont d'autant plus onéreuses que, depuis quelques années, elles sont augmentées, le travail diminué et les denrées prodigieusement renchéries ; que plusieurs d'entr'eux sont fort peu occupés, et que c'est tout ce qu'ils peuvent faire que de subvenir aux dittes impositions. Cependant ils se feront un devoir d'obéir aux volontés d'un monarque aussi bien faisant, quy ne s'occupe que du soin de rendre ses peuples heureux et pour lequel ils ne cesseront d'adresser leurs vœux au Tout-puissant pour la précieuse conservation de Son auguste Majesté.

BERNARD PÉRET,
député de la communauté.

A Limoges, le 26 février 1789.

XI. — « **Doléances et représentations des maitres apotiquaires de la ville de Limoges, pour être présentées aux Etats généraux.** »

Les apoticaires payent de grosses impositions, notamment celle d'industrie pour le débit des drogues qu'ils font dans leur commerce ; mais il est de notoriété publique que les chirurgiens, l'hôpital général, la communauté des sœurs grises et les marchands droguistes font le même commerce et débitent incomparablement plus que les apoticaires. Les apoticaires ont obtenu à grands frais divers arrêts de règlement qui défendent à tous autres qu'à eux de vendre publiquement des remèdes (1). Tout a été inutile.

Ils demandent :

1° Qu'il soit fait deffenses aux chirurgiens, hôpital, sœurs grises et droguistes de vendre au public aucun remède. L'intérêt du public, la santé des citoyens exigent que les apoticaires seuls traitent de la pharmacie et de la chimie. Les connaissances qu'ils ont acquises par une étude suivie de ces deux parties, etude très longue et très dispendieuse (2), les met à portée de con-

---

(1) Voyez dans notre *Invent. des Arch. hospital. de Lim.* F. 30, une sentence du sénéchal de Limoges portant défense à toutes personnes non brévetées « de s'immiscer à faire aucune fonction qui dépend de l'art de pharmacie, » 1708. La dite sentence est prononcee à la requête des syndics-bailes des maîtres apothicaires-pharmaciens de Limoges, disant « qu'au mépris de leurs statuts et contre toutes sortes de règles, plusieurs personnes, dont la plupart ignorent même les termes de la pharmacie, et autres dont l'art ne consiste qu'à appliquer des remèdes à l'extérieur, s'avisent sans aucun titre ni privilège de composer, vendre et distribuer toutes sortes de compositions melangées comme tériaque, mytridate, conlection d'alkermès et d'hyacinthe, sirop, tablettes laxatives, pilules, conserves, sucre-rosat, etc.

(2) Il y a après la virgule un *qui* bien inutile, que nous supprimons.

naître beaucoup mieux les drogues et les compositions que les autres, qui n'ont qu'une simple théorie; il faut convenir qu'il y a du danger de confier à tous autres qu'aux apoticaires la vie et la santé des citoyens ;

2º Ils demandent que toutes les impositions, même la corvée, soient réparties par un seul et même rôle sur les trois ordres de l'Etat, suivant la fortune de chaque individu, sans exception de personne;

3º Ils demandent qu'il plaise à Sa Majesté accorder une ampliation de pouvoirs aux juges-consuls pour juger souverainement jusqu'à la somme de 2,000 ll. et aux présidiaux des villes capitales jusqu'à la somme de dix mille livres ;

4º Qu'on fasse un tarif clair sur le contrôle, centième denier etc ; que ledit tarif soit modéré et à l'abry de toute interprétation ;

5º Que les arrérages des rentes foncières et directes, segondes et autres se prescrivent par 5 ans, comme en Marche, et que les seigneurs, après avoir pris un solidaire, ne puissent dans la même action en prendre un autre;

6º Ils demandent principalement que la ville et non le corps politique choisisse ses maire, lieutenant de maire et échevins, dont trois élus chaque année; que leur exercice soit borné à deux ans(1);

7º Ils demandent enfin qu'il plaise à Sa Majesté faire deffenses sous de très grièves peines à MM. les avocats de se répandre en invectives les plus atroces et les plus scandaleuses contre leurs parties adverses, dans leurs mémoires imprimés(2).

---

(1) Il y a dans le texte : *échevins ; que leur exercice soit borné à deux ans dont trois élus chaque année.* L'interversion est manifeste.

(2) Il subsiste aux Archives départementales un certain nombre de *Factums* des XVIIme et XVIIIme siècles qui justifient bien cette réclamation. Cf. *Invent. des Arch. dép.* de la *Corrèze*, B. 356, 459, 521, etc.

Quoique plusieurs édits, qui ont été publiés et affichés, leur défendent d'avilir la noblesse de leur état en noircissant la naissance et les mœurs de leurs parties adverses, rien jusqu'à ce jour n'a pu retenir la plume venimeuses de plusieurs d'entr'eux.

XII. — Doléances des huissiers de Limoges.

Dès que le monarque qui nous gouverne nous invite à nous réunir à luy pour luy faire part, par la voye de la députation aux Etats généraux, des vœux de tous les ordres des citoyens qui peuvent faire leurs plaintes et doléances, qu'il veut bien qu'il soit statué sur les abus à corriger et sur la manière de dresser une nouvelle forme de gouvernement, pourquoy chacun des dits ordres ne s'empresseroit-il pas de concourir unanimement à ce grand vœu ? En conséquence, les députés des huissiers royaux, sergens et autres à la résidence de Limoges, chargés des pouvoirs de leur corps par la nomination qui a été légalement faitte de leurs personnes, se croyent obligés d'exposer à l'assemblée des Etats généraux :

1° Que par état leur corps étant chargé de faire le recouvrement des payements dus à tous les individus de leur sénéchaussée, ils se sont aperçus depuis longues annnées que cette province est écrasée sous le poids des impôts qui sont encore si mal compartis que le malheureux Tiers-Etat les paye tous, tandis que les nobles et le Clergé en sont exempts ; qu'il y a dans plusieurs paroisses des seigneurs dont leurs auteurs ont sçu se faire faire par plusieurs particuliers des reconnoissances très onéreuses aux descendants, en ce qu'ils perçoivent en sus de la dixme et la rente, à tant par septerée, le tiers, le cinquième et même sur plusieurs héritages la moitié de la récolte nette ; que sur l'autre portion qui reste au malheureux cultivateur il faut encore qu'il retire la semence et paye les impôts, ce qui est d'une dureté sans égale ; que bien souvent même, ce qui n'est que malheureusement trop commun dans cette province, ils sont encore privés de ce foible secours pour leur subsistance et celle de leurs malheureux enfants par une grelle ou gellée qui n'est que trop ordinaire sur un terrain aride tel que celuy de cette sénéchaussée ;

2° Que si les impôts, quoy que forts, étoient légallement compartis et que la Noblesse et l'ordre du Clergé, qui possèdent de très grands biens et des bénifices considérables, par la réunion sur la tête d'un même individu de plusieurs abbayes, bénéfices simples et casuels considérables, en payoient en proportion des biens qu'ils possèdent, le malheureux cultivateur serait d'autant allégé et trouverait dans la portion d'impositions qu'il payeroit de moins de quoy subvenir aux besoins imminents auxquels il est exposé par la privation de sa récolte ; que toutes ces raisons et autres doivent déterminer à faire imposer le Clergé et les nobles ;

3° Qu'il serait à propos que les seigneurs fissent annuellement la recepte de leurs rentes sans les laisser accumuller pendant trente ans, ce qui ruine les malheureux propriétaires ; qu'il leur fut également deffendu de prendre des solidaires ; car il est très malheureux qu'un (1) particullier qui paye exactement à son seigneur sa cottité de rente, soit obligé par la suitte (par la faulte de son seigneur à faire payer les redevables) de payer

---

(1) Le texte porte à un.

pour autruy et d'essuyer un procès avec son seigneur et avec chacun des contenanciers dans le fonds pour lequel il est pris solidaire, ce qui très souvent l'oblige à consommer en frais de procédure la majeure partie de son bien; ou du moins qu'il fut enjoint aux seigneurs de prendre alternativement chaque tenancier, sans distinction de rang et condition, et non pas toujours ou quasi toujours le même, ce qui se pratique très ordinairement;

4° Qu'il serait également à propos de défendre par la suitte qu'il fut permis au premier venu créancier de faire établir commissaire séquestre sur les biens, fruits et revenus de son débiteur, tel citoyen qu'il lui plaît. Car, indépendamment des malheurs que ces sortes de commissions ont produits dans plusieurs endroits et nottamment dans cette sénéchaussée où plusieurs séquestres, voulant aller prendre possession des fruits sur lesquels ils avoient été établis, ont reçu la mort, laquelle par surcroit de malheur a demeuré impunie, les meurtriers étant quelques fois des seigneurs qui, avec des protections puissantes, font un jeu de ces sortes de meurtres, étant assurés de l'impunité de leurs crimes ; d'autant même que (1) il est très malheureux à un citoyen qui très souvent ne peut vacquer à ses propres affaires et à la culture de ses biens, d'être obligé d'aller, même aux périls de sa vie, pour obéir à justice, recolliger les fruits d'un mauvais payeur, manger son argent pour se transporter sur les lieux et payer les ouvriers qu'il y employe. Et étant privé de ressources, il est contraint de faire des emprunts qui très souvent le réduisent luy même dans la

---

(1) Ce *d'autant même que* après le *car* du commencement de la phrase, est tout à fait inutile pour le sens.

dure nécessité de voir établir un séquestre sur ses propres fruits, ce qui est un très grand mal, d'autant que les nobles, qui sont exempts de tailles, le sont également de toutes charges publiques; et tout ce qui est onéreux retombe sur le malheureux Tiers-Etat;

5° Que les Nobles jadis, employés au service de Sa Majesté, servoient à leurs dépends, fournissoient les régiments, les nourrissoient et entretenoient à leurs fraix; que maintenant les armées étant toutes au compte du Roy, le tout est payé des subsides levés sur le Tiers-Etat, ce qui procure un double bien aux nobles, attendu qu'ils jouisssent dans les armées de gros revenus, de places très honnorifiques, et qu'en se retirant du service ils obtiennent gouvernement ou pension, ce qui fait, joint au grand fort de leur nom, [qu']ils vexent leurs vasseaux d'une manière tyrannique et s'aproprient très souvent sur les possessions de ces malheureux des droits qu'ils n'ont pas; de quoy ces derniers n'osent murmurer craignant pis de leur part;

6° Qu'il est encore très important que les nouveaux et anciens privilégiés soyent aussi imposés, par la raison qu'il n'est pas juste qu'ils acquièrent tout à la fois et la noblesse et jouissent en même temps des privilèges qu'elle leur accorde, et fassent ouvertement le commerce (1). Car ils sont et doivent être très suffisament dédomagés du prix de la finance qu'ils ont employée à l'acquisition de leurs charges par les gages qu'ils en retirent et par l'espoir qu'ils ont de rendre leurs descendants nobles, avec d'autant plus de raison

---

(1) Toute cette fin de phrase est bien obscure. Le sens semble être celui-ci : *Ils n'est pas juste qu'ils jouissent à la fois des privilèges que leur procure la noblesse acquise et des gains qu'ils trouvent en faisant ouvertement le commerce.*

que la pluspart de ces messieurs n'acheptent ces charges que lorsqu'ils ont des biens immenses, pour jouir alors des privilèges que ces charges leur accordent et par là augmenter leurs fortunes ; ce qui fait que, pour le même fait, ils retirent deux avantages, sans parler de l'espoir avantageux de jouir des privilèges de la noblesse, qui est leur mobille ;

7° Qu'il serait à propos que le ministère jettat les yeux sur les revenus immenses du Clergé et qu'on fixat un revenu égal à chaque ecclésiastique ; car il est malheureux pour une pauvre famille du Tiers-Etat qui se sera épuisée pour élever un enfant au sacerdoce dans l'espoir d'un secours, de voir languir un prêtre dans un vicariat de deux cents livres pendant toute sa vie, tandis que bien d'autres réunissent sur leur tête plusieurs bénéfices qui leur donnent un très grand revenu, ce qui n'arriverait pas s'il était ordonné que chaque prêtre ne put posséder qu'un bénéfice. N'y en manquant pas dans le royaume, chaqu'un en serait pourvû, surtout si l'on observait pour les donner l'ordre et le rang auquel chaqu'un aurait été élevé au sacerdoce, sans que la cabale et la faveur s'en mêlât pour les obtenir ;

8° Qu'il est fort inutile que dans chaque sénéchaussée il y ait un office d'huissier-priseur-enquesteur. Cet office est préjudiciable non seulement à l'Etat, mais encore plus au public : à l'Etat en ce que la finance qui est entrée dans les coffres pour le dit office n'a certainement pas équivalû au produit des quatre deniers pour livre qu'on lui a attribué en indammité de cette finance ; au public en ce que il faut présentement sept hommes employés pour parvenir à la vente d'une exécution : l'huissier et deux témoins pour faire les sommations au dépositaire volontaire ou forcé, pour la remise des effets saizis, assignation à l'exécuté, pour fournir sur la vente d'enchérisseur, recevoir des mains du dépositaire les effets saisis, luy en concéder quittance, en dresser verbal, remettre le tout au priseur qui doit être assisté de deux témoins et d'un crieur pour faire la vente. Voila donc quatre hommes employés inutillement. Trois le fesoient avant la création de ces offices : charges à retirer du public;

9° Qu'il en existe encore d'autres (1) dans les fonctions des traitants, en ce que les délais de quatre jours à eux accordés pour faire revêtir leurs actes de la formalité du controlle, est trop court, en ce que étant obligés de faire très souvent des tournées de plusieurs jours, ils font en sorte de rassembler sur la même routte plusieurs actes pour par la multiplicité alléger d'autant les redevables sur les frais. Les bureaux de controlle étant de distances trop éloignées les uns des autres, cela les oblige à rétrograder ou serpenter dans leur tournée, pour aller les faire revêtir de cette formallité ; cela leur fait employer souventes fois plusieurs journées de plus qu'ils sont obligés de repéter sur les débiteurs, attendu que, par un malentendu de messieurs les administrateurs généraux ou des employés par eux commis, il est deffendu aux différents commis des bureaux de controller les actes des huissiers, à moins que ces derniers soyent domicilliés dans l'arrondissement de leur bureau ou les actes faits dans le même arrondissement. Dans un cas contraire aux deux ci-dessus, ils se refusent de les controller, malgré que les traitants les somment par acte de le faire, en leur représentant que le moment du délai de leurs actes tombant, ils ne peuvent se

---

(1) Il faut sous-entendre ici les mots *abus à corriger* qui figurent en téte du paragraphe 8.

rendre au lieu de leur résidance pour les faire controller, ce qui expose les traitants à des amandes et à de grandes contestations. C'est ce qui les force d'exiger qu'il leur soit accordé un délai plus long et tel, par exemple, que celui qui est accordé aux notaires, qui est de quinzaine, quoiqu'ils reçoivent tous leurs actes au lieu de leur résidance;

10° Que dans la perception des droits de controlle et autres, il se glisse et se pratique de petites vexations, qu'on ne croit pas que Sa Majesté aye permises, mais qu'il est très à propos de faire corriger; qu'on veut asservir les traitants à représenter coppie des actes-obligations qu'ils signifient et que les coppies soient en vélin; et fautte par l'huissier de les avoir de même, ils dressent contre luy des procès-verbaux et le font condamner à des amandes que la plupart d'eux aiment mieux payer que d'obliger une malheureuse partie à prendre chez le notaire cette expédition en vélin. Ce vélin, que le fermier fait payer très cher, et les droits du notaire excèderoient très souvent le montant de l'obligation et par là finiroit (*sic*) d'écraser le malheureux qui ne peut payer sans contraintes le montant de son obligation; que, sous tel raport qu'on puisse considérer cette proposition, ce serait aux notaires à qui il devrait être deffendu de délivrer aucune expédition autrement qu'en parchemin, et on ne devroit nullement s'en prendre à l'huissier;

11° Qu'il est également bien honnéreux aux traitants d'être restraints à se servir de papier marqué dans chaque génerallité d'une marque diférente, à peine de nullité de leurs actes. Le produit revenant au même but, pourquoi cette variation? Il y a dans plusieurs paroisses de cette sénéchaussée des villages et des maisons seules qui sont dans deux ou trois génerallités. On l'ignore très souvent, et comment, quand on le sçauroit, pouvoir se procurer du papier de cette générallité? Messieurs les buralistes, malgré les réquisitions, ne voulant pas se donner la peine d'en tenir d'autre que celuy de leur générallité, il faut donc ou se transporter sur les lieux du bureau pour s'en procurer, revenir sur ses pas pour aller au lieu où l'on doit faire son acte, y séjourner un ou plusieurs jours pour dresser son acte suivant la quantité des actes-titres qu'on doit notifier, faire payer le retard au malheureux, ce qu'on ne ferait pas si on pouvait dans chaque bureau se procurer du papier étranger, puisqu'on ferait ses écritures chez soi, — ou se servir d'un papier d'un autre timbre et par là s'exposer à payer des amandes. On observera même icy que dans notre générallité on nous fournit très chèrement de très mauvais papier, la rudesse duquel empêche d'écrire. Mais le buraliste cherche son bénéfice, ne payant certainement pas ce mauvais papier au fabricant autant qu'il le ferait du bon. De plus, si nous nous présentons à la direction pour faire timbrer du papier libre, qui, étant meilleur que celuy qu'on nous fournit, nous l'employons souvent pour des actes de conséquence, on nous fait payer si cher le timbre que si on nous avait fourni le papier, ce qui est une vexation;

12° Qu'il serait très à propos que toutes les justices seigneurialles fussent abolies, souventes fois n'y aiant ny juge ni postulant, et que dans d'autres où il y en a, l'huissier obligé d'assigner un particullier ignore ainsi que le requérant de quelle justice tel domicille relève. On assigne devant le sénéchal ou présidial, et alors l'assigné se trouvant parent ou amy du procureur d'office, fait revendiquer la cauze au nom du seigneur. Il se rend des appointemens de renvoy et cela constitue en frais frustratoires; et dès que la cauze est devant le juge ordinaire, il est très souvent difficille d'avoir audiance et par là condamnation contre son débiteur;

13° Qu'il est très douloureux pour la majeure partie des traitans, après avoir payé des grosses sommes pour la finance et les provisions de leurs offices, d'être obligés de payer annuellement des centièmes deniers; pour conserver une simple survivance héréditaire à leurs descendants de payer encore des vingtiemes et taxes d'offices et d'être privés des gages qui leur sont attribués par les édits de création de leurs dits offices, attendu qu'ils n'ont aucune connaissance qu'il soit dit (1) par les dits édits qui fixera lesdits gages; qu'indépendamment de cette privation ils en souffrent encore une autre qui leur devient plus préjudiciable; car quoiqu'il soit dit par les édits de création de leurs dits offices que certains jouiront du privilège par tout le royaume et de faire concuramment avec tous autres huissiers tous actes de justice jusqu'à jugement, sentence et arrêt définitif, cependant on a surpris de la religion de la cour de parlement de Bordeaux des arrêts entre les huissiers des différentes cours du dit Limoges, qui indépendamment des significations de procureur à procureur, attribuées aux huissiers du présidial, et de la plaidoirie des cauzes en qualité de procureurs postulans attribuée à ceux de la jurisdiction consulaire de la même ville, accordent exclusivement aux huissiers des dits deux juges privativement aux autres huissiers des autres sièges, la faculté de faire en seuls, dans l'étendue de la ville, faubourg et banlieue, les premiers actes et significations

---

(1) Le texte porte *qui est dit*.

de jugements, avec défences aux autres de s'y immiscer, ce qui est pour ces derniers d'un préjudice notable, par ce que les parties qui voyent qu'ils n'ont pas la faculté de faire ces actes, croyent aussy qu'ils n'en peuvent faire d'autres, et par là les privent de leur confiance. Si les intentions de Sa Majesté avoient été de les en priver, elle (2) n'aurait pas reçu des dits huissiers une finance pour leur accorder ce pouvoir. C'est pourquoy on ose espérer ou la supression desdits arrêts surpris, ou un remboursement de finance proportionné à la perte que ça leur cauze.

BAIGNOL. FOURNAUD.

XIII. — Doléances de la communauté des imprimeurs-libraires de la ville de Limoges.

Attirés par l'amour et guidés par la confiance, les imprimeurs-libraires de la ville de Limoges osent déposer aux pieds du thrône du meilleur des rois et du plus populaire des monarques leurs humbles doléances. Ils réclament de la bonté de leur prince que Sa Majesté daigne accorder à leurs vœux :

1° Pour le Limousin, des Etats provinciaux modelés sur ceux du Dauphiné et indépendans de tous autres ;

2° Pour la nation, que le Tiers-Etat aye non-seulement à l'Assemblée nationale numériquement autant de députés que les deux autres ordres réunis, ce qui est accordé, mais encore, (sans quoi cette première concession seroit inutile), que les voix se comptent par tête ;

3° Que les loix de la justice distributive la plus

---

(2) Le texte porte il.

rigoureuse soient observées dans la répartition des impôts, sans distinction d'état et de condition ;

4° Que les tribunaux supérieurs soient plus près des justiciables, et qu'à Limoges on établisse une cour souveraine ;

5° Que le commerce au moins intérieur soit parfaitement libre et dégagé des entraves multipliées qui le gênent ;

6° Que, pour ce qui concerne l'imprimerie et la librairie, on rétablisse à Limoges une chambre syndicale. Ces deux états florissent dans la capitale du Limousin qui, par son heureuse situation presque au centre du royaume, est l'entrepôt des provinces méridionales et des marchandises qui nous viennent de Genève, Avignon, etc. Elle mérite donc la préférence sur Poitiers, ville isolée, où la librairie et l'imprimerie sont sans activité ;

7° Que les droits sur les papiers et cartons soient établis dans les papeteries elles-mêmes, sur chaque cuve. Leur produit est aisé à calculer. Par ce changement la circulation de ces objets sera moins gênée, les fraudes impossibles, la perception des droits plus facile. On n'aura plus besoin de cette foule de commis. Un seul préposé à d'autres collectes pourra être obligé à faire celle-ci sans frais. Elle demandera si peu de travail! Le manufacturier commercera, déposera à sa volonté ses papiers et cartons ;

8° Que l'assiette des droits susdits soit faite avec plus de justice. Y-a-t-il d'équité à faire payer également et les objets précieux et ceux qui le sont moins? C'est pourtant ce qui se fait par rapport aux papiers! Ceux du Limousin qui, par la mauvaise qualité ou de l'eau ou de la matière première, se vendent les deux tiers moins que ceux d'Annonai, de l'Auvergne, et de l'Angoumois, payent pourtant exactement la même taxe.

Telles sont les principales doléances qu'osent présenter MM. les imprimeurs-libraires de Limoges par le ministère de leur député.

BARBOU.

XIV. — « Doléances de la communauté des orfèvres de la ville de Limoges. »

Pénétrés de reconnaissance et d'amour pour Sa Majesté, les orfèvres de Limoges osent porter aux pieds de son thrône leurs réclamations et leurs vœux ; ils demandent :

1° Que le Limousin aye ses Etats provinciaux particuliers, sur le modèle de ceux du Dauphiné ;

2° Qu'aux Etats généraux le Tiers aye autant de députés que le Clergé et la Noblesse et que les voix se comptent par tête ;

3° Que désormais les impôts soient répartis proportionnellement aux revenus, sans distinction d'ordre et de privilégiés ;

4° Que les justiciables soient plus raprochés de leurs juges et qu'il soit établi à Limoges une cour souveraine ;

5° Que la connaissance des causes relatives au controlle, centième denier, etc. et toutes affaires concernant les droits de marque, de matière d'or et d'argent soient renvoyées aux juges ordinaires ;

6° Qu'il soit pourvû à ce que les frais pour la levée des impôts ne soient pas si multipliés qu'ils le sont ;

7° Que le commerce intérieur soit parfaitement libre ;

8° Que les barrières, douanes, etc, soient portées aux confins du royaume. N'est-il pas bien douloureux que des artistes, les orfèvres, par exemple, qui veulent étendre leur débit, d'être *(sic)* arrêtés à chaque pas, parce que les douanes sont si multipliées, et pour peû qu'il s'éloignent de leur domicile, d'être obligés de payer trois ou quatre fois le même droit pour la même marchandise, ce qui souvent enlève presque tout le bénéfice de la main d'œuvre et étouffe nécessairement toute industrie ;

9° Enfin que l'arbitraire ne règne plus dans la perception des droits de contrôle des ouvrages d'or et d'argent. Jusqu'ici notre communauté n'a pû obtenir des préposés à cette régie de nous faire connaître le dispositif de la loy et des formes qu'elle prescrit. Assaillis par d'avides commis, plusieurs de nos confrères ont été quelques fois fouillés jusque dans leurs poches comme des voleurs. Quelle tyrannie à l'égard des Français pour qui l'honneur est le premier des biens!

XV. — Doléances de la communauté des horlogers de Limoges.

Messieurs,

Un roy, l'ami de son peuple dont il est justement l'isdole *(sic)*, lui présente l'aspect d'un avenir plus heureux. Il se rapproche de lui, comme un tendre père le ferait de ses enfans, pour les consulter sur leur propre bonheur et la prospérité de l'Etat. Pour tant de bien il n'exige de nous rien, si ce n'est que nous luy indiquions les réformes à faire, les abus à détruire et les moyens d'y parvenir et de procurer à ses sujets par des établissements utiles, tout ce qui peut contribuer efficacement à leur bonheur.

Choisi pour être l'organe de ceux qui exercent

la même profession que moi, je me borneray à ce qui y est relatif. Les grands intérêts de l'Etat ont été et vont être encore discutés par des représentans dignes du choix qu'on a fait d'eux.

Nous nous plaignons avec raison de ce que l'art. 25 de la déclaration du Roy, du 26 janvier 1749, nous défend de ne recevoir aucune montre d'or et d'argent dont les boîtes ne sont pas contrôlées, sous les peines portées par l'article 24 qui le précède. Ces peines sont une amende de 300 livres et la confiscation de chaque montre qui n'aura pas été frappée du cachet brulant de la ferme.

Les horlogers ne fabriquent aucune espèce de boetiers d'or ou d'argent. Leur travail se borne au mécanisme intérieur des montres. La contravention d'autrui les expose donc à des amandes et à des confiscations. Il est donc injuste de les y assujettir.

Ce n'est point même pour éviter des contraventions que cette loi gênante pour leur art a été portée. Au moyen d'un abonnement qui réduit à peu le produit de leur travail, ils se mettent à l'abri de l'inquisition journalière des agens de la ferme. Cet abonnement est donc un impôt de plus payé par les horlogers. Le génie fiscal, qui s'attache à tout, l'a créé. Rien ne doit être indifférent à l'Assemblée de la nation. Chaque citoyen a droit à son attention. Les arts méritent même une protection particulière. Aussi demandons-nous avec confiance que cette loi, qui met des entraves à notre profession, soit détruite et que nous puissions en l'exerçant pourvoir à notre subsistance et à celle de nos familles.

Nous portons tous nos vœux au pied (*sic*) du meilleur des rois. Il nous y appelle et tout Français porte déjà dans son cœur l'espoir certain de voir paraître le plus heureux gouvernement.

BAUDET, *fesant pour le corps des horlogers*,

XVI. — « Doléances des maîtres boulangers de la ville de Limoges. »

Disent et remontrent les boulangers de Limoges :

1° Que, quoique cette ville soit considérable et par le nombre de ses habitants et par l'affluence des voïageurs que le commerce y attire, il n'y a point de marché au blé.

Fondé (1) sur ce que la halle existante dans l'intérieur de la ville en 17[74], étant inclose, servait la nuit de retraite à des malfaiteurs (2), on jugea plus convenable de la supprimer que de la clore. Depuis, on ne s'est plus occupé de la rétablir (3).

De ce défaut de marché dérive une foule d'abus qui entrainent des pertes et des faux frais beaucoup plus onéreux aux boulangers qu'aux différens citoïens, sur qui il n'en reflue que quelques parties par la taxation du pain.

Le défaut d'une halle où serait porté le blé donne lieu à un arbitraire révoltant dans la vente des grains, à une incertitude journalière sur le prix de la denrée de première nécessité, au monopole enfin exercé par plusieurs particuliers.

L'officier municipal, à défaut d'un marché, ne peut connaître les justes variations qu'éprouve le prix des grains. Il lui est impossible de taxer le pain à son véritable prix et par proportion au prix forcé du blé ; de manière que, souvent et très

---

(1) C'est-à-dire *Se fondant sur ce que*

(2) Il y eut d'autres motifs à la suppression de cette halle, en particulier l'état de ruine où elle se trouvait alors. Cette halle était située près de l'église Saint-Martial, derrière une maison de la rue des Taules (Cf. Ducourtieux. *Limoges d'après ses anciens plans*, p. 136.)

(3) Assertion inexacte. Voyez l'ouvrage ci-dessus cité, p. 136-137, et plus loin le paragraphe qui précède le chiffre 2.

souvent, le pain est taxé au-dessous de la valeur des grains. La différence a été quelquefois de 40 à 50 sols par setiers. Elle est encore dans cette improportion actuellement.

Contraint d'aller au loin, de grenier en grenier, pour acheter du blé, le boulanger fait des voïages, et ces frais extraordinaires ne sont jamais considérés. Indépendemment de ces frais nécessaires, le boulanger est exposé à d'autres pertes. Ne pouvant enlever sur le champ le blé qu'il a acheté, il est obligé de payer quelqu'un pour le soigner jusqu'à l'enlèvement. Ce quelqu'un peut être infidèle. Le blé négligé périclitera. Bientôt le meunier est averti ; il envoie ses valets quérir le blé. Qu'arrive-t-il ? Ces gens en vendront, quoique mesuré, à certains chalans qui se trouvent sur les routes. Le meunier lui-même se permet de retenir à soi, en sus son droit de mouture, jusqu'à 30 livres de farines ; ce qui, depuis les épreuves faites par l'ordre de M. d'Aine, du tems qu'il fut intendant de la province (1), formerait le bénéfice que pourait faire le boulanger, abstraction faite des pertes. Et les excuses ordinaires de ces fraudes sont que les mesures sont courtes, que le blé est décheté, qu'il a été volé dans les granges quand la distance du grenier oblige de faire des entrepôts en chemin.

On sent parfaitement que la police la plus surveillante ne peut étendre ses regards sur toutes ces fraudes.

On sait encore combien les boulangers, qui n'ont que six mois pour former leur demande en justice qui, quand le cas se présente, ordonne un payement partiel, long et détaillé (2), sont mal payés

---

(1) De 1774 à 1783.
(2) C'est-à-dire à longue échéance et par petites sommes.

par le menu peuple qui les affronte souvent. Ajoutez à cela les loyers, la cherté du bois, etc.

D'après tous ces désavantages, doit-on s'étonner de la répugnance que plusieurs boulangers pauvres et chargés d'une nombreuse famille ressentent à faire du pain ?

Le rétablissement d'un marché au blé et d'une halle où les grains seraient portés, mesurés et pesés, est donc essentiellement nécessaire à Limoges, attendu que, par ce moïen, on parerait à la plupart des abus que la suppression de la halle a occasionés et qu'il en résulterait des avantages réels non seulement en faveur des boulangers, mais des différens citoïens qui alors recevraient d'eux le pain à plus bas prix.

On n'objectera pas qu'en détruisant l'ancienne halle, on en établit une nouvelle. Elle n'en eût que le nom. A 400 toises environ distante de la ville, il ne s'y est pas porté un sac de blé, depuis plusieurs années. On n'y voit même pas une mesure ;

2° Un autre inconvénient très onéreux encore aux boulangers est la rareté et l'éloignement des moulins.

Dans l'espace de 40 à 50 ans, sept moulins à la proximité de la ville, tournants ensemble 30 meules, ont été ou détruits ou convertis à d'autres usages : en moulins à papiers, au foulonage, à moudre de la terre propre à faire la porcelaine, etc. et dernièrement pour la Monnoïe.

Les habitans qui consentirent d'abord à la destruction des deux premiers au bas de la ville (1), ont vû d'un œil indifférent cette destruction progressive ; ils n'ont pas pensé que les boulangers seraient dans le cas de donner à moudre à des

---

(1) Au voisinage du pont Saint-Martial.

meuniers éloignés de trois lieues et que, ne pouvant ni peser leurs grains ni veiller à la mouture, ils seraient contraints d'accepter sans murmures et sans oser se permettre le moindre reproche, ce que les meuniers leur rendraient. Les habitans enfin n'ont pas prévu que cette rareté des moulins pourait causer une disette de farines, ainsi qu'ils ont été à la veille de l'éprouver cet hiver.

Il convient donc :

D'établir un marché au blé et une halle dans la ville, où tous les grains seraient portés ;

De défendre à l'avenir la destruction des moulins à blé ;

Même de rétablir au moins deux moulins comme autrefois, à la proximité de la ville ;

De faire un règlement pour les meuniers et une taxe au prix des grains.

DUTREIX, *en vertu de ma procuration*.

XVII. — **Doléances des maitres cordonniers de Limoges.**

Les députés des maitres cordonniers ont l'honneur de remontrer à l'assemblée des Etats généraux :

1° Que tout le clergé, nobles et privilégiés payent les impositions suivant les biens qu'ils possèdent. Par ce moyen, ils(1) se trouveront soulagés, vû qu'ils payent des sommes au-delà de leurs forces, nonobstant qu'ils sont tenus au logement des gens de guerre et de payer les rentes et impositions royales, sans y comprendre leurs maitrises, ce qui rend (*sic*) la plûpart des cordonniers dans la dernière misère ;

2° [Qu'il est nécessaire de] détruire la marque

---

(1) *Ils* représente les cordonniers.

des cuirs qui n'avoit été imposée que pour cinq années et qui subsiste il y a environ trente ans, ce qui porte une perte considérable tant à la maitrise qu'au public ;

3° [Qu'il serait bon] que les droits de halle ou inspection des cuirs soient rétablis, attendu que les tanneurs préparent la marchandise à leur volonté, ce qui préjudicie à notre métier et au public. De plus, la grande augmentation des cuirs ont (*sic*) réduit les cordonniers hors d'état de pouvoir gagner leur vie ;

4° [Qu'il serait bon] qu'il soit établi un marché à bled public pour faciliter tous les habitans, afin d'en savoir le prix fixe pour s'en procurer suivant leurs moyens ;

5° [Qu'il est nécessaire de] fixer les honoraires des maitrises, vû qu'il y a trente ans on (1) ne payoit pas le quart qu'on fait à présent ;

6° [Qu'il serait bon] que les entrées soient libres et qu'il n'y ayt plus d'impôts (2) ; par conséquent, détruire toutes les gabelles.

BORDAS, LAPLAUD, FAURE, DELAURANT, DAVID, BAPTISTE GRENAUD, J.-B. FINET, DARDE, PÉRER, ESTIENNE EMARD, CHABROL, LANDY, ROCHE, veuve GEANTY, BATETE, LAPLAUD-CODET, DARDE, GERMAIN, GORSAS, PICHONOT, BONETAUD, DUJOUR, BEAUPOIS, BRISCET, THOMAS FAURE, TISSIER, GAUTIER MOURET, VILLECHENOUX.

---

(1) Le texte porte *qu'on*.
(2) Qu'il n'y ait plus d'impôts sur les objets qui entrent en ville. — Telle est certainement l'idée. Cf. les doléances des menuisiers, n° XX.

XVIII. — « **Demandes et doléances de la corporation des maitres savetiers de la ville de Limoges.** »

Les maitres savetiers de la ville de Limoges, respectueusement soumis aux ordres de Sa Majesté, ont l'honneur de représenter par leur député :

1° Qu'ayant payé l'*industrie* (1) dès son étabussement jusqu'à ce jour, [ils] se croient en droit de demander et demandent la somme de soixante-six livres à laquelle a été taxé le dit corps l'an mil sept cent quarante-cinq, au rôle du trente mars mil sept cent cinquante-un, article 260, sans avoir touché ni le capital, ni l'intérêt, ainsi que les autres corporations ;

2° Pour éviter les abus qui règnent entre les corps des cordoniers et des dits complaignans, ces derniers désireroient une incorporation qui éviteroit (2) une infinité de dissensions et de procès qui existent depuis longtemps ;

3° Enfin, les denrées de première nécessité étant si chères dans la capitale, les susdits complaignants désireroient aussi un marché public pour les grains.

Telles sont les doléances, plaintes et remontrances qu'osent se permettre les maitres savetiers.

---

(1) L'impôt désigné par ce nom.
(2) Le texte porte très lisiblement *éviteroient*, ce qui peut donner à croire que le mot *incorporation* était suivi d'un autre substantif dans le premier brouillon.

XIX. — « Pour la communauté des maîtres tailleurs de la ville de Limoges. »

Une heureuse révolution donne à chaque ordre de citoyens la faculté de dénoncer au monarque et à la nation assemblée les vices d'administration qui, après avoir occasionné pendant longtemps le malheur des peuples, sont enfin parvenus à faire la désolation générale du royaume, Le meilleur des rois cherchant à tout réparer appelle tous ses sujets, sans distinction, le pauvre et le riche, le noble et le plébéien. Tous ont droit de se faire entendre.

Il semble que des artisans sans fortune, dont le travail fait toute la ressource, ne devraient avoir aucun sujet de plaintes. Les impôts devraient suivre les rangs et les propriétés ; les surcharges ne devroient, par conséquent, se faire sentir qu'indirectement pour (1) ceux qui n'ont ni biens, ni places, ni privilèges. Cependant des tailleurs, qu'on peut ranger dans la classe des plus pauvres artisans, sont assujettis aux subsides, tandis que les plus riches propriétaires, les prélats, les gros bénéficiers en sont affranchis. Ne pouvant cottiser ces particuliers ni à raison de leurs fonds, ni à raison de leurs revenus, l'ingénieuse avidité du fisc a trouvé le secret d'établir une contribution sur leur travail. Elle a créé pour eux une taille d'industrie.

Une sage politique de tous les Etats bien gouvernés est de donner de l'énergie aux artistes et

---

(1) Le texte porte *par*.

de leur inspirer le goût pour le travail. Il semble, au contraire, qu'en France on ne se soit occupé qu'à porter le découragement chez les plus laborieux. Lorsqu'un ouvrier a appris un métier, tel que celuy de tailleur, s'il veut résider dans une ville, il faut qu'il achète le droit de l'exercer. Si petite que soit la contribution qu'on exige de lui, elle est toujours très considérable eu égard à ses facultés. Après avoir ainsi acquis le privilège, il faut encore qu'il paye un impôt pour en jouir, et cette charge augmentera en raison de ce qu'il aura plus de talents et de ce qu'il sera plus laborieux que ses confrères. Il ne faut pas qu'il cherche à les surpasser ni qu'il ait besoin de travailler plus qu'eux, s'il ne veut pas supporter une plus grande portion de l'impôt public. Peut-on inventer de taxe plus injuste? Ne tend-elle pas à détruire entièrement l'industrie, dont elle a usurpé le nom?

Après l'art de nourrir les hommes, le premier de tous est sans doute celui qui a pour objet de les vêtir. Au lieu de mettre des entraves à sa perfection, un gouvernement bien policé devrait, au contraire, chercher à lui donner des encouragemens. Un commerçant peut, par des combinaisons ingénieuses, faire de grands profits, augmenter considérablement sa fortune. Si l'on veut mettre le talent à contribution, on peut le faire alors sans lui enlever ses ressources. Mais peut-on assimiler un travail matériel aux opérations de l'esprit? Les ressources de l'ouvrier ne peuvent guère surpasser ses besoins physiques; l'aisance est le plus haut degré qu'il puisse atteindre. Le négociant, au contraire, parvient fréquemment à l'opulence. On trouverait donc des raisons pour légitimer l'*industrie* (1) à son égard. Mais toute

---

(1) L'impôt désigné par ce nom.

la ressource d'un artisan est dans ses bras. On ne devrait pas mettre d'impôt sur la faculté que la nature lui a donnée de s'en servir. Si une maladie, un accident, arrête ou suspend cette faculté, ce malheureux n'en payera pas moins la taxe inventée par les ennemis de l'humanité.

Cette contribution inique se lève au nom d'un monarque bienfaisant qui, dans toutes les occasions, se déclare le protecteur, le père du peuple. Il n'attire ses sujets auprès de lui que pour écouter leurs doléances. Il n'a d'autre but que de soulager la classe la plus malheureuse. Les plus faibles ne seront plus écrasés. Si l'État a des besoins, il forcera le plus riche à y subvenir. Chacun payera les impôts en proportion de ses richesses. Si la répartition est exacte, l'ouvrier qui n'aura que le produit de son travail le conservera pour sa subsistance et celle de sa famille.

XX. — Doléances des maitres menuisiers de Limoges.

Les députés des maitres menuisiers ont l'honneur de représenter (1) :

1° Que tout le clergé et nobles et privilégiés payeront à l'avenir toutes les impositions royalles, suivant les biens qu'ils possèdent;

2° Qu'il soit établi un marché à bled dans la ville de Limoges, comme il y était autres fois, et que tous les grains y soient portés pour faire cesser la (*sic*) monopole qui se commet tous les jours

---

(1) Le sens est celui-ci : *demander par représentations respectueuses que...* Du reste, l'orthographe de ce document est encore plus mauvaise que celle du cahier des pâtissiers. Nous avons dû la réformer d'un bout à l'autre.

par les vantes cachées qui se font entre les ecclésiastiques, abbayes et seigneurs qui les revendent en leurs guerniers (*sic*);

3° Que toutes les entrées soient libres et qu'il n'y ait plus d'impôt sur le vin et autres [denrées];

4° Que les honoraires que les maîtres payent à Messieurs les officiers municipaux soient diminués [et] fixés pour toujours, vû qu'on nous fait payer au moins le double que l'on payait autres fois;

5° Qu'il soit étably une cour souveraine en cette ville;

6° Qu'il soit défendu à tous entrepreneurs, comme charpantiers, tailleurs de pierre, qu'ils se chargent de la menuiserie et serrurerie dans une maison qu'ils ont entreprise et, par conséquant, font faire ces ouvrages à des champberlans (1) ou faures, les faisant passer de nuit dans les maisons qu'ils ont entreprises, ce qui nous met hors d'état de gagner notre vie et de payer le vingtième qui nous est imposé à la maitrise et autres charges que nous sommes obligés à payer.

XXI. — « **Mémoire des représentations que la communauté des maitres serruriers de Limoges a l'honneur de faire à l'assemblée de Messieurs les députés du Tiers-Etat.** »

[Demandent] :

1° Qu'à l'avenir il fut fait deffense à tous marchands forains de ne plus porter d'ouvrages en serrurerie à Limoges pour y être vendus;

---

(1) Ou, suivant l'orthographe adoptée par le *Dictionnaire de l'Académie* (édit. 1694) : Chambrelans, *qui logent en chambre locante*.

2° Qu'il fut égallement fait deffense à tous les marchands de Limoges de ne plus vendre aucune espèce d'ouvrages de serrurerie, ce qui porte une perte très considérable à tous les maitres serruriers qui sont chargés de nombreuses familles et payent beaucoup d'impositions ;

3° Qu'aucuns talandiers ne puissent (1) travailler à des ouvrages concernant la serrurerie, conformément aux statuts de leur communauté.

4° Demande la dite communauté qu'à l'avenir le Clergé et la Noblesse fussent dans le cas de payer les impositions comme ceux du Tiers-Etat et à proportion de leurs revenus.

XXII. — « Remontrances des maitres perruquiers » de Limoges.

La communauté des maitres perruquiers ayant nommé pour député sieur Jacques Deyma, lieutenant de M. le premier chirurgien du Roy, elle a l'honneur de représenter qu'il n'est ny avocat ny procureur. Mais elle demande que ce corps qui est sujet au 100e denier et à *l'industrie* (2) soit retranché ou du 100e denier ou de *l'industrie*, ne pouvant suporter ces deux charges.

MM. les officiers municipaux ou MM. les députés sont supliés très humblement de vouloir demander : 1° Qu'il y ait un grenier à bled où tous ceux qui voudront en vandre seront obligés de le porter ; qu'il y ait trois clefs dudit grenier, et qui seront confiés à trois notables de la ville, qui seront l'un ecclésiastique, le second gentilhomme et le dernier roturier ; et qu'à l'instar des collec-

---

(1) Le texte porte *ne pût*.
(2) Sur le sens de ce mot, voyez les cahiers n° XVIII et XIX.

teurs ils soient obligés, à tour de rôle. de se trouver pour l'ouverture dudit grenier ;

2° Que le bled qui sera mis dans le dit grenier soit fixé à un prix tel qu'il plaira au Roy. Par là, le pauvre sera soulagé et ce sera le moyen que le pain soit toujours au même taux, même dans la disette. Dans les années d'abondance, MM. les officiers municipaux feront faire aux boulangers l'achapt du bled, qui sera dans le grenier, pour en faire la consommation, et feront remplir de nouveau ce grenier. Par ce moyen, plus de disette à craindre, non plus que les malheurs qui en sont toujours la suite. Cet usage, qui se pratique en Prusse et en Angleterre, prouve la nécessité de nos remontrances.

S'il plaisait au Roy de créer des lettres de leurs états de perruquiers, ils demandent qu'il plaise à Sa Majesté d'en donner la préférence aux membres de la communauté, attendu que ceux qui ont des enfants, n'ayant qu'une charge qui ne peut servir qu'à un seul, ont quelquefois le malheur d'en voir plusieurs garçons perruquiers pendant leur vie, ce qui n'arriverait pas s'ils pouvaient obtenir du Roy la grâce qu'ils réclament de sa justice et de sa bonté.

DEYMA, *lieutenant de M. le premier chirurgien du Roy, député des maîtres perruquiers.*

XXIII. — **Doléances des maîtres teinturiers de Limoges.**

La bonté du Roy permettant à la communauté des maîtres teinturiers de la ville de Limoges de déposer ses doléances entre les mains des commissaires du Tiers-Etat qui doivent assister à l'assemblée des Etats généraux, elle ose luy remontrer que, depuis la création des privilèges accordés l'an 1767, qui permettent à ceux qui en sont possesseurs d'exercer l'art de la teinture avec les mêmes prérogatives dont jouissent les maîtres reçus en jurande, d'après les preuves de leurs talents et capacités, il s'est glissé quantité d'abus.

Le premier est un très nuisible et très dangereux. C'est la vente de ces privilèges qui passent, sous le spécieux prétexte de donnations entre vifs, successivement et indistinctement entre les mains de divers particuliers qui n'ont jamais eu la moindre connoissance dans l'art de la teinture. J'en vais citer un exemple : un de ces privilèges fut acquis dans le principe par un chantre d'une des paroisses de notre ville; il fut vendu ensuite à un perruquier qui, abusant de la confiance du public et qui ayant consommé par son incapacité les fonds que son crédit lui avoit procurés, fut obligé de faillir et de revendre ce privilège à un fabricant de droguets(1), qui actuellement en jouit. Les autres privilèges ou ont eu le même sort, ou sont restés entre les mains de personnes incapables d'exercer notre art.

De l'exercice de ces privilèges il en est dérivé quantité de procès onéreux à la communauté (2) qu'indispensablement il a fallu secourir pour soutenir les droits et privilèges d'icelle. Il en existe encore un qui est soumis à la décision de votre conseil.

Le plus grand et le plus pernicieux de ces abus est les mauvaises couleurs faites par les possesseurs de ces privilèges et les mauvaises drogues et ingrédiens, quoique prohibés, qu'ils y employent sans connoissance de cause. De la vient la chute

---

(1) Sorte de gros drap dont la fabrication était autrefois très-répandue à Limoges.
(2) Le mot *communauté* est suivi de la conjontion *et* qui nous semble fausser légèrement le vrai sens de la phrase.

infaillible des fabrications de la ville et de la province, et à peyne voit-on aujourd'huy un objet de luxe ou de comerce bien teint. Ces abus très pernicieux, qui arrêtent les progrès d'un art utile et dont le commerce a le plus grand besoin (1), ravissent aux maitres qui ont subi toutes les épreuves cette louable ambition d'atteindre à la perfection qu'un travail pénible suivy, de la réflexion, leur fait désirer de plus en plus et dont ils ne receuillent pas les fruits et les avantages, et enfin (2) donnent atteinte à un règlement nécessaire et salutaire dont tous les articles portent l'empreinte de la sagesse et des lumières qui l'ont dicté, dont la stabilité sans dérogation sera toujours le gage le plus certain de la protection du gouvernement.

C'est d'après la démonstration de ces abus que nous espérons de la bonté paternelle de Sa Majesté qu'elle voudra bien supprimer les susdits privilèges, ordonner également que les règlements faits l'an 1737 pour les teintures reprendront leur première force et vigueur. La communauté ne décessera jamais de faire des vœux pour la conservation des jours de Sa Majesté.

PIERRE BALEZY, sindic.

XXIV. — « **Plaintes et doléances de la communauté des maîtres taneurs de la ville de Limoges.** »

Payer au Roi la taille, vingtième et *industrie*, comme les autres sujets de Sa Majesté, est de justice ; mais être encore obligé de payer trois sols par chaque livre pesante sur les cuirs, voilà une charge des plus onéreuses qui met la

---

(1 et 2) Nous supprimons devant ces deux verbes le relatif *qui*, parcequ'il rend l'ensemble de la phrase absolument inintelligible.

communauté hors d'état de continuer son travail, attendu que les profits tournent entièrement à l'avantage des directeurs (1) et d'une foule de commis, qui, les premiers, s'opposent par leurs caprices à ce que les taneurs donnent la perfection aux cuirs, cherchent et imaginent des moyens pour trouver des contraventions par l'appât d'une amande considérable !

Et pourquoi les taneurs continueraient-ils d'être ainsi surchargés ? Serait-ce par ce que leur métier, d'un côté très utile au public, est, de l'autre, un des plus fatigans ?

Ils se consoleraient de ces surcharges encore, si les produits en étaient versés dans le trésor roïal.

Sa Majesté vient de se déclarer père de son peuple. Elle supprimera ces surcharges trop onéreuses. Les cuirs en seront mieux travaillés ; l'ouvrier s'encouragera au travail et bénira à jamais son monarque bienfesant.

En vertu de ma procuration ci-jointe :

ELIE COUTURON.

XXV. — Doléances de la communauté des aubergistes, hoteliers et cabaretiers de Limoges.

Les corps des aubergistes, hoteliers et autres vendants vin, demandent de solliciter de la bonté paternelle de Sa Majesté :

1° L'établissement des Etats de la province du Limousin modelés et organisés comme ceux du Dauphiné, sans que les dits Etats puissent être annexés à ceux de la province de Guienne ;

---

(1) Les directeurs de la Régie.

2° Que toute imposition pécuniaire, sans aucune exception quelconque même de la corvée, soit répartie par un seul et même rôle sur tous les individus des trois ordres, suivant la fortune d'un chacun. Prohiber les taxes d'office ;

3° La suppression du vingtième d'industrie, des droits sur les cuirs, papiers, cartons et amidons ; suppression du don gratuit qui avoit été imposé pendant la guerre de 1758 à 10 mille livres sur tous les habitans. Rejetté sur les consommations, [il] produit actuellement plus du triple de la somme imposée lors de son établissement. Ce droit est d'autant plus gréveux (*sic*) qu'on y a ajouté les dix sols pour livre. Au moyen de ce supplément les vins ont renchéri ; les aubergistes ne vendent que difficilement, même quelquefois à perte de cette denrée.

On observera encore que les aubergistes et hôteliers ayant enseigne sont par cela seul fortement taxés au rolle des impositions. Cependant ils consomment moins de denrées que ceux qui n'ont pas d'hôtelerie montée. Par conséquent leurs bénéfices sont moindres que ceux des (1) guinguettes et traiteurs qui ont journellement du monde à manger. Les exposants ne voyant que les étrangers qui sont nécessités d'aller dans les auberges, le nombre en est petit, cette année surtout que toutes les parties du commerce souffrent et sont presque anéanties. Les hôteliers ne mériteroient-ils pas une douceur, dans la répartition des impôts, de plusieurs êtres privilégiés (2), taxés d'office à des sommes très modiques et dont le détail exciteroit l'indignation de tous les vrais

---

(1) Le texte porte ; *moindres que les guinguettes*.

(2) Il faut comprendre : *les douceurs dont jouissent plusieurs êtres privilégiés*.

cytoyens? Si les impôts avoient été répartis dans la proportion des fortunes ou des talents de chaque individu, personne n'aurait formé de plainte ; on se seroit borné à demander que les trois ordres (1) payassent également tous les impôts. D'ailleurs l'intérêt public exige que tous les hôteliers ayent une enseigne-bouchon (2). On a remarqué que les gens sans aveu et autres gens qui méritent la surveillance de la police, se retirent toujours dans les bouchons qui ne sont pas munis d'une enseigne ;

4° Suppression des gabelles, traites foraines et 10 sols pour livre sur toute les [consommations] (3) ;

5° Un tarif clair et simple sur les controlles, centième denier, insinuations, droits de greffe et autres droits domaniaux, de manière qu'ils ne soient sujets à aucune interprétation ;

6° Augmenter la compétence des juges et consuls pour juger souverainement et en dernier ressort jusqu'à 2000 ll, tous billets à ordre, fournitures, comptes courants sujets à la juridiction de la Bourse, sans distinction de personne. La contrainte n'auroit cependant pas lieu contre les débiteurs des dits billets ou comptes qui ne seroient pas naturellement justiciables de la Bourse ;

7° Accorder une ampliation de pouvoir aux présidiaux des villes capitales de chaque généralité. Les appellations des autres présidiaux de la province, excédant 2000 ll, [devraient être] portées devant les présidiaux des dittes villes capitales jusqu'à la concurrence de 10000 ll. ;

8° Suppression de tous les tribunaux d'exception

---

(1) Le texte porte : *les trois droits*. C'est évidemment une erreur de copiste.

(2) C'est-à-dire un bouchon de paille servant d'enseigne. Mais le texte porte : *que tous les hôteliers bouchon ayent une enseigne*, ce qui ne signifie rien.

(3) La phrase n'est pas terminée dans le texte.

et de privilège, toutes causes portées devant les sénéchaux royaux ;

9° Que les arrérages de rente foncière et directe, seconde et autres, soient sujets à la prescription de cinq ans, à l'instar des rentes constituées ainsi qu'il se pratique en Marche ; que les seigneurs et leurs fermiers, après avoir pris un solidaire, ne puissent diriger la même action contre un autre ; car il arrive très souvent qu'un seigneur, après avoir fait beaucoup de frais contre un solidaire, en prend un autre à qui il demande outre la rente les frais exposés (*sic*) contre les premiers, ce qui est vexatoire

10° Suppression de toutes les jurandes ; les seules maîtrises de chirurgien, apothicaire [et les] collèges de médecine conservés :

11° Que les habitants de la ville de Limoges et non le conseil politique nomment les officiers municipaux dont l'exercice durera deux ans, de manière qu'on en élise chaque année trois ;

12° Demander que toutes les maisons religieuses qui n'auront pas au moins dix religieux profès, non compris les frères servans, seront supprimés, conformément aux anciennes ordonnances, et leur bien vendu au profit de l'Etat, de même que ceux de l'ordre de Grandmond et l'ordre de Cluni dont la supression a été décidée ;

13° Demander la supression des Chartreux, de la Trape, [des] Feuillans et Bernardins, leurs biens vendus au profit de l'Etat sous la retenue d'une pension en faveur de chaque individu ;

14° Demander une augmentation pour les cures congruistes et les vicaires, [et] un arrondissement des cures, de manière que les plus petites n'ayent pas moins de 300 communians ; celles qui n'auroient pas ce nombre supprimées.

CACAT.E aîné.

XXVI. — « Pour les maréchaux de la ville de Limoges. »

Puisque chaque classe de citoyens a droit de se plaindre de l'injuste répartition des impôts, les maréchaux, qui en supportent leur portion, se permettent aussi quelques observations.

Les citoyens les plus riches sont sans contredit ceux qui doivent subvenir les premiers aux besoins de l'Etat. On doit sans doute mettre au nombre des plus fortunés les ecclésiastiques, qui sont des êtres isolés (1) et dont la plus part sont pourvus de gros bénéfices. Le tiers de tous les biens du royaume est dans leurs mains et le Tiers-Etat, qui en possède peut-être moins qu'eux, paye quinze fois plus d'impôt. C'est un calcul vérifié sur les ouvrages de M. Necker.

Il en est de même de la Noblesse. Sous prétexte d'anciens privilèges, ils (2) ont toujours fait rejetter sur la classe la plus indigente des impôts qui ne devoient, pour ainsi dire, être supportés que par eux, puisqu'ils tiennent dans leurs mains les fonds les plus précieux du royaume.

Il est tems que l'égalité règne entre des sujets qu'on peut qualifier d'enfans du même père ; que chacun ne soit assujetti aux subsides qu'en proportion de ses facultés ; qu'un malheureux artisan, qui n'a que ses bras pour toute ressource, ne paye pas autant et plus d'impositions que cet ecclésiastique qui a de grands revenus et ce noble qui tient d'immenses possessions.

Outre les impositions ordinaires, les maréchaux

---

(1) C'est-à-dire des célibataires.
(2) *Ils* représente les nobles.

comme quelques autres corps de métiers sont assujettis à une taille d'industrie, c'est-à-dire qu'il faut qu'ils donnent une partie de leur travail qui, quelques fois, ne peut suffire à leur subsistance et à celle de leur famille. Si l'un deux travaille plus que son confrère, soit parce qu'il a plus d'énergie ou qu'il a plus de besoins, sa cotte sera plus considérable. Cette taxe est une injustice ; elle détruit entièrement l'émulation.

Un maréchal ne fait aucune espèce de commerce; il n'a d'autre ressource que son travail. Ses gains ne s'étendront jamais au-delà de ses besoins physiques. Qu'on rejette donc les impôts sur ceux qui jouissent du superflux (sic) ou sur ceux qui, par des spéculations adroites, peuvent faire des profits considérables.

Il est d'autant plus injuste de soumettre les maréchaux à *l'industrie* qu'il n'y a parmi eux ni jurande ni maitrise.

XXVII — « **Doléances pour les chaudroniers de Limoges.** »

Les abus sont si multipliés qu'il n'y a pas un seul citoyen qui ne soit à portée d'en relever un grand nombre. Celui dont tous les membres du Tiers-Etat sont frappés, par ce qu'ils en ressentent journellement les effets, c'est l'injuste répartition des impôts. C'est le laboureur, l'artisan qui les supporte ; ce sont d'eux, pour ainsi dire, que viennent toutes les richesses du royaume et ce sont ces nobles, ces privilégiés, ces gros bénéficiers qui en jouissent. N'est-ce-pas à ces derniers à payer les subsides? Qu'ils y contribuent au moins en raison de leurs facultés! Que les différens genres d'impositions soient réduits à une seule ; que tous les citoyens y soient soumis sans distinction de rang ni de qualité.

Les commissaires départis (1) sont préposés dans les provinces pour veiller à ce que la répartition soit exacte, pour accorder des décharges à ceux que des malheurs ont mis hors d'état de payer. C'est un secrétaire qui administre tout au nom de l'intendant. Celuy qui peut se rendre ce substitut favorable est sûr de tout obtenir. Ce n'est pas un malheureux qui peut le séduire ou le soudoyer. Ce n'est donc que le riche qui obtient des grâces; le pauvre n'est presque jamais écouté (2). Des Etats provinciaux remédieront à ces inconvéniens. Ces secrétaires fabriquent et enregistrent des décharges supposées. Si on leur conserve les mêmes pouvoirs, ordonner que chaque décharge soit affichée avant d'être allouée, à la porte de l'église de la paroisse pour laquelle elle sera accordée.

Les tribunaux de justice sont trop multipliés. La plus part des procès roulent sur des conflits de jurisdiction. La justice est une. Quel que soit le sujet sur lequel elle doit prononcer, un tribunal suffit. Deux degrés de jurisdiction : un juge ordinaire et un juge d'appel.

La procédure civile est trop compliquée; elle est toujours grossie d'une infinité d'actes et d'appointements inutiles.

La procédure criminelle est trop obscure. Un citoyen est, pour ainsi dire, condamné avant qu'il puisse scavoir ce qu'on lui impute.

Les préposés à la perception des droits domaniaux

---

(1) Autrement dit les intendants.

(2) Ces graves reproches nous semblent expliquer le passage du cahier des notaires (ci-dessus, n° VII § 9) qui, moins de 15 ans après l'intendance de Turgot, demandent la suppression des intendants. Meulan d'Ablois, intendant de la généralité de Limoges depuis 1788, sera-t-il directement visé dans ces deux cahiers?

semblent n'être destinés qu'a tourmenter le public ; ils créent tous les jours de nouveaux droits; ils n'ont ou plutôt ils ne suivent aucune règle fixe; ils n'ont d'autre tarif que leur caprice et leur avidité. Si l'on se plaint de l'exaction, l'opprimé n'a jamais justice. Si les publicains ne rendent pas les arrêts, il faut (1) qu'ils ayent la faculté de les faire rendre à souhait; car sur mille, il n'y en a pas un de favorable au plaignant. Qu'il y ait donc un tarif invariable, afin que chaque citoyen sçache ce qu'il doit payer et que le conseil ni aucun autre tribunal ne puisse changer ce tarif, jusqu'à la première assemblée des Etats.

Dans la régie mêmes abus. Des droits exorbitans qui ne produisent rien pour l'Etat; dans ces deux parties un nombre infini de directeurs, d'employés; des fortunes étonnantes pour tous ceux qui peuvent parvenir aux premières places, telles que celles de directeurs, d'ambulants, etc. Que les marchandises payent dans la fabrique ou qu'il soit suppléé à ce tribut par une imposition égale au produit net dans les coffres du Roy.

La solidité des rentes écrase ordinairement les petits particuliers qui ont quelque propriété. Demander qu'on la supprime, ou du moins que chaque redevable ne puisse être pris solidaire qu'à son tour et que les arrérages se prescrivent par cinq ans.

Les chaudroniers payent la taille et les vingtièmes, s'ils possèdent quelque héritage. Mais outre cette double imposition, ils en supportent encore une autre qualifiée *d'industrie*. Ce genre de subsides a pour objet de forcer un artisan à donner une partie de son travail, et plus il est laborieux, plus

---

(1) Comprenez : *Il faut croire qu'ils ont...*

il est surchargé (1). Que cet impôt soit réservé pour les négociants qui, par leur génie et leurs spéculations, font de grands profits sans se donner beaucoup de peine; mais qu'on n'y assujettisse pas cet ouvrier dont le profit de chaque jour suffit à peine pour sa subsistance et celle de sa famille.

On soumet les chaudroniers à la taille d'industrie et on leur ôte indirectement les moyens de travailler. On voit tous les jours paraître à Limoges des chaudronniers italiens ou autres étrangers à qui la police permet de travailler. Le peu de solidité de leurs ouvrages est connu. Mais, parce qu'ils le font à meilleur marché, on s'adresse à eux de préférence. Pendant que M. le lieutenant général avait seul la manutention de la police, il écartait ces étrangers: il leur défendait de travailler dès que les chaudroniers s'en plaignoient. Les officiers municipaux n'écoutent plus leurs représentations. Qu'on oblige ces étrangers à demeurer dans leur climats; qu'on ne leur permette plus de dévorer la substance des sujets régnicoles.

XXVIII. — Doléances des maitres cloutiers de Limoges

L'assemblée convoquée des maitres cloutriers (sic) de la ville de Limoges, au nombre de huit, dans lesquels il s'y trouve une certaine quantité de signataires, afin de donner leurs avis tendant à faire leurs représentations sur l'Etat, aura (2) l'honneur de représenter à Sa Majesté:

---

(1) C'est la troisième fois que nous rencontrons cette affirmation. Cf. p. 84 et 99.

(2) Le texte porte *ils auront*.

1° Que leur état ne produit ordinairement que ce qui leur est nécessaire pour parvenir (*sic*) à leur nourriture et celle de leur famille, mais que les impositions royalles auxquelles ils sont imposés leur tire touttes sortes de ressources et que par conséquent, si Sa Majesté vouloit envisager leur sort, elle devrait faire suporter ces impositions sur le corps des ecclésiastiques qui ne sont tenus en aucune manière de (*sic*) ces impôts;

2° Que les mauvais payements des fournitures de leur état, en fournissant le tout de leurs marchandises aux différents particuliers de la présente ville, leur font encore essuyer touttes sortes d'inconvénients et qui mesme leur font quelques fois manquer aux payements du crédit qui leur est accordé par les marchands de fer, auxquels ils ont des affaires; que mesme ils se trouvent journellement exposés à avancer dans des temps critiques et, en dernier lieu, en l'hyver de la présente année, à de pauvres ouvriers remplis d'une nombreuse famille pour leur procurer une substance (*sic*) soit en pain ou bois, ce qui a diminué infiniment les ressources de leurs facultés, ce qui fait qu'ils ne peuvent en aucune manière payer les impositions surchargées dont ils sont taxés et que, par conséquent, ils espèrent que Sa Majesté voudra bien avoir égard à leur triste situation en les déchargeant de ces impôts et en les faisant rejaillir sur l'état des ecclésiastiques et le corps de la Noblesse de la ville de Limoges, indistinctement sur le nombre des corps ou communautés d'hommes ou filles qui ne sont imposés d'aucune manière.

Fait, arrêté et délibéré par nous soussignés ou non signataires, qui sont:

Denis Pezeaud, Martial Vignaud, Jean Vignaud,

Pierre Grenier, Léonard Guillet (1), Pierre Vignaud, Pierre Champagne, et Léonard Vignaud, tous composant le corps des maitres cloutriers de la présente ville, le vingt-sept février mil sept cent quatre-vingt-neuf.

Quilliet, Grenier, Champagne, Vignaud.

XXIX. — « Cahier de doléances et plaintes des maitres éperonniers, couteliers, armuriers et vitriers de la ville de Limoges. »

Lesquels remontrent :
Savoir, les armuriers, que la maitrîse des eaux et forêts défend la chasse, ce qui empêche les dits armuriers de pouvoir gagner leur vie, attendu qu'elle condamne à des amandes considérables les gens qui ont le malheur d'être pris à la chasse, ce qui les empêche d'acheter des armes et porte un dommage notable aux dits armuriers ;

Plus, que les marchands de la ville de Limoges se permettent de vendre les dites armes, ce qui ne devrait être permis qu'aux gens de l'art ; et cela n'empêche pas que les dits armuriers ne soient taxés à de fortes impositions ;

Et les couteliers se plaignent que des marchands colporteurs et ceux de la ville de Limoges vendent des couteaux, quoy leur porte un grand dommage, attendu que les dits marchands ne payent aucun droit, ce qui retombe tout sur les dits couteliers et fait qu'ils ont de la peine à gagner leur vie et qu'ils sont surchargés d'impositions trop fortes ;

---

(1) La signature autographe ci-dessous est un peu différemment orthographiée.

et demandent que les dits marchands colporteurs n'ayent plus le privilège de vendre, attendu qu'ils ne payent aucunes charges.

Les quatre corps cy-dessus demandent que la Noblesse et le Clergé soient taxés aux impositions royales à la décharge du peuple du Tiers-Etat qui est submergé d'impositions quelconques, ce que les exposans attendent avec impatience de leur bon Roy, pour les santé et prospérité duquel ils ne cesseront de prier.

XXX — « Pour les relieurs de la ville de Limoges. »

Depuis environ deux siècles (1) il s'était établi au nom de notre monarque une infinité de subsides qui, quoique très onéreux au public, n'étaient pour ainsi dire d'aucun avantage à l'Etat. Les vices de perception ou les frais qu'elle entrainait en absorbaient tout le produit. Un Roy, qui n'a d'autre ambition que de faire le bonheur de ses peuples, leur demande à eux-mêmes le moyen de corriger les abus; il n'entend exiger d'eux que les secours absolument nécessaires au soutien de sa couronne, et c'est d'eux-mêmes qu'ils veut les obtenir. Il désire qu'il soit fait des impôts une répartition équitable, [et] que ceux qui possèdent les biens du royaume en supportent les charges.

Si ces généreux projets sont exécutés, on ne verra plus une infinité de droits exorbitans arrêter les progrès du commerce et de l'industrie. Les

---

(1) Sans doute depuis Richelieu, dans l'esprit des préopinants. Il n'est pas probable qu'ils attribuent à Henri IV l'établissement de ces impôts.

relieurs ne sont, pour ainsi dire, que quelques points imperceptibles sur la grande étendue du royaume; mais aux yeux d'un bon Roy, tous ses sujets sont également précieux. C'est ce qui les encourage à se permettre quelques observations.

Le cuir, le carton, le papier sont les marchandises qu'ils emploient dans le métier qu'ils exercent; ces matières, qu'on peut qualifier d'objets de première nécessité, sont assujettis à des droits inconcevables qui écrasent et les ouvriers et le public, et qui sont, pour ainsi dire, nuls pour le souverain au nom duquel ils se perçoivent.

Il n'est peut-être pas d'exemple que l'impôt établi sur une marchandise en surpasse la valeur réelle. C'est cependant ce qu'on éprouve relativement au carton : une livre de carton coute chez le fabricant ou chez le commerçant qui le débite, trois sols trois deniers la livre, et sur cette même livre de carton, la régie perçoit pour ses droits trois sols neuf deniers. Il en est à peu près de même du papier, des cuirs et des peaux qui entrent dans la composition matérielle d'un livre.

La consommation en ce genre est immense. Cependant, si l'on calculait les droits qu'elle produit réellement et à quoi ils se réduisent lorsqu'ils ont passé dans les mains des receveurs et des régisseurs, l'on verroit que le Roy, à qui ils sont destinés, n'en reçoit pas le tiers. C'est donc la perception qui rend ces impôts aussi gréveux.

La manière de les lever ne scauroit être en effet plus dispendieuse. Chaque ville principale a un receveur ou controlleur à demeure, un controlleur ambulant, d'autres employés en chef et les commis ordinaires. Tous ont des traitements très avantageux. Les protégés qui peuvent parvenir aux premiers grades sont bientôt dans l'opulence. C'est donc aux dépens du peuple et du souverain qu'ils s'enrichissent.

L'ouvrier qui travaille à la matière sur laquelle ils ont inspection est sans cesse inquiété par leurs recherches. Quelle que soit son exactitude, il est tôt ou tard vexé. S'il a eu le malheur de leur déplaire, il ne peut même pas aller chercher une feuille de papier chez un marchand public sans un congé de la régie. Les salaires de l'ouvrier sont diminués en raison de ce que coutent les fournitures, en sorte que, si l'on en excepte deux ou trois villes principales du royaume, les relieurs des provinces ont peine à vivre de leur métier.

Un autre régime dans la perception des droits porterait des changements favorables. Que le papier, le carton, les peaux etc. subissent la marque et payent les droits dans les fabriques; que les citoyens, qui auront besoin de ces objets, n'ayent plus à craindre les perquisitions des commis de la régie. Dix employés seront remplacés par un seul; les frais de perception diminueront en proportion. En réduisant l'impôt à la moitié, le produit sera encore plus considérable qu'il ne l'est actuellement.

Ce vice d'administration est trop frappant pour qu'on ne s'occupe pas d'y remédier. Ce n'est pas d'aujourd'hui qu'il a excité les plaintes du public. Il faut espérer que celles qu'on ne manquera pas de présenter à ce sujet aux Etats assemblés seront les dernières.

XXXI. — « **Observations fournies par les entrepreneurs d'ouvrages, les maîtres charpentiers, charons, sabottiers et maçons [de Limoges], à leur député le sieur Mathurin Brousseaud, architecte et entrepreneur d'ouvrages, pour la rédaction des pouvoirs à donner par le Tiers-Etat de la sénéchaussée de Limoges à ses députés pour l'assemblée des Etats généraux.** »

Dans le projet de régénération des lois et des

réglements nécessaires à la nation française, ses représentans doivent, en répondant à l'impulsion qui leur est donnée par le chef, suivre une marche entièrement libre et tracée seulement par la raison et par l'équité, sans s'arrêter aux anciens plans qu'autant qu'ils fourniroient des accords utiles à l'harmonie qui doit régner dans toutes les parties de l'administration, pour former un système aussi parfait que les François sont en droit de l'espérer de l'esprit d'ordre, de clarté, de précision qui les distingue, de cette aménité éclairée par le sentiment qui les lie et les rassemble dans toutes les occasions autour de leur souverain, pour lui témoigner cette affection respectueuse qu'un bon père inspire à ses enfans.

En conséquence, les représentans doivent considérer :

1° Si l'organisation de l'assemblée des Etats généraux, convoqués par le réglement du 24 janvier dernier, est telle qu'elle doit être, en classant les députés par ordres qui paroissent former trois assemblées différentes de trois nations étrangères, occupées à calculer s'il est de leur intérêt de s'associer, plutôt qu'une seule et même nation ?

2° Si le Tiers-Etat, dont les ordres du Clergé et de la Noblesse dérivent, puisque c'est par une exception à la règle générale qu'on devient prêtre ou noble (1), si le Tiers-Etat, disons-nous, ne doit pas se regarder comme la vraie nation, la seule faite pour former l'assemblée des Etats, attendu qu'étant dans la proportion de près de 26

---

(1) Est-il nécessaire de relever combien cette affirmation est insoutenable historiquement ? On entrait dans le clergé ordinairement par libre choix, mais l'on appartenait à la noblesse par le hasard de la naissance. Dès lors comment les nobles auraient-ils pu se considérer comme dérivant du peuple ?

à 1, relativement aux ordres de la Noblesse et du Clergé, ces deux ordres ne peuvent se considérer que comme des gratifiés par le Tiers-État?

L'état de l'assemblée une fois déterminé et irrévocablement fixé d'après la discussion des propositions ci-dessus, ou par exécution du réglement, il se présente encore deux observations préliminaires :

Dans le premier cas, tous les ordres se trouvant confondus et les députés aux Etats y étant plutôt comme propriétaires que comme qualifiés, il ne sera plus question de savoir si l'on y doit voter par ordres ou par têtes ;

Dans le second cas, il est essentiel qu'on y vote par têtes, parce qu'il y a lieu de croire que la raison ramènera au Tiers-Etat une foule de voix qui lui échaperoient par l'esprit de parti de la Noblesse et du Clergé, si l'on votoit par ordres.

Ces observations préalables une fois faites, demander :

1° Le retour périodique des Etats généraux, tous les sept ans, dans la forme qui sera réglée dans l'assemblée du 27 avril prochain ;

2° Qu'il ne soit formé aucun réglement général sur l'administration de la justice, de la police, des finances, etc. hors l'assemblée des Etats généraux ;

3° Qu'à chaque assemblée des Etats généraux, il y soit élu un nombre suffisant de commissaires tenus de s'assembler chaque année auprès du Roi, pour aviser aux réglements particuliers et de circonstances, lesquels seront seulement provisoires, jusqu'à ce qu'il auront reçu la sanction des Etats généraux ;

4° Que, conformément à ce qui a été ordonné pour plusieurs provinces, celle du Limousin ait aussi ses Etats provinciaux, distincts et séparés de ceux de Guienne, auxquels on a cherché à les attacher par une surprise insidieuse de quantité de signatures (1); que les Etats provinciaux du Limousin soient constitués à l'instar de ceux du Dauphiné avec les modifications que l'assemblée provinciale trouvera à propos d'y faire ;

5° Que toutes les impositions royales ou droits onéreux, telle que la taille, la capitation, les vingtièmes, la corvée, la gabelle, etc. etc., soient fondus dans trois impôts et qu'on fasse disparoître des fastes que la nation va se donner ces noms barbares et durs qui nous rappellent l'état d'asservissement et de dégradation dont nous commençons à sortir; que les impôts actuels soient connus à l'avenir sous les noms de revenus nationaux, de dons gratuits et de secours provinciaux.

Les revenus nationaux résulteront d'une taxe territoriale sur toutes les terres françoises, à tant l'arpent, sans égard ni distinction pour les qualités des propriétaires, puisque ces qualités ne font rien à la production, mais dans une proportion sage et bien combinée du produit de la terre, après des rapprochemens de province à province et de paroisse à paroisse, au vû des baux de ferme et des appréciations judiciaires.

Cette taxe sera encore portée dans les villes relativement à l'étendue des maisons et de leurs dépendances, sans considération pour la qualité du propriétaire, soit qu'il soit noble ou ecclésiastique, séculier ou régulier. Cette taxe appliquée sur les maisons religieuses, qui possèdent les plus grandes propriétés dans les villes, formera une somme considérable.

Les dons gratuits résulteront des taxes particullières sur l'industrie de chaque individu et sur

---

(1) Sur ce point, cf. plus haut p. 7, 25, etc.

la jouissance et consommation de grands revenus. Par ce moyen les négocians, les artistes, les célibataires, les riches bénéficiers, les rentiers seront taxés et contribueront aux charges publiques.

Les secours provinciaux résulteront d'une taxe sur les objets de luxe comme sur les domestiques, les voitures, l'argenterie, les bijoux et la porcelaine ;

6° La somme nécessaire pour le soutien annuel de l'Etat et pour remplir dans un tems donné le déficit, étant fixée dans l'assemblée des Etats généraux, elle y sera répartie pour les deux premiers objets : revenus nationaux et dons gratuits, sur chaque province dans la proportion de son étendue et de sa fertilité ;

7° La répartition de la contribution de chaque province sera envoyée aux Etats provinciaux et les mêmes Etats, ayant pris connoissance des dépenses nécessaires dans la province pour les frais des Etats, les chemins, les embellissemens, la mendicité, etc., seront autorisés à fixer et répartir la somme nécessaire pour les secours provinciaux ;

8° Que la répartition des charges sur chaque ville ou paroisse soit faite dans les villes par isles (1), en y appelant à tour de rolle quatre propriétaires de chaque île, et dans les paroisses en présence du curé, du sindic et de quatre propriétaires, à tour de rolle, de différens villages. Par ce moyen, personne n'échappera à la contribution et les facultés d'un chacun seront mieux appréciées ;

9° Que les octrois, droits domaniaux comme francs-fiefs, amortissemens, etc, soient entièrement supprimés ;

---

(1) Par îlots de maisons.

10° Que les droits de controlle, d'insinuation, de centième denier et autres de ce genre qui, dans cinq générations, dévorent presque toutes les propriétés, soient fixés par un réglement clair et précis sur chaque objet et réduits à la moitié de leur extension actuelle, sans qu'il puisse être dérogé au réglement par aucun arrêt du Conseil, jusqu'à une prochaine assemblée des Etats généraux ;

11° Que la culture du tabac soit libre en France et notament dans la province du Limousin ; qu'à cet effet la ferme du tabac soit supprimée ;

12° Que, pour l'administration de la justice, il soit établi un parlement dans chaque province, composé d'un nombre suffisant de juges pour former une chambre civile et une chambre criminelle ; lequel parlement résidera dans la capitale [de la province] ;

13° Que chaque parlement soit borné à juger les affaires des particuliers et n'aye à se mêler aucunement de l'administration et forme seulement dans la province la première des corporations qui seront admises à constituer les Etats provinciaux ;

14° Qu'il y ait seulement deux degrés de jurisdiction, soit devant les juges de seigneurs ou royaux, soit par appel au Présidial, lorsque les causes n'excèderont pas quatre mille livres, taux auquel doit être porté leur dernier ressort, soit *recto* au parlement : et que, dans tous les cas, l'assignation une fois donnée devant les juges royaux, il n'y ait aucun lieu à revendication ;

15° Que tous les procès soient décidés dans l'espace d'un an devant le premier juge, et de trois ans devant le juge d'appel, à peine de dommages-intérêts contre les procureurs, avocats et juges ;

16° Que l'instruction de la procédure civile soit

bornée à deux appointements comminatoires de quinsaine en quinsaine et à deux répliques par chaque partie, sans que les autres écritures puissent passer en taxe; que tous les droits accordés aux procureurs soient fixés par un tarif général pour chaque ordre de juridiction ;

17° Que les honoraires d'avocats soient écrits en toutes lettres avec leurs signatures à l'original comme à la copie des écritures; et [que], dans le cas où ils excéderoient la juste proportion qu'ils doivent avoir avec le travail, ils puissent être modérés, sur la plainte des parties, par un des commissaires du siège, d'après l'avis de deux avocats les plus anciens ; que les épices soient fixées suivant le cours actuel des espèces et à tant par rolle, si toutefois dans l'assemblée prochaine des Etats généraux, vu l'énormité du déficit, on ne peut pas détruire la vénalité des offices et procurer le remboursement de ceux qui existent et qu'on soit obligé de remettre cette détermination à une autre assemblée ;

18° Que tous les tribunaux d'exception soient détruits comme chargeant inutilement la nation ;

19° Que, dans le cas où les intendans pourroient encore se soutenir, leur pouvoir soit toujours partagé avec les Etats provinciaux et qu'ils soient bornés à concourir aux arrêtés des Etats;

20° Qu'aucun particulier ne puisse être enlevé par lettres de cachet ou autres lettres ministérielles; et [que], dans le cas où ces lettres parroitroient devoir être autorisées pour l'intérêt de l'Etat ou le repos des familles, elles ne puissent être mises à exécution qu'après avoir fait connoitre les motifs de la lettre aux juges royaux du domicile du particulier ; lesquels motifs seront signifiés à son domicile, afin que ses parens puissent les discuter et le réclamer dans le cas où ces motif seroient détruits par une justification légale ;

21° Qu'aucun particulier domicilié ne soit décrété de prise de corps sur la plainte et rumeur publique que dans le cas d'assassinat, vol, rapt et autres portant atteinte à la sureté publique ; et [que] dans tous les autres cas comme querelles, injures, concussions et autres de ce genre, le décret ne puisse être lancé qu'après information, et que l'accusé ayant rendu son interrogatoire puisse être élargi sur sa caution juratoire quand sa fortune sera connue ou sous la caution d'un domicilié connu et solvable, soit que le procès soit instruit par le procureur du Roi ou par la partie civile ;

22° Qu'après le recolement des témoins, il soit libre à un accusé de prendre un conseil, de demander signification de la plainte et de l'information et des pièces produites, d'exposer et prouver ses moyens justificatifs, d'en faire usage lors de la confrontation en y apelant ceux de ses témoins qu'il croira nécessaire d'accarer (1) avec les témoins de la partie civile ou du procureur du Roi ; que tous les frais de la procédure soient avancés par la partie civile ou par le domaine dans le cas où la partie civile justifieroit d'une impuissance à faire ces avances ;

23° Qu'aucun jugement au criminel ne puisse être exécuté qu'après avoir été signifié, avec toute la procédure d'une écriture nette et lisible, au domicile de l'accusé ou à ses deux plus proches parens, pour qu'ils aient dans le délai d'un mois à aviser aux moyens de justification, révision et cassation de la procédure avec déclaration que, passé ce délai, le jugement sera lu à l'accusé et

---

(1) Vieux terme de procédure signifiant confronter.

sera exécuté le même jour ; lesquels moyens seroient exposés dans une requête signée de quatre avocats autres que ceux qui auroient travaillé dans la procédure, avec consignation de 500 ll. pour les frais de la procédure demandée ;

24° Que, dans le cas d'une pleine justification et relaxance entière, l'accusateur soit condamné à tant de jours de prison, suivant la témérité et la gravité de l'accusation, et même à garder prison jusqu'à parfait payement des frais de toute la procédure et des dommages-intérêts réglés par le jugement ;

25° Que les témoins dont la partialité ou la fausseté seroient prouvées et déclarées notoires par le jugement, fussent condamnés conjointement et solidairement avec l'accusateur à la prison et à plus forte peine si le cas l'exigeoit, ainsi qu'aux dépens et dommages-intérêts ;

26° Que les filles à 23 ans et les garçons à 26 complets soient autorisés à se marier après avoir requis le consentement de leurs parens dans la forme d'usage ;

27° Que dans chaque sénéchaussée il soit formé un conseil de tutelle pour les impubéres et mineurs, composé d'un magistrat du sénéchal ou présidial, de deux avocats, de quatre notables, de deux procureurs, de deux huissiers dont l'administration durera cinq années consécutives, pour aviser à la conservation des biens des pauvres gens de tout état, dont la fortune sera au dessous de dix mille livres ;

28° Que ce conseil de tutelle sera tenu de procéder par inventaire du mobilier des père et mère décédés à la vente de ce mobilier, bail, ferme ou jouissance des immeubles, ainsi qu'il l'avisera ; que tous les actes relatifs à cette administration, signés du magistrat, seront exempts de tous droits de controlle et autres de ce genre ;

29° Que ce conseil de tutelle sera tenu, année par année, de donner un tableau public de ses travaux et de son administration, afin que les Etats provinciaux lui fournissent, sur les secours provinciaux, les sommes nécessaires pour le soutien de son établissement;

30° Qu'il sera pareillement formé, dans chaque sénéchaussée, une société philanthropique pour recevoir les dons et aumônes et en employer le résultat à fournir de l'ouvrage aux personnes de tout sexe qui en manqueront, à un taux d'un tiers au-dessous des prix connus; et, dans le cas où cette société ne recouvrerait pas assez de fonds, elle recourroit aux Etats provinciaux, en lui présentant le tableau de recette et d'emploi, lequel tableau seroit rendu public tous les ans, à une époque déterminée;

31° Que les juges consuls des marchands soient autorisés à juger en dernier ressort, jusqu'à une somme de 1,500 ll.; que le nombre des consuls soit porté à quatre et qu'ils soient tenus d'être au nombre de trois pour rendre chaque jugement, sauf à eux d'apeller des anciens juges ou consuls pour aider à completter ce nombre;

32° Que l'acceptation et l'endossement des lettres de change soient remplies en toutes lettres au-dessus de la signature de l'accepteur ou de l'endosseur;

33° Qu'afin que les livres-journaux des marchands et autres particuliers méritent foi en justice, ils soient formés de papier dont il soit facile de lire l'année dans le timbre du papetier; que toutes les feuilles soient d'un même papier et de même année et que le journal soit relié, cotté et paraphé à chaque page par le juge-consul, ou par le juge des lieux barré à la fin de chaque page; et que le visa du juge contienne le nombre des feuilles et qu'il y ait dans chaque jurisdiction un registre où ces visa soient enregistrés; qu'en outre, ces livres soient écrits sans ratures et interlignes et, dans le cas où il seroit nécessaire de raturer quelques mots, ils soient seulement couverts d'un trait de plume qui, en rendant ces mots inutiles, n'en empêche cependant pas la lecture;

34° Que la résignation des bénéfices n'ait plus lieu, afin qu'ils deviennent la récompense du mérite, des vertus et des travaux apostoliques; et, dans le cas où cette résignation paroîtroit devoir être conservée, qu'elle put se faire, ainsi que les permutations, entre les mains de l'évêque, sans recourir au pape, comme pour une foule de dispenses qui font sortir beaucoup d'argent du royaume;

35° Que tout les bénéfices simples, dont le revenu consiste en dîmes, soient réunis aux cures dont ces dîmes doivent faire partie du patrimoine (1), et, dans le cas où ces dîmes seroient inféodées, qu'il soit libre de les racheter pour les réunir à la cure;

36° Que l'arrondissement des cures soit réglé de manière qu'un curé ne soit pas obligé de traverser deux ou trois paroisses pour remplir ses fonctions;

37° Que les cures des villes ne s'étendent pas hors de la banlieue et que la circonférence de celles des campagnes soit bornée à une lieue;

38° Que tous les devoirs et offices des curés soient gratuits et que les curés soient tous égalisés à une portion congrue au moins de 1,500 ll., à prendre sur les dîmes de leur paroisse, dont ils seront tenus de faire la perception ou de ver-

---

(1) Ou, comme nous dirions aujourd'hui : *aux cures du patrimoine desquelles ces dîmes doivent faire partie.*

ser le restant au trésor des Etats provinciaux ; que ce même trésor soit tenu de fournir ce qui manqueroit aux curés pour trouver dans leurs dîmes la portion congrue ci-dessus fixée ;

39° Que la portion congrue des vicaires soit fixée à six cents livres ;

40° Que chaque curé soit tenu de fournir annuelement, à la chambre du clergé de son diocèse, un état détaillé des dîmes de la paroisse, de leur produit et des autres revenus (le dit état certifié par le sindic et deux notables de la paroisse), et obligé de verser, à une époque déterminée, l'excédent dans la caisse des Etats provinciaux, à peine de saisie de son temporel, même de prise de corps après trois sommations de mois à mois.

Il y a une foule d'autres objets qu'il seroit à propos de retoucher ; mais le tems étant trop court pour s'en occuper, on se réserve de fournir des observations selon que ces objets se présenteront ou qu'ils seront discutés alors (*sic*) de la rédaction du cayer général.

XXXII. — « Doléances des jardiniers de la ville de Limoges. »

Disent et remontrent les jardiniers de la ville de Limoges que parmi eux il n'est qu'un très petit nombre qui soient propriétaires ; les uns et les autres sont sujets à payer des rentes conséquentes sur les fonds qu'ils cultivent.

D'abord, le terrain sec et ingrat, depuis que, par un abonement à l'hôtel-de-ville, quelques particuliers ont acquis le droit d'enlever les boues, ne produit qu'à force de fumier qui se vend des prix exhorbitans.

Obligés d'acheter du même hôtel-de-ville les eaux découlantes des réservoirs, ils payent la prise d'eau jusqu'à 8 ll. Cette somme est payée quinze jours d'avance, et si, dans le cours de la quinzaine, il survient une pluie abondante qui rend inutile la prise d'eau, on n'est jamais remboursé.

La plus grande partie des jardins qui avoisinent la ville sont situés sur le penchant de la colline, conséquemment sujets à être dévastés par les orages.

Quoique ces jardins coûtent beaucoup plus de travail et d'argent au cultivateur, ils ne vendent pas leurs légumes et leurs herbages autant que les jardiniers de la campagne. Les habitans donnent la préférence aux leurs parcequ'ils sont plus succulens, plus savoureux, quoique moins beaux. De là vient que les jardiniers de la ville sont forcés de donner à très bas prix leurs denrées, ce qui les tient dans la détresse ; de manière que, quand une maladie vient arrêter les bras du père, ce qui arrive fréquemment, attendu qu'il est journellement exposé aux intempéries de l'air et de la saison, toute la famille est bientôt souffrante.

En vertu de ma procuration y annexée :

MAURY.

XXXIII. — **Doléances des « agriculteurs » de la ville de Limoges.**

La nation française va se réünir près de son Roy, pour remédier aux maux qui la désolent.

Rentrera-t-elle dans ses droits primitifs ?

La puissance législative sera-t-elle de son ressort ?

Pourra-t-elle demander au ministre compte des revenus et des charges de l'Etat ?

L'augmentation des impôts sera-t-elle soumise à la seule puissance du Roi, et aura-t-il en seul la puissance exécutive ?

Il n'appartient qu'à la nation assemblée de traiter ces grandes et importantes questions; mais il est du devoir de tout bon citoyen de mettre au jour ses idées sur les moyens de pourvoir aux besoins de l'Etat et de remédier aux abus qui le déchirent au dedans et le déshonnorent au dehors.

Je n'entreprendrai (1) pas de développer ici tous les objets qui sont susceptibles d'amélioration ou de réforme.

J'exposerai simplement ceux qui méritent la plus grande attention et j'y ajouterai quelques observations particulières à notre province.

Mon vœu sera rompli si mes réflexions ont quelque influence sur la célébrité de nos cahiers, sur le succès de nos doléances et surtout si elles peuvent contribuer à la prospérité publique.

VUES GÉNÉRALES

La raison, l'équité et les circonstances exigent que les opinions des députés soient comptées par tête et non par ordre. Cette question préalablement décidée, la nation assemblée doit prendre connoissance des charges et des revenus de l'Etat, afin de connoître la somme du déficit dont nous n'avons jusqu'à présent d'autre certitude que celle de son existence et de son énormité.

---

(1) C'est la seconde fois que nous voyons le rédacteur d'un cahier parler en son nom personnel.

Une fois le déficit reconnu et déterminé, le Tiers-Etat doit demander la suppression des privilèges pécuniaires du Clergé et de la Noblesse. Déjà plusieurs membres de ces deux corps ont donné des preuves de leur patriotisme en se soumettant à cette suppression. Leur exemple et la légitimité de la demande du Tiers-Etat entraînera (*sic*) sans doute le suffrage des autres.

L'abolition de ces privilèges fera rentrer dans la classe des propriétés territoriales des objets qui ont eté trop longtems affranchis de l'impôt.

On doit examiner ensuite si un impôt appliqué sur ces fonds, dans la proportion de ceux qui le supportent déjà, pourroit faire face au déficit et, dans le cas d'insuffisance, se retourner du côté des économies et des réformes qui ne porteroient aucune atteinte ni à la sureté du royaume, ni à la majesté du trône.

S'il reste encore quelque somme à retrouver, il faudra recourir à un nouvel impôt qui néanmoins, dans aucun cas, ne doit être accordé qu'après le redressement des abus et la réforme des loix qui pèsent trop gravement sur la fortune, l'honneur et la liberté des citoyens.

Il est à désirer que toutes les charges qui sont imposées actuellement sur les biens-fonds sous la dénomination de taille, capitation, vingtième, etc., soient réünies dans un seul rolle sous la dénomination d'impôt territorial; mais il faut bien se garder de peser d'avantage sur les propriétés foncières.

L'impôt territorial direct et unique, proposé et demandé par tant de personnes, est un projet chimérique sous tous les rapports. Que l'on prenne en nature une portion des fruits de la terre pour subvenir aux charges de l'Etat, ou que l'on impose tous les subsides sur les revenus de la terre, dans l'un ou l'autre cas il faudroit nécessairement tripler le prix des denrées, et il ne dépend d'aucune puissance d'opérer cette révolution. L'équilibre dans le prix des denrées de l'Europe est aussi indispensable que l'équilibre dans la valeur du numéraire.

Au moyen de l'abolition des privilèges pécuniaires du Clergé et de la Noblesse, le Tiers-Etat ne doit point attaquer les droits honorifiques de ces deux ordres. Quoique nous soyons tous enfans de la nature, il faut des distinctions dans une grande société. Si l'on cherchoit à les détruire dans ce moment, on renverseroit l'ordre et l'harmonie qui attachent les individus. Mais il (1) doit demander la réforme de l'ordonnance qui exclut le Tiers-Etat des emplois militaires et qui, par là, enléve à la patrie l'espoir de voir renaitre des *Fabert*, des *Du Guay-Trouin* et des *Chevert*.

Le Tiers-Etat doit également demander la suppression des droits de franc-fief. Cette taxe extraordinaire est une surcharge qu'il supporte injustement. Il ne doit être imposé que pour l'honorifique du fief, par la raison que le possesseur est imposé pour l'utile comme le reste des contribuables.

On ne doit point perdre de vüe les avantages qui résulteroient de la destruction de la gabelle ; en débarrassant de ce fardeau les provinces qui y sont assujetties, on rendroit à l'agriculture quarante mille bras occupés à se faire mutuellement la guerre. Le produit actuel de ce genre d'impôt pourroit être remplacé par un droit perçu avec modération sur le sel, à sa sortie des marais salins.

Si les traites, qui gênent singulièrement le

---

(1) Le Tiers-Etat nommé plus haut.

commerce intérieur du royaume, étoient portées aux frontières, on rendroit également à l'agriculture et aux arts une foule d'individus odieux à la nation par l'état qu'ils professent, et on épargneroit des frais immenses par la réduction des agents.

On s'occupera sans doute de cette réduction dans toute les parties de l'administration et l'on mettra des bornes aux bénéfices scandaleux de la Ferme, en supposant qu'on la laisse subsister.

Les abus de tous genres qui existent dans la jurisprudence du royaume et contre lesquels la nation entière milite, exigent de sa part l'attention la plus sérieuse. Des loix nouvelles doivent simplifier la forme, diminuer les frais de procédure, fixer la durée des procès et surtout accorder aux accusés souvent innocents le droit de se défendre par ministère d'avocats. Il seroit à désirer, en même temps, que la justice ne fut jamais interrompüe ni de la part des magistrats qui sont chargés de la rendre, ni de la part des avocats qui, sous prétexte d'un état libre, refusent souvent leurs fonctions au public.

La nation doit demander la suppression de quelques tribunaux d'exception, de la vénalité des charges et surtout de celles qui, pour de l'argent, donnent la noblesse au premier degré. Le Tiers-Etat ne devroit avoir d'autre voie pour passer dans l'ordre de la Noblesse que la vertu et les services rendus à la patrie.

Le projet de rapprocher la justice des justiciables est trop avantageux au public pour qu'il n'ait pas son exécution. La province du Limousin a dû voir avec peine qu'on ne lui accordoit aucun baillage. Ses doléances doivent porter sur cet objet. Elle doit également solliciter des Etats provinciaux à l'instar de ceux du Dauphiné; mais elle doit bien se garder de consentir à la réunion demandée par la province de Guienne. Les Etats se tiendroient à Bordeaux et seroient hors de notre portée. Nous avons d'ailleurs un intérêt bien réel de ne pas confondre nos travaux publics avec ceux de cette province. Les notres sont très avancés (1) et les leurs ne font que naître.

Après que la nation, réunie à son Roi, aura pourvû aux besoins pressants de l'Etat, après que ces deux puissances combinées auront arrêté les loix sages qui doivent nous régir et nous régler, elle s'occupera sans doute de la répartition de l'impôt qui doit porter sur les propriétés foncières; elle fixera ce que chaque province doit supporter en raison de sa situation, de son produit et de son industrie. Alors nos députés doivent démontrer que la province du Limousin ne peut tirer aucun parti de ses bois à cause de l'éloignement des rivières naviguables; que les montagnes hérissées dont elle est couverte sont continuellement dévastées par les torrens; que sa seule récolte en bled-seigle est perpétuellement exposée aux intempéries du froid, aux ravages des ouragans et de la grelle; que les habitans de la campagne peuvent à peine se procurer du pain avec un travail forcé de douze heures par jour; que néanmoins cette province est surchargée d'un tiers en proportion des autres provinces du royaume, principalement de celles qui l'avoisinnent.

La classe des agriculteurs de cette ville demandent (*sic*) par la voie de ses députés que le cahier général de cette sénéchaussée fasse mention de ses observations, plaintes et doléances. C'est son vœu.

---

(1) Grâce seulement à l'intendance de Turgot.

XXXIV. — « **Remontrances, plaintes et doléances du Tiers-Etat de la ville de Limoges.** »

Le Tiers-Etat de Limoges voit avec douleur la destruction et la ruine prochaine d'un lieu, à très peu de distance de ses foyers, qu'on pourroit employer à quelque objet d'utilité publique. Il veut parler du bourg de Grandmont (1) dont les revenus employez à d'autres usages qu'à ceux auxquels ils avoient été destinés, et consommés ailleurs que dans ce lieu, le rendront avant peu de temps inhabité, pour ne pas dire désert. Les ouvriers de toute espèce, qui y faisoient leur séjour, ont été obligés de quiter le lieu de leur berceau pour aller chercher dans d'autres lieux de quoi fournir à leur subsistance.

Ces inconvénients en ont entrainé d'autres qu'il seroit trop long [de] détailler et auxquels on ne sauroit trop tôt remédier. Le Tiers-Etat de Limoges demanderoit donc qu'on employât les revenus de Grandmont à y former un établissement public de telle espèce qu'il fut : soit un collège pour l'institution gratuite des enfants de la province du Limousin, fixés à un certain nombre; soit un chapitre noble de chanoinesses pour les demoiselles nobles de la province et tel que feu M. Turgot l'avoit proposé au Conseil; soit enfin un collège d'école militaire (2).

---

(1) Dont l'abbaye avait été fermée et l'ordre supprimé dès 1773. Voir L. Guibert, *Destruction de l'ordre et de l'abbaye de Grandmont* (1877).

(2) Les demandes de ce genre, relatives à l'instruction publique, sont fort rares dans ces cahiers de corporations : c'est la troisième que nous rencontrons. Voy. p. 16 et 60.

Un établissement tel que l'un de ceux qu'on vient de citer attireroit à Grandmont les ouvriers et artistes qui en sont sortis et empêcheroit l'émigration du petit nombre qui y est resté ; enfin, il feroit renaitre dans ce lieu presque désert et dans ses environs l'activité et l'industrie, source de l'espérance et du bonheur.

Le Tiers-Etat de Limoges ne voit pas sans peine que dans le lieu de son séjour, dans la capitale de sa province, on n'ait pas songé à y faire construire une halle publique pour la vente des grains (1). Pendant ces temps de calamité, qui ne peuvent encore disparoitre, si MM. les officiers de police avoient eu à disposer d'un lieu public, ils auroient eu soin d'y faire transporter du bled, et cette denrée de première nécessité ne seroit pas devenue l'objet de la cupidité des accapareurs et des citoyens non patriotes.

Mais il est des abus qu'on ne peut prévoir et auxquels on ne peut rémédier sans le secours des lumières de ces hommes sages et bien intentionnés, réunis pour la cause commune et pour l'intérêt de la patrie. Ce sont ces raisons qui engagent le Tiers-Etat de Limoges à joindre leurs (*sic*) vœux à ceux des autres habitants de leur province, pour demander à leur souverain et pour obtenir de sa bonté des Etats provinciaux composés et organisés de la même manière que ceux de la province du Dauphiné (2).

---

(1) Cf. plus haut le cahier des boulangers, n° XVI.
(2) Ces doléances du Tiers-Etat de Limoges se réduisent à si peu de chose qu'on est en droit de voir, avec M. A. Thomas, une « copie informe et tronquée » dans la pièce que nous reproduisons ici. Ce n'est peut-être qu'une annexe du cahier des bourgeois ci-dessus, n° IX.

DOCUMENTS

RELATIFS AUX ÉGLISES RÉFORMÉES

DE LA MARCHE & DU LIMOUSIN

XVIe-XVIIIe SIÈCLES

A voir la pénurie de détails à laquelle se sont trouvés réduits les historiens qui ont parlé de la réforme religieuse en Limousin, on devine que les textes leur ont manqué. Le moindre effort de recherche dans cette voie eut cependant été couronné de succès. Plusieurs chroniqueurs, catholiques d'origine, comme le scribe du Consulat et le chanoine Mallerbaud, à LIMOGES; le chanoine Yrieix Jarrige, à SAINT-YRIEIX; le lieutenant de justice Pierre Robert, au DORAT; ou protestants, comme Théodore de Bèze et Élie Benoit, les La Brunye à ROCHECHOUART et l'avocat Lorride à AUBUSSON, nous ont en effet conservé le souvenir des évènements les plus importants de cette histoire. On trouve même d'amples renseignements sur la vie interne des églises réformées de notre région dans les *Synodes nationaux* d'Aymon, dans le *Registre* du consistoire de ROCHECHOUART, dans celui de la compagnie du Saint-Sacrement de LIMOGES, dans les *Annuæ litteræ* des jésuites du Collège, dans quelques lettres privées ou officielles du roi et de Calvin au XVIe siècle, des secrétaires d'Etat et des intendants au XVIIe.

On apprend à connaître quelles luttes ces églises eurent à soutenir pour se constituer et pour subsister, non-seulement dans ces documents mais aussi et plus particulièrement dans les pièces de procédures, dans les mémoires juridiques, dans quelques ordonnances de la royauté et certains règlements des pouvoirs locaux.

On voit une autre face de la contre-réformation dans les ouvrages de controverses, traités théologiques, formulaires liturgiques, procès-verbaux de catholicité, actes d'abjuration, interrogatoires pour cause d'hérésie, etc., etc.

Enfin, il n'est pas jusqu'aux personnes mêmes, leurs noms, leurs professions, leurs sentiments intimes, leurs mœurs que nous ne retrouvions dans les registres baptistaires d'AUBUSSON, de ROCHECHOUART et d'ARGENTAT, dans quelques registres de familles protestantes, dans les rôles de contribuables, et surtout dans les actes testamentaires et contrats de donation.

Une *Histoire de la Réforme dans la Marche et le Limousin* est donc devenue possible. Nous l'avons entreprise, et c'est pour permettre à la critique compétente d'en vérifier et d'en discuter le contenu que nous ajoutons les nombreuses pièces qui suivent aux documents, non moins importants, que nous avons publiés ailleurs sur le même sujet (1).

---

(1) Voy. le *Registre consistorial* de ROCHECHOUART au t. II de nos *Doc. histor. sur la Marche et le Limousin*; — la *Chronique anti-protestante* de Pierre Robert dans nos *Chartes, Chroniques et Mémoriaux......;* — le *Registre de famille* des Labrunye, celui de Jeanne Boyol dame de Villelume et celui de Jean Plaze et des sieurs Deyma dans le recueil de *Livres de raison limousins et marchois*.

ARGENTAT

1. — Extraits du registre baptistaire de l'église réformée d'Argentat.

1613-1637.

Ce registre des Archives communales d'Argentat contient 30 feuillets numérotés, de format in-8°. Les feuillets 1 et 23-26 font défaut. Il y a en moyenne dix actes par page ce qui, en tenant compte des lacunes signalées, donne un total d'environ 500 actes ($25 \times 2 \times 10 = 500$).

1613. — 23 avril. Bapt. d'une fille de François Hospital, orfèvre.

7 août. Marraine Anne de Chamet, veuve de M⁶ Pierre Lacoste, chirurgien.

1 sept. Parrain sire Jean Durfort, bourgeois.

8 sept. Parr. M⁶ Jean Faure, greffier.

2 oct. Parr. Jean Murullat, pintier.

24 nov. Bapt. d'un fils de Jehan Chambon, chirurgien, et d'Hélène de Glandier.

18 déc. Bapt. d'un fils de M⁶ Samuel Chameyrac et de d^elle Gabrielle de Germain. Marr. « honneste femme Jehanne de Boudet. »

1614. — 29 janv. Bapt. d'une fille de Gaspart Veisset et d'Anne de Ventah. Marr. « honneste femme Jehanne de Boudet. »

29 janv. Parr. Me David Lachau, [apothicaire] (1)

19 mars. Bapt. d'une fille de Me Jehan Faure, greffier, et de Jehanne de Ventah.

16 avril. Bapt d'un fils de Me Jehan Longour, notaire royal.

11 mai. Mariage de Marguerite Dufaure, femme de Me Pierre Labroussse, apothicaire,

13 juillet. Parr. Gaspart Grasset, bourgeois; marr. Jehanne de Chambon, fille puinée de Me Bernard Chambon, chirurgien.

6 aout. Parr. Me François Labroe, notaire royal.

10 sept. Marr. Ysabeau de Baniars, femme de Me Pierre Lagane.

21 sept. Bapt. d'un fils de Me Gabriel Morelly, apothicaire, et de Jehanne Mondet. Parr. Libéral Mondet; marr. d^{elle} Marie Barbat, femme de Me David Bourdac, pasteur.

31 déc. Bapt. d'un fils de honorable homme Pierre Pradel et de d^{lle} Françoise de Lanthonie. Parr. noble Pierre Dulaurans sieur del Gay; marr. honnête femme Jehanne Durfort, femme de Pierre Sers, marchand.

1615. — 18 janv. Bapt. d'une fille de Jean Latremouillère, fourbisseur, et d'Antoinette de Constans.

11 fév. Parr. Me Jacques Labrousse, notaire royal.

22 fév. Parr. Jean la Trémollière; marr. d^{elle} Marie Barbat, femme de M. David Bourdat, pasteur.

1616. — 4 sept. Parr. sire Jean Vaurette; marr. Françoise de Morelly.

---

(1) Une déchirure, mais l'A, le t et l'e subsistent.

1617. — 28 mai. Parr. Loys Grasset, notaire royal.

30 mai. Bapt. d'un fils du sieur Bourdac, « pasteur de la présente église, » et de d^{elle} Marie Barbat, sa femme. Parr. Gabriel Morelly, m^e apothicaire ; marr, d^{lle} Magdaleine de Martret, sœur de M. de Betul (1).

21 sept. Bapt. d'une fille du sieur Pradel et de d^{elle} Françoise de Lantonnie. Parr. M. Gédéon de Vassiniac, gouverneur de Turenne ; marr. Jeanne de Reniac, femme de sire Jean Durfort.

1618. — 25 fév. Bapt. d'une fille de Me Samuel Chameyrac, avocat en Parlement, et de d^{elle} de Germain sa fille.

15 avril. Bapt. d'une fille née hors mariage, de Gaspard Murulhac et de Jeanne Delagane, chambrière du dit Murulhac.

23 nov. Bapt. d'une fille de David Lachau, apothicaire, et de Gabrielle Labrousse.

1619. — 20 mars. Parrain, Me Louis Grasset, notaire royal.

12 mai. Bapt. d'une fille de Me Loys Durieu, praticien, et de Louise de Richard.

1620. — 15 janv. Bapt. d'une fille de M. David Bourdac, « pasteur de l'église d'Argentat, » et de d^{elle} Marie Barbat sa femme. Parr, M. Jean Barbat, « pasteur de l'église de Coulonges et Meyssac » ; marr. d^{elle} Elisabeth du Laurans de Puylagarde, veuve du sieur Bourlhioux.

26 fév. Parr. Jean Testut, sieur del Guo.

12 août. Parr. honorable homme Me Pierre Dubac ; marr. Lucie de Boudet.

---

(1) Ne serait-ce point Henri Dubatut al. Dubatul, sieur de la Roche, pasteur de l'eglise de Cardailhac, dont il est question plus loin, à l'année 1629 ?

15 nov. Parr. Henry Morelly, m° chirurgien.

1621. — 14 avril. Bapt. d'une fille de Michel Malet et Claire Beury, sa femme, « hespagnols et despuis quelques années faisans profession de la religion réformée. » Parr. Jean Dubac, avocat.

2 mai. Parr. Pierre Lagane, m° chirurgien.

18 août. Bapt. d'une fille de Jehan Amadieu, corroyeur. Parr. M° Gérauld Dufaure, docteur en médecine.

13 oct. Bapt. d'un fils de David Lachau, apothicaire.

1622. — 27 fév. Bapt. d'un fils d'Henry Morelly, chirurgien, et de Gabrielle Labrousse, sa femme.

27 mars. Bapt. d'une fille de M° David Bourdac, « pasteur de l'église réformée d'Argentat, » et de d^elle Marie Barbat, sa femme. Parr. honorable homme Jean Durieu, bourgeois et marchand; marr. d^elle Lucie de Boudet, veuve du sieur Bac.

7 août. Bapt. d'une fille de François Hospital, orfèvre.

1623. — 15 janv. Bapt. d'une fille de Jehan Chambon, m° chirurgien.

25 janv. Bapt. d'une fille de M° François Caffoulen, notaire royal.

1624. — 23 août. Bapt. d'un fils de M° Jacques Labrousse, notaire royal du lieu de Molceau.

25 août. Marr. Marie Broussettes, femme de Jean Dupuy, de Molceau.

1625. — 2 fév. Bapt. d'un fils de Bernard Montescot, m° régent, et d'Antoinette Puyfages, sa femme.

16 mars. Parr. Pierre Lagane, m° chirurgien.

18 mai. Parr. M° Guilhaume Mondet, greffier de Chadirac.

28 sept. Parr. Jean Murulhac, notaire royal.

1626. — 13 mai. Bapt. d'une fille « née hors mariage » de M⁰ David Lachau et de Catherine, sa chambrière.

2 déc. Bapt. d'une fille de Bernard Montescot, régent. Parr. M⁰ Jean Labroue, notaire royal.

1627. — 17 mars. Bapt. d'un fils de noble Antoine Germain, sieur de Pradeaux, et d'Anne Dufaure, sa femme.

5 mai. — Bapt. d'un fils de M⁰ Gérauld Dufaure, docteur en médecine, et d'Antoinette Dufaure, sa femme.

19 déc. Parr. noble Jean Suère, verrier.

1628. — 26 janv. Bapt. d'un fils d'honorable homme Antoine Baudes et de Anne Dunetton, sa femme.

1629. — 25 fév. Parr. Samuel Chameyrat, avocat en Parlement.

26 sept. Bapt. d'un enfant de Bernard Montescot, précepteur. Parr. M⁰ Henry Dubatut, sieur de la Roche, « pasteur de l'église de Cardaliac; » marr. dᵉˡˡᵉ Gabrielle de Germain.

1630. — 27 janv. Parr. Mᵉ Jean Dubac, avocat en Parlement.

2 avril. Bapt. d'un fils de Jean Chambon, mᵉ chirurgien.

(*Lacune du cahier, du 4 septembre 1630 au 9 juillet 1634*).

1634. — 8 oct. Bapt. d'une fille d'honorable homme Jean Dufaure, jeune, bourgeois et marchand.

1635. — 7 mars. Bapt. d'un fils d'Antoine Bareau et Louise Rigal, « natifz du lieu de la

Peyre, paroisse de Murat la visconté en Auvergne. »

28 oct. Marr. Anne Leymarie, veuve du sieur Chantegril (1).

1636. — 30 janv. Bapt. d'un fils de M° Gérauld Mondet, greffier de Chadirac.

12 mars. Bapt. d'un fils de M° Gérauld Dufaure, docteur en médecine, et de d^{elle} Anne de Rogier, sa femme.

3 sept. Parr. Abraham Dufaure, m^e chirurgien.

14 déc. Bapt. d'un fils de Jacques Chambon, m^e chirurgien.

1637. — 11 mars. Bapt. d'un fils de Gérauld Dulaurens, apothicaire.

3 mai. Marr. Jeanne de Mondet, femme de Me Gabriel Morély, apothicaire.

7 juin. Bapt. d'un fils de François Pagès, m^e apothicaire.

19 août. Bapt. d'un fils d'Antoine Morelly, m^e apothicaire, et de Jeanne Jarrige, sa femme. Parr. Gabriel Morély, m^e apothicaire.

2. — **Extraits de registres baptistaires protestants sur feuilles volantes.**

1635-1682.

15 août 1635. — Bapt. d'un fils de Jean Labrousse. (L'extrait est certifié conforme par

---

(1) Un parent sans doute de ce François Chantegril, intendant de la maison de Salignac-Fénelon, connu comme l'un des collaborateurs les plus actifs du curé d'Argentat contre les réformés.

Demasdelbos, notaire royal d'Argentat, sur le vu du registre baptistaire « exhibé par damoizelle Marye de Barbat, femme de M. M⁰ David Bourdat, cy-devant ministre de la religion prétendue refformée de la ville d'Argentat... le 28ᵉ jour du moys d'aoust 1660. »)

(*Collection de M. E. Bombal, d'Argentat*).

« Extraict du livre des baptesmes et mortuaire de Messieurs de la religion prétendue réformée » [d'Argentat.]

13 sept. 1655. — Bapt. d'une fille d'Antoine Peyran par le sieur Beysselance, ministre.

« Chassaniade, guardien du livre baptistère de Messieurs de la religion. »

(*Collection de M. E. Bombal.*)

« Extraict prins sur le livre baptistaire. » [d'Argentat.]

22 nov. 1662. — Bapt. d'une fille de Jean Chamet, teinturier, et de Catherine Hospital, sa femme. « Et lui a esté imposé nom Marie par Mons. de Baysselance, nostre pasteur.

« Demondet, lecteur. »

(*Collection de M. le D⁰ Morély, d'Argentat*).

« Extraict prins sur le livre baptistaire de ceux de la R. P. R. de la ville d'Argentat.

« Le vendredy 20ᵉ novembre 1665, au presche faict le dict [jour] au matin dans le temple, a esté baptisé un enfant d'Anthoine Flaumon, marchant, et de Anne Amadieu, sa femme. Et a esté présentée à baptesme par le sieur du Chambon, parrin, et par Anne Amadieu femme à Jean Murulhac, gantier, marrine. Et lui a esté imposé nom Jean par le sieur Boutin, pasteur (1). DEMONDET, pour avoir deslivré le sus dict extraict. »

(*Collection de M. le Dr Morély*).

« Extraits prins sur le livre baptistaire de ceux de la R. P. R. de la ville d'Argentat. »

20 nov. 1665. — Bapt. d'un fils d'Antoine Murulhac, praticien, « au prêche fait le dit jour au mattin par Mons. Boutin, ministre de la parolle de Dieu, dans le dit temple. » Parrain Jacques Murulhac, greffier de la Vegeyrée.

DEMONDET.

2 juill. 1666. — Bapt. d'un fils de Gaspard Labrousse « au sermon faict par Mons. Marquon, ministre de Turenne, dans nostre temple. »

DEMONDET.

(*Collection de M. E. Bombal*).

« Extraict du libre des batesmes de l'église de Cardaillac. »

11 oct. 1682. — Bapt. d'un fils de Jean Mondet, m^e gantier, et de Marie de Chains, par M. Lavabre, ministre.

(*Collection de M. le Dr Morély*).

3. — Extraits des registres de la paroisse catholique d'Argentat.

1610-1731.

PREMIER REGISTRE (2).

17 janv. 1617. Parrain: Jehan Amadieu, fils à

---

(1) Il s'agit sans doute de Jean Boutin qui fut pasteur de Turenne de 1645 à 1660. Sa présence à Argentat n'est peut-être qu'intérimaire.

(2) Ce registre des Archives communales d'Argentat va de 1610 à 1696; mais il y manque environ 50 années. Les dix dernières années sont cependant à peu près complètes.

autre Jehan Amadieu ; « mais à cause de la religion prétendue et refformée, Antoine Craugi a tenu en son lieu et place. »

23 mai 1617. Marraine Marie Mondet; « mais à cause de la religion prétendue, Anne Verug. »

25 sept. 1627. Marraine Antoinette Longour, veuve de Me Antoine Graffeulh « et à cause qu'elle est de la religion refformée, [l'enfant] a esté pourtée à l'églize par Helie Chayne. »

Mémoire soit que le septiesme apvril 1652, à 5 heures du matin, deceda maistre Bernard Serre, jadis curé d'Argentat, apprès avoir travalié dans la dicte église trente trois ans et [l'avoir] mise en bon estat, l'ayant trouvée déserte, sans voute ni autelz... chassé les hérétiques du cimentière, privé du son de la grand cloche de laquelle ilz se servoient auparavant par usurpation, remis toutes les croix et oratoires de la ville et parroisse, etc. Je prie le bon Dieu lui vouloir rendre la recompanse » (1).

4 aout 1661. « Environ 5 heures du matin est décédé Bernard Faure, me chappellieur de la présent ville, après avoir abjuré l'heyrésie calviniste et receu deux jours après le saint-sacrement de l'eucharistie et extrême onction. Enfin il est mort après avoir donné de fidelles tesmoingnages de la foy catholique, apostolique et romaine et prié le bon Dieu de luy faire miséricorde. »

10 avril 1663. « Environ 8 heures du matin, est décédé.... Abdon Graffet, marchand, âgé de soixante ans, après avoir abjuré l'hérésie calviniste dans laquelle il avoit esté élevé et a receu tous les sacremens de notre églize.... »

4 déc. 1689. « Anne Chamet aagée de 30 ans

---

(1) Impr. par M. Bombal dans son *Hist. d'Argentat*, p. 84.

ou environ est décédée non convertye et [est] ensevelye au cimetière d'Argentat. »

25 avril 1692. « Parrin a esté sr. Guilhen Combalesson, notaire, lequel a suppléé pour sr. Pierre Bos pour n'avoir pas satisfait au devoir paschal. »

8 mai 1694. « Est décédé M. Roussel sans m[arque] de catholique et ensevely dans son jardin. »

DEUXIÈME REGISTRE (1).

26 juillet 1707. « Parrain a esté sr. Pierre Pradel faisant pour Mr. Veillans son père, à cause de la religion (2); marreine a esté d^elle Marguerite de Vaurette à la place de Jeanne Jarrige à cause aussy de la religion. »

3 oct. 1707. « Est descédée Marye Beyssein nouvellement convertye, après avoir receu tous les sacremens, âgée de quarante ans ou environ. »

12 déc. 1707. « Parrein a esté Legeir Laporte, m^e mareschal, faisant pour sr. Henry Labrousse à cause de sa religion. »

13 nov. 1708. « Parrein a esté sr. Pierre Brouilhoux, procureur d'office, faisant pour sr. Henry Labrousse qui n'a peu à cause de la religion prétendue réformée. »

9 déc. 1708. « Parrein a esté Géraud Basteyroux faisant pour Henry Bos qui n'a peu à cause de la religion. »

15 janv. 1709. « Est descédée Françoize Faure

---

(1) Ce registre va de janv. 1702 à janv. 1723 avec quelques lacunes.

(2) Cette mention revient fréquemment dans ce deuxième registre. Elle vise ceux qu'on appelait les non-convertis, c'est-à-dire les calvinistes qui n'avaient pas abjuré ou qui ayant abjuré par forme continuaient à pratiquer leur culte plus ou moins ostensiblement.

nouvelle convertie, après avoir receu les sacremens, âgée de soixante ans ou environ. »

11 fév. 1709. Mariage de Jean Chambon, « nouveau converty. »

13 fév. 1709. Ent. de Guilhen Darches, « nouveau converty, » âgé de 60 ans.

4 mars 1709. « Est descédé le sr. Testut, nouveau converty, au village de Leyge, paroisse de St.-Geneys-ô-Merle, n'ayant peu recevoir les sacremens mais ayant donné des marques de repentence et de douleur de ses faultes. »

5 mai 1709. Ent. du sr. Chambon, m^e chirurgien, « nouveau converty, après avoir donné des marques de douleur de ses faultes, ayant receu le sacrement de l'extrême-onction, âgé de 70 ans. »

2 nov. 1709. Ent. de Jean Chamet, teinturier, nouveau converti, âgé de 98 ans.

17 nov. 1709. Ent. de Jeanne Bertrandye, nouvelle convertie, âgée de 50 ans ou environ.

16 mai 1710. Ent. de Jean Chambon, apothicaire, « nouveau converty, ayant donné des marques de catholicité sans avoir peu recevoir les sacremens, âgé de 40 ans ou environ. »

27 mai 1710. Ent. de Jeanne Vaurette, veuve du sr. Labrousse, nouvelle convertye, âgée de 60 ans ou environ.

14 mars 1712. « Je déclare avoir été chez le sr. Mercill....., huguenaud et nouveau converti de cette ville, sur l'avis qu'on me donna qu'il étoit fort malade. Et après l'avoir exhorté à faire son devoir et ne l'ayant pas trouvé en état, je me suis retiré. Quelques heures après il y a expiré (1).

CEYRAC. »

---

(1) Cet acte ne figure pas à son rang chronologique : il a été inséré sur la couverture même du registre.

21 nov. 1712. Ent. de Jean Chambon du Portal, m^e chirurgien, nouveau converti, âgé de 65 ans ou environ.

29 juin 1713. « Parr. Me Antoine Pradel, sieur de Veullians, faisant pour Me Jean Vaurette, sieur de Fonvive, et marr. d^{elle} Jeanne Vaurette faisant pour Marie-Françoise Deymarre femme au sieur de Boisse » (1).

13 juillet 1713. Marr. d^{elle} Marie Labrousse « faisant pour Jeanetton Dusser, grand mère du baptizé, à cause de la R. P. R. »

13 août 1713. Parrain Jean Filliol, m^e de poste, « faisant pour sieur Me Beyssenc, greffier de la Vigerie, et cela à cause de la catholicité. »

9 déc. 1713. Ent. de Pierre Lachau, docteur en médecine, nouveau converti, âgé de 85 ans ou environ.

30 déc. 1713. Marr. Marie Daian, « faisant pour Marie Puech, à cause de la religion. »

24 août 1714. Ent. de Toinette Jarrige, femme de François Darche, âgée de 60 ans, « laquelle étoit décédée le jour précédent après avoir receu les sacremens, quoyque nouveau (sic) convertie. »

26 août 1714. Ent. de François Darche, m^e cordonnier, du lieu de las Condaminas, nouveau converti, âgé de 60 ans.

12 sept 1714. Ent. de Me Antoine Pradel, sr. de la Valette, nouveau converti, âgé de 88 ans ou environ.

30 nov. 1714. Ent. de Jeanne Chambon, du village del Claux, nouvelle convertie, âgée de 60 ans ou environ.

11 juillet 1715. Ent. de Pierre Dufaure, dit le

---

(1) La cause de cette double substitution n'est pas indiquée; mais voy. plus haut à la date de 1617.

marchand grand, nouveau converti, âgé de 65 ans ou environ.

30 mars 1716. Ent. d'Elizabeth Gimelle, nouvelle convertie, femme d'Etienne Rouffie, marchand.

7 sept. 1719. Ent. de d^{elle} Vaurette, veuve de Jean Mondet, nouvelle convertie.

24 sept. 1719. Ent. de Pierre Bourlhoux, nouveau converti.

29 sept. 1719. Ent. de David Lachaud, bourgeois, nouveau converti, âgé de 34 ans ou environ.

19 oct. 1719. Ent. de Jeanne Murailhac, nouvelle convertie, âgée de 55 ans ou environ.

26 octobre 1719. Ent. de Me Jean Peuhc (corr. Puech), m^e chirurgien, nouveau converti.

(1). 16 fév. « 1720. En présence des témoins soussignés, d^{elle} Jeanne Dufaure, de la présente ville et paroisse d'Argentat, a fait profession de la foy catholique, après avoir abjuré l'hérésie et la religion des protestants dits ordinairement huguenots, de laquelle hérésie elle a reçu l'absolution par moy, Père Félicien Treilhard, ex provincial des Recollets, à ce commis par Mgr André Daniel de Beaupoil de S. Aulaire, évêque de Tulle; ce que j'ay fait assisté de Me Jacques Daluy, vicaire d'Argentat, faisant les fonctions curiales. Et la susdite d^{elle} Dufaure avec les témoins ont signé conjoinctement avec moy et Mrs les vicaires. Fait en l'église paroissiale d'Argentat, l'an et jour que dessus.

---

(1) Acte cancellé et qui ne se trouve pas à son rang chronologique. Il a été inséré sur la couverture même du registre. C'est sur l'existence de cet acte et de celui que nous avons relevé plus haut (14 mars 1712), que M. Bombal se fonde pour affirmer l'existence d'un registre spécial d'abjurations. Nous avons dit ailleurs que cette preuve nous paraissait insuffisante.

Delmas de Testut, curé de Liourdes et ancien vicaire d'Argentat. — Fr. Félicien Treilhard. — Fr. Fulgence, gardien des Recollets d'Argentat. — Fr. Séraphin Leymarie, recolet d'Argentat. — Fr. Hippolitte, recolet, présent. — Fr. Simon, recollet. — Fr. Alexandre Laribe, recolé, présent. — Daluy, vicaire d'Argentat (1).

TROISIÈME REGISTRE (2)

10 juillet 1727, « est décédé, après avoir fait son abjuration et reçu les sacremens de l'église, Me Pierre Pradel, sr. de Veillans, nouveau converti, âgé de 70 (?) ans ou environ et a esté enterré le 11 dans le cimetière des pauvres de la présente paroisse. »

12 août 1727. Ent. de Judith Baltazar, nouvelle convertie, âgée de 67 ans ou environ, enterrée dans le cimetière des pauvres.

25 sept. 1727. Ent. de Janeton Chambon, nouvelle convertie, âgée de 75 ans ou environ.

25 janv. 1728. Ent. de d^{elle} Dufaure de Chadiot, « après avoir fait son abjuration, nouvelle convertie, âgée de 54 ou 55 ans, et a esté enterrée dans le cimetière des pauvres. »

1 sept. 1728. Ent. de Thoinette Dufaure, nouvelle convertie, âgée de 70 ans ou environ.

22 mai 1730. Ent. de Jeanne Mondet, nouvelle convertie, âgée de 68 ans ou environ.

17 juin 1730. Ent. de Pierre Chambon, me chapelier, nouveau converti, âgé de 50 ans ou environ.

(*Arch. comm. d'Argentat.*)

---

(1) La signature annoncée de l'abjurante fait défaut, particularité que nous retrouverons ailleurs.
(2) Ce registre va d'avril 1723 à juin 1731 avec quelques lacunes.

4. — Donation d'une rente de 27 ll. faite par sire Pierre Dufaure, marchand, pour servir à la pension du pasteur d'Argentat. — 1615. Orig. pap.

Argentat et dans la maison commune de la ditte ville, avant midy, le tiers jour du moys d'aoust mil six centz quinze, regnant le roy Louys, ..., [fut] establi en sa personne sire Pierre Dufaure, marchant du dict Argentat, lequel désirant, suyvant la bonne vollonté et zelle que Dieu luy a donné (sic) a son service, que l'exercice de la relligion refformée soict perpétué en l'esglize du dict Argentat et que pour prescher l'esvangille de nostre Seigneur Jesus Christ, ung pasteur y soit entretenu, a ceste cause le dict Dufaure de son bon gré, franc et libéral voulloir, pour luy et les sciens (sic) hoirs et successeurs a donné et donne par donnacion yrévocable faicte entre les vifz et a tout temps vallable, demeurant en sa forme et vigueur, a l'esglize refformée du dict Argentat, (honnorable homme Pierre Pradel sieur de la Fransonie et sires Jacques Dusser et Gaspard Chamet, marchant et anciens, la présant année, du consistoire de la ditte esglize, illec presens et pour la dicte esglize stipullant et acceptant), scavoir est la somme de 27 ll. tournois, laquelle somme de 27 ll. le dict Dufaure a promis et sera tenu paier et bailher a la dicte esglize le premier jour de juilhet prochain venant, a peine de paier tous despens, domaiges et interestz sy mieulx le dict Dufaure n'ayme paier annuellement le revenu de

---

(1) Quelques extraits de cette pièce ont été publiés par M. E. Bombal dans son *Histoire d'Argentat*, p. 70-71.

la dicte somme au fur de l'ordonnance, ne voullant le dict donateur le fons de la dicte somme estre employé a autres uzaiges, ains qu'elle demeure pour estre mize entre mains asseurées sans que on la puisse aliener, ains que le revenu d'icelle somme soict employé pour l'entretenement du dict pasteur. Et au cas où la dicte esglize viendroit a estre depourveue de pasteur, veult et entend le dict Dufaure que le revenu de la dicte somme soict employé pour aulmanter (sic) le fons d'icelle et non autremans, Moiennant quoi les dictz Pradel, Dusser et Chamet, anciens susdictz, ont promis comme par ces presantes promettent au nom de la dicte esglize de le tenir quicte de toutte autre cottize et tailhe que pourroit estre faicte a raison de l'entretenement du dict pasteur. Et ainsin l'ont les dictes partyes promis tenir et antretenir chacung en son endroict respectivement et au contrère n'i venir soubz obligations et ypothecques voulues, jurées, renoncées. De quoy, etc. Présens à ce, sire Gabriel Morelly, m⁰ appoticaire et Jehan Murulhac, clerc du dict Argentat, tesmoings.

Dufaure, donateur susdict. Dusser, ancien. De Pradel, acceptant. Morelly, présent.

G. Chamet, antien. Demurulhac, présent. De Laurans, notaire royal.

(*Collection de M. E. Bombal.*)

5. — Attestation de protestantisme délivrée à Jean Vaurette, bourgeois, par le juge d'Argentat. — 1641. Orig. papier.

Aujourd'huy dernier jour du moys de may 1641, par devant nous Jehan Dusser, docteur ez droictz, juge de la présente ville d'Argentat, s'est compareu Jean Vaurette, bourgeois de la dite ville, lequel nous a dict qu'en l'instance et procès qu'est entre le dict Vaurette et Françoys Scellarier et Guilhaumette Dupeyrau en la cour et chambre de l'édit scéante à Bourdeaux, il luy est requis et nécessaire faire attestation par devant vous comme quoy il est de la rellicion pretandue refformée, et pour en justiffier nous a produictz en attestans Antoine Peyron, Jean Blanchier, Jehan Teilhet, marchans, anciens et diacre de la ditte esglize, illec presens, d'eaige compétant. Nous ont dit et attesté le dit Vaurette estre de la ditte rellicion pretandue refformée et le dizent scavoir pour luy voir frequanter les assemblées, communiquer (*sic*) au sainct sacrement de la cène et [avoir] veu batizer ses enfans en la ditte esglize, ce qu'ilz attestent contenir veritté. Dont et de quoy requerant le dict Vaurette, luy en avons concedé acte pour luy servir que de raison. Faict en jugement par devant nous juge susdict, au dit Argentat, les jour, moys et an susdict.

DE TEILHET, diacre. DEPEIRAU, ancien. DE VAURETTE, requérant susdict. DE BLANCHIER, ansien. DUSSER, juge. DEMASDELBOS, greffier.

(*Collection de M. E. Bombal.*)

6. — **Procès-verbal constatant un conflit de préséance entre les consuls catholiques et les consuls protestants d'Argentat — 1654. Minute de notaire.**

En la ville d'Argentat, bas Limozin, le unzyesme jour du mois d'avril 1654, apprès midy, regnant le roy Louys...., par devant le notaire soubzsigné et en présence des tesmoings bas nommés, a esté présent et personnellement constitué le sieur Pierre Farfal, bourgeois de la present ville et premier consul, lequel adressant ses parolles au sieur Antoine Pradel, sieur de las Vialettes, aussy consul de la ditte ville, luy a dit et représenté que (1) feu Mgr de Bouillon par son ordannance du 25ᵉ de mars 1642 (2) a voleu qu'il y heust deux consuls de la religion catholique, apostolique et romaine, et deux de la religion pretendue refformée; et par expres ordonné que les catholiques seront les premiers consuls, comme il se pratique par toutes les villes du royaulme où ceulx de la ditte religion pretendue refformée ont permission de faire leurs exercices, et comme plus particulièrement resulte de la ditte ordonnance signée de feu mon dict seigneur. Et parce que demain on doit rendre l'homage qui est dheu à Son Altesse, où le dict sieur Farfal en la ditte qualité de premier consul doibt rendre ses debvoirs, néangmoins il est adverty que le dict sieur de las Vialettes pretend empescher que le dict sieur Farfal n'y treuve pas le premier rang qui luy appartient. C'est pourquoy il a sommé et somme le dict sieur de las Vialettes luy declarer s'il se veult opposer a ce que le dict sieur Farfal en qualité de premier consul ne treuve pas (3) le premier rang demain et après demain en rendant l'hommage à Son Altesse, comme il luy est dheu et comme il a esté ordonné par feu Monseigneur. Et où il vouldra l'empescher en la ditte preséance et privilège

---

(1) La fin de cette longue phrase a été reproduite par M. E. Bombal dans son *Hist. d'Argentat*, p. 82.

(2) L'ordonnance ici visée semble malheureusement perdue. — Il est à remarquer que les lettres de consulat données par Elisabeth de Nassau, vicomtesse de Turenne, aux habitants d'Argentat en 1615 (impr. par M. Bombal, p. 71) ne portent aucun privilège de nombre ni de préséance en faveur des protestants.

(3) La négation est de trop après le verbe *opposer*.

dheu a sa charge, proteste contre luy de tous despans, dommages-interest et de ce que pourra arriver, et par expres de se pourvoir devant Madame (1) et aultrement, aux fins qu'il verra estre affaire. Le dict sieur de las Vialettes a faict reponce qu'il demande coppie pour en avoir son conseil ; et le dict Pierre Farfal a persisté en ses dires, sommations et protestations sus dittes. Dont et de tout, requerant le dit sieur Farfal par moi, dict notaire, luy en a esté concedé acte en presence des sieurs Guaspar Graffeuilhe et David Morelly, m⁰ chirurgien du dict Argentat, temoings a ce requis et soubzsignés avec le dict sieur Farfal. Et le dict sieur de las Vialettes n'a voleu signer, de ce interppellé par moy, dict notaire.

FARFAL, consul, G. GRAFFEUILHE, MORELLY, DARCHE, notaire.

(*Copie de M. E. Bombal, d'après la minute ancienne en l'étude de M⁰ Vachal, notaire*).

7. — **Partage d'avis intervenu entre MM. Pelot et du Vigier, commissaires pour l'exécution de l'Edit de Nantes, au sujet de l'exercice de la religion prétendue réformée au dit lieu d'Argentat. — 23 juillet 1665. Orig. pap. (2).**

L'an mil six cens soixante cinq, le vingt troisième jour du mois de juillet, nous Claude Pellot, seigneur de Port-David et Sandars, conseiller du Roy en ses conseils, maistre des requestes ordinaire de son hôtel et intendant de la justice,

---

(1) La duchesse de Bouillon, vicomtesse de Turenne.
(2) C'est à tort que M. Marche considère cette pièce comme une copie. Les signatures qui l'accompagnent prouvent le contraire.

police et finances ès généralités de Guienne, et Jacques du Vigier, conseiller au Parlement de Bordeaux et Chambre de l'édit de Guyenne, commissaires députez par Sa Majesté ès dites généralitez pour l'exécution de l'édit de Nantes, autres édits, déclarations et arrêts du Conseil, rendus en conséquence, estans assemblez en la ville de Bordeaux pour juger le procès d'entre le scindic et habitans de la religion prétendue réformée de la ville d'Argentat, demandeurs en requeste à nous présentée le quatrième de septembre 1664, et deffendeurs, d'une part, et le syndic du clergé du diocèze de Tulle, les curé, consuls catholiques, procureurs d'office, communautez religieuses et habitans catholiques de la dite ville et paroisse d'Argentat, deffendeurs et demandeurs en exécution d'arrest du Parlement de Bordeaux du premier juillet 1664, et en requestes à nous présentées les xxviii janvier et xve avril derniers, d'autre;

Veu la dite requeste des dits de la religion prétendue réformée d'Argentat, à ce que, sans avoir esgard au dit arrest du Parlement de Bordeaux et authorizant l'ordonnance du sénéchal et juge du vicomté de Turenne du xve avril 1664, de mise en possession (1) des dits de la religion prétendue réformée de la place à bastir leur temple à l'extrémité du fauxbourg de la dite ville d'Argentat (2), par eux indiquée et piquettée, il leur soit permis de bastir le dit temple pour l'exercice de la dite religion prétendue réformée, avec deffenses à toutes personnes de les troubler

---

(1) Cette ordonnance de 1664 avait été précédée d'une ordonnance d'investiture du 4 décembre 1661, dont il est parlé plus loin

(2) Le faubourg de Bournel. — Cette investiture était nécessitée par l'exclusion des protestants de la maison de ville où ils célébraient leur culte depuis le commencement du siècle.

et empescher dans l'exercice de leur religion en la dite place et temple, lorsqu'il y sera basty, à peine de contravention aux édits de Sa Majesté; nostre ordonnance au bas de la dite requeste portant qu'aux fins d'icelle lés parties seront assignées par devant nous, toutes choses demeurant en estat, du IIIe septembre 1664; exploit de signification et assignation donnée ensuite aux curé, procureurs d'office et premier consul catholique du dit Argentat, du XIXe du dit mois de septembre; autre nostre ordonnance sur deffaut pour réassigner les parties et rapporter acte de délibération de la dite communauté sur le fait dont est question, et assigner le scindic du clergé du diocèze, du XXXe des dits mois et an; l'exploit de réadjournement du quatriesme décembre ensuivant; requeste à nous présentée par le scindic du clergé du diocèze de Tulle, à ce que le scindic des habitans de la religion prétendue réformée d'Argentat soit tenu d'exhiber les titres en vertu desquels ils prétendent avoir droit d'exercice de leur religion dans les dits lieu et juridiction d'Argentat, et, à faute de ce, que le dit exercice leur soit prohibé, à peine de désobéïssance; nostre ordonnance au bas de la dite requeste portant qu'elle seroit communiquée aux dits scindics et habitans de la religion prétendue réformée d'Argentat pour y respondre et deffendre, du XVIIIe janvier dernier; l'exploit de signification du mesme jour; requeste des dits de la religion prétendue réformée d'Argentat, de responce et deffense à celle du scindic du clergé; nostre ordonnance au bas qu'elle seroit signiffiée, du XXXIe du dit mois de janvier; l'exploit de signiffication du second de febvrier ensuivant; requeste à nous présentée par le scindic du clergé, curé d'Argentat, les consuls catholiques, communautez religieuses et habitans catholiques, à ce que le scindic et habitans de la dite religion prétendue réformée ayent à justiffier du droit par eux prétendu de l'exercice de leur religion dans la ville et parroisse d'Argentat; ordonnance au bas contenant acte de la présentation des suppliants et que dans trois jours les dits de la religion prétendue réformée représenteront leurs titres dont est question, pour ce fait ou à faute de ce estre ordonné ce qu'il appartiendra, du xve avril ensuivant, signifiée le xvie des dits mois et an;

Procurations et actes passez tant par les dits scindics, consuls et procureur d'office que par la dame de Vantadour, mère et tutrice du seigneur duc de Vantadour, messire Louis de Rechignevoisin de Guron, evesque de Tulle, et les supérieure et religieuses du monastère Sainte Ursulle d'Argentat, d'opposition à la construction du dit nouveau temple, et à ce que ce qui a esté basty soit démoly, des xx septembre, xxii novembre, xi décembre 1664, iiie et xxve may derniers; extrait du synode de Nérac (1), commençant le xvie septembre 1598, auquel est fait mention que le ministre de Beaulieu et d'Argentat en Limosin, ne s'y est trouvé, ny aucun antien; copie d'ordonnance de messieurs les commissaires députez par Sa Majesté pour l'exécution des édits (2), sur requeste du curé d'Argentat, portant que ceux de la religion prétendue réformée du dit Argentat laisseront aux catholiques la possession de leur cimetière et l'usage de leurs cloches et qu'ils observeront les festes de la religion catholique, apostolique et

---

(1) Il s'agit d'un synode provincial.
(2) Cette ordonnance a été imprimée par M. Bombal dans son *Hist. d'Argentat*, p. 78, d'après une copie du temps.

romaine, du xxvııı⁰ febvrier 1624, en suite de laquelle est l'acte de publication et enregistrement fait de la dite ordonnance au greffe de la jurisdiction d'Argentat, du vıᵉ mars ensuivant ; copie collationnée d'arrest du Conseil sur requeste des ministre et anciens de la religion prétendue réformée d'Argentat, portant qu'aux fins d'icelle requeste, le prieur d'Argentat et autres qu'il appartiendra seroient assignez au dit Conseil, et cependant deffenses de mettre à exécution les arrests du Parlement de Bordeaux, y mentionnez, les dits arrests du Conseil en date du xxv may 1649 (1); copie collationnée d'ordonnance des tuteurs honoraires de M. le duc de Bouillon, portant que les habitans d'Argentat, de la religion prétendue réformée, délaisseront la maison où ils font leur exercice (2), à luy appartenant comme doyen de Carennac, et, en la dite qualité, prieur et seigneur haut justicier de la dite ville d'Argentat, sauf ausdits de la religion prétendue réformée d'achepter une place proche du fauxbourg de la dite ville, pour faire à l'advenir leur presche, de laquelle place ils seroient mis en possession par le sénéchal de Turenne, comme juge supérieur de la dite ville et fauxbourg, du ıııᵉ décembre 1661 ; procez verbal du dit sénéchal de Turenne, sur l'exécution de la dite ordonnance, contenant la mise en possession de la dite maison, indication et piquetement fait par les dits de la religion prétendue réformée, d'une place à l'extrémité du fauxbourg de la dite ville, où ils prétendoient bastir leur temple, et mise en

---

(1) L'origine de cette contestation de 1645-1649 n'est pas indiquée ici, mais il en est parlé plus loin en termes un peu plus explicites.

(2) La maison de ville, entre la Dordogne et la place Delmas actuelle.

possession d'icelle place du xiie avril et autres jours suivans 1664; arrest du Parlement de Bordeaux, sur requeste du procureur général, portant que dans huictaine, les dits de la religion prétendue réformée d'Argentat feroient apparoir de la permission qu'ils devoient avoir de Sa Majesté, pour la construction du nouveau temple qu'ils ont commencé de bastir au dit lieu; cependant et jusqu'à ce, deffense de faire continuer la construction sur les peines y contenües, du premier juillet 1664; exploit de signification des iiie et iiiie aoust ensuivant; ordonnance de la dite cour, sur requeste du dit procureur général, de permission d'informer des contraventions au précédent arrest, avec itératives deffenses de continuer la construction du dit temple, du xviiie du dit mois d'aoust; procez verbal et information sur la contravention au dit arrest par les dits de la religion prétendue réformée, des iie et iiie septembre ensuivant; décret d'adjournement personnel contre les y dénommez, sur la dite information, pour raison de la dite contravention, du xve des dits mois et an; requeste des dits de la religion prétendue réformée, à ce que, sans préjudice du droit des parties, il leur soit permis de faire continuer leur temple; l'ordonnance au bas que la dite requeste seroit montrée aux parties, du xxviiie febvrier 1664; inventaire de communication de pièces, dont les dits de la religion prétendue réformée s'entendent ayder en l'instance du xxiiiie avril au dit an; requestes des dits scindics du clergé et catholiques et ordonnances au bas pour faire eslire et nommer par les dits de la religion prétendue réformée un scindic et représenter leurs pièces, et de forclusion contr'eux de produire, des v, xi, xxiii may, iii et xxiiie juin derniers; production des dites parties; requestes du scindic des dits de la religion prétendue réformée, de contredit contre la production du dit scindic du clergé et catholiques et pour estre receu à produire l'extrait du synode de Nérac; nostre ordonnance au bas que la dite requeste et pièces seroient communiquées, du xiiii du présent mois de juillet; requestes de contredits du dit scindic du clergé et catholiques des xxv⁰ juin et xvi⁰ du dit présent mois et tout ce que par les dites parties a esté mis, escrit et produit, et tout considéré;

Nous dits commissaires ayant (1) opiné, nous sommes trouvez partagez (2), nous dit sr. Pellot, attendu que ceux de la religion prétendue réformée d'Argentat ne prouvent point du tout par aucuns actes qu'ils ayent eu l'exercice dans les années de l'édit; que l'ordonnance de 1624 (3) de Monseigneur le chancellier, lors intendant en Guyenne, et de Monsieur de Parabère (4) ne leur peut pas servir, n'estant donnée que pour régler quelques contestations qu'il y avoit entre les catholiques d'Argentat et ceux de la religion prétendue réformée, touchant le cymetière, cloches et festes, et n'a point jugé l'exercice, n'estant point mis en contestation par les catholiques en ce temps là, qui n'estoient pas instruits de leur droit et supposoient que ceux de la religion prétendue réformée estoient bien fondez; que pareillement l'ordonnance du quatre décembre 1661, de Messieurs les tuteurs honoraires de M. le duc

---

(1) Les quatre mots *soulignés* sont sur la même ligne en grosses lettres.

(2) La conclusion du commissaire catholique et celle de son collègue protestant ont été reproduites par M. Marche (*Vic. de Turenne*, p. 276) avec quelques variantes qui sont peut-être le fait de la copie dont il s'est servi. A vérifier.

(3) Déjà mentionnée plus haut.

(4) Le même personnage que la copie de l'ordonnance de 1624, imprimée par M. Bombal, appelle Henry de Beaudeau, vicomte de Pardeilhan. Voy. plus loin Pardaillan-Parabère.

de Bouillon leur peut encore moins servir, puisqu'ils supposoient aussi que ceux de la dite religion prétendue réformée eussent l'exercice, que sur cela ils ordonnent que le temple (1) qui estoit sur le fonds d'église soit mis ailleurs, et qu'enfin il n'avoit pas pouvoir de juger de l'exercice, — Nous sommes d'advis, sous le bon plaisir de Sa Majesté, que l'exercice de la religion prétendue réformée soit deffendu à Argentat et le temple démoly;

Et nous dit du Vigier au contraire, sommes d'advis de maintenir ceux de la religion prétendue réformée au libre exercice de la dite religion dans la ville d'Argentat, et en conséquence leur permettre de faire parachever la bastisse de leur temple, si mieux ceux de la religion catholique, apostolique et romaine n'ayment leur faire remettre le lieu où les dits de la religion prétendue réformée faisoient de tout temps leurs exercices, et qu'ils laissèrent de bonne foy sur l'ordonnance que rendirent Messieurs les tuteurs honoraires du seigneur duc de Bouillon le iiie décembre 1661. Et avons fondé nostre advis au regard de l'exercice sur ce : premièrement, qu'il nous a apparu au procez par l'ordonnance du xxviiie febvrier 1624, rendüe dans la dite ville d'Argentat, à la poursuite des dits catholiques par Monseigneur le chancellier, et Monsieur de Pardaillan, commissaires députez par Sa Majesté dans la province de Guyenne pour l'exécution des édits, que les dits seigneurs commissaires jugèrent les dits de la religion prétendue réformée estre en droit de faire les exercices de la dite religion dans la dite ville d'Argentat aux termes des édits, car ils réglèrent les contestations qui estoient

---

(1) C'est-à-dire la maison de ville servant de temple.

entre les dits d'une et d'autre religion au sujet du cymetière et de la cloche, et ordonnèrent au regard du cymetière que dans quinzaine aux dépens de la communauté d'Argentat, il seroit pourvû d'un lieu commode pour les sépultures des morts de ceux de la religion prétendue réformée, et, ce fait, qu'ils laisseroient aux catholiques la possession du cymetière qu'ils tenoient; et en regard de la cloche dont ceux de la religion prétendue réformée se servoient pour sonner leurs presches et prières, les dits seigneurs commissaires ordonnèrent que ceux de la religion prétendue réformée la quitteroient aux catholiques en leur en baillant une autre de pareille valeur aux despens de la dite communauté d'Argentat, pour s'en servir comme de l'autre à sonner au presche et prières publiques; et si les dits seigneurs commissaires en la dite année 1624, n'eussent pas trouvé ceux de la religion prétendue réformée estre fondez aux termes des édits pour faire l'exercice de leur religion dans le dit lieu d'Argentat, bien loing de leur accorder de cloche ny autres choses, ils leur auroient prohibé toutes sortes d'exercices. Voilà pour quoy les dits seigneurs commissaires qui avoient lors de leur ordonnance autant de pouvoir de Sa Majesté que nous en avons à présent, ayant laissé ceux de la religion prétendue réformée dans l'exercice public de leur religion et réglé les choses accessoires du droit d'exercice, il n'y a lieu de rien enfraindre, mais laisser les dits de la religion comme firent les dits seigneurs commissaires la dite année 1624. — En deuxiesme lieu, avons fondé nostre advis sur ce qu'en l'année 1648, les dits de la religion prétendue réformée ayant esté troublez en leurs exercices de religion par les catholiques à l'occasion d'un arrest sur requeste du parlement de Bordeaux de la dite année qui deffendoit de prescher au dit lieu d'Argentat, les dits de la religion se pourvûrent devers Sa Majesté et obtinrent arrest en son Conseil privé le xxve juin 1649 portant deffenses d'exécuter le dit arrest du parlement, et par conséquent de troubler les dits de la religion prétendue réformée en leurs exercices ; lors de l'obtention duquel arrest du Conseil les dits de la religion prétendue réformée firent voir à Sa Majesté et à nos seigneurs de son Conseil de leur exercice de la dite religion dans le dit lieu d'Argentat depuis l'année 1591 jusqu'en 1648 par des extraits baptistaires ; firent voir encores qu'en l'année 1642 par ordonnance du feu seigneur duc de Bouillon, ils furent maintenus en le dit exercice de religion et à joüyr de la cloche ; firent voir encores par cottisations faites pour l'entretien d'un ministre, ou par des testamens où il y avoit légat au ministre d'Argentat, qu'il y avoit exercice de religion dans le dit lieu d'Argentat en l'année 1588 et 1602. — En troisième lieu nous avons fondé nostre advis sur ce encores qu'il nous a apparû au procez par la production faite par ceux de la religion prétendue réformée d'un cahier des actes d'un synode tenu à Nérac au mois de septembre de l'année 1598 (incontinent après l'édit de Nantes et en présence du commissaire de Sa Majesté) qu'il y avoit un ministre au dit lieu d'Argentat, lequel n'ayant pû se rendre au dit synode tenu au dit Nérac (1) suivant l'indiction qui avoit esté faite à tous les ministres lors du synode tenu à Miremont (2) l'année auparavant 1597, le dit ministre d'Argentat nommé Morély, fit faire des excuses au dit synode de Nérac par le nommé Roy, et il y

---

(1 et 2) Il s'agit de synodes provinciaux.

eut acte particulier au dit synode sur ce sujet, pourtant une espèce de censure au dit ministre d'Argentat pour n'estre pas allé au synode, et le dit Roy fût chargé de luy faire sçavoir la résolution du synode et le soliciter de satisfaire au payement de quelques sommes de deniers que ceux de la religion prétendue réformée d'Argentat estoient cottisez; et cet acte synodal qui montre nettement l'exercice de ceux de la religion prétendue réformée au dit lieu d'Argentat ez années de l'édit et qu'il y avoit un ministre, ayant esté joint aux autres actes justificatifs du dit exercice, ont, sans contredit, tous ensemble, donné fondement et à l'ordonnance de Monseigneur le chancellier et du seigneur de Pardaillan Parabère, arrest du Conseil et autres jugements qui ont maintenu les dits de la religion prétendue réformée dans leurs exercices publics au dit lieu d'Argentat, et tout cela doit opérer leur confirmation au dit exercice public. Et au regard du temple, nous avons fondé nostre advis sur ce : premièrement, que les dits de la religion prétendue réformée, ayant le droit d'exercice public de leur relligion au dit lieu d'Argentat, ils y doivent avoir un temple; et en deuxiesme lieu, sur ce qu'ils n'ont quitté celui qu'ils tenoient qu'à la bonne foy, sur l'ordonnance de Messieurs les tuteurs honoraires du seigneur duc de Bouillon, qui leur ordonnoit de quitter, à la charge qu'il leur seroit baillé proche le fauxbourg de la dite ville d'Argentat une place commode pour y bastir un temple où ils pourroient faire leurs exercices comme à l'autre. Or, s'ils ont exécuté de leur part la dite ordonnance, il faut qu'elle soit de même exécuttée de la part des catholiques, et ne faut pas que leur obéissance et leur bonne foy leur soit un piège de malheur et de disgrace. Toutes choses résistent à cela et il est dans l'ordre et dans la justice, ou de leur remettre le lieu qu'ils ont quitté, ou leur permettre de parachever le temple qu'ils ont commencé à bastir sur le piquettement qui fut fait en exécution de la dite ordonnance.

Fait au dit Bordeaux les an et jour que dessus.

PELLOT.   DUVIGIER.

(Au dos) :

Partage pour Argentat jugé le xi may 1682. Interdit.

(*Archives nationales, T. T. 259*).

8 — Testament d'Antoine Peyrau, bourgeois d'Argentat. 1672. Orig. pap.

Le quinziesme jour du moys de may 1672, en la ville d'Argentat en Limosin, régnant Louys roy, Je Antoine Peyrau, habittant en la ditte ville, sachant qu'il n'y a rien de plus certain que la mort ny plus incertain que l'heure d'icelle, je dispose de mes biens par testament clos solempnel en la forme que s'ensuict :

Premièrement, j'ai prié Dieu de me faire miséricorde et pardonner mes péchés par le mérite de la passion de Jesus Christ, mon Sauveur et Redempteur ; [ay] vollu, lors que mon âme sera séparée de mon corps, estre ensepveli au cimintière de la relligion réformée, remetant mes honeurs funèbres à la discrétion de mon hérettière universelle bas nommée.

Item, je donne et lègue à Catherine et autre Catherine Peyrau mes filhes naturelles et legitimes et de feu Antoinette Longour, vivante ma femme, à chascune d'elles la somme de 1200 ll........

De plus je veux et entends que les dittes Catherine et autre Catherine Peyrau mes dittes filhes soient nourries, habilhées et entretenues dans ma maison suivant leur condition par ma ditte hérettière, en y travailhant de leur pouvoir jusques à ce qu'elles trouveront un party sortable en mariage où se voudront retirer de la maison........ Je fais, crée et nomme mon héretière universelle Jeanne Peyrau aussy ma filhe aynée, naturelle et légitime, et femme au sr. Anthoine Durfort, bourgoys ; et de plus luy rands et remets l'entière hérédité à moy commize par la ditte feue Anthoinette Longour, ma femme.

Depeirau, testateur.

(Collection de M. E. Bombal, d'Argentat).

9 — Testament de Judith Bourdat, fille de David Bourdat et veuve de Jean Grasset, en faveur de son fils. — 1680. Orig. pap.

Argentat, bas Limosin, et dans la maison de Me Guilhen Bourlhioux, procureur, le troiziesme jour du moys d'octobre 1680, environ l'heure de 4 heures apprès midy, régnant Louys roy, par devant moy notaire soubzsigné et testmoins bas nommés, a esté constituée en sa personne dam^elle Judith Bourdat, veuve de feu sr. Jean Grasset, bourgoys de la présente ville, laquelle estant dans un lit de la dite maison, détenue de certaine malladye, craignant décéder à cause d'icelle, toutes fois estant en ses bons sens, mémoyre et entendement, considérant que la mort est certaine à un chacun et l'heure d'icelle incertaine, après avoir fait prière à Dieu le Père tout-puissant qu'il luy plaise luy pardonner ses péchés et offances qu'elle peut avoir commis contre sa divine majesté et luy recevoir son âme en son paradis lorsque de son corps sera séparée, [a] vollu son dict corps estre ensevelly au cimintière de Messrs de la relligion prétendue réformée dont elle fait profession, remettant ses honeurs funèbres et aumosnes à la discretion de son héretière universelle bas nommée. Et afin d'esviter le bruit et diférant qui pourroit arriver entre ses enfans et autres pretendantz droictz et intérets sur ses biens, la dite Bourdat testatrisse a vollu disposer d'iceux par forme de testament comme s'ensuit :

En premier lieu, donne et lègue la dite testatrisse à Izaac Grasset, son fils naturel et légitime et du dit feu Grasset, par droit d'institution et héréditaire portion...... la somme de 500 ll. .... Donne et lègue la dite testatrisse à tous autres prétendanz droictz et intérets en ses biens à chacun cinq sols à eux payables à leur vollonté apprès son decès sans qu'ils puissent rien plus prétendre...... A faict, esleu et de sa propre bouche nommé son héritière universelle en tous et chacuns ses dicts biens quelconques, meubles et immeubles, présens et advenir dam{elle} Marye Barbat, sa très chère mère, veusve de feu Me David Bourdat (1), à la charge et condition de luy payer ses dettes, charges et léguats, etc.

(*Collection de M. le Dr Morelly, d'Argentat*).

---

(1) Il résulte d'un acte de 1685 que Marie Barbat était morte à cette date et que sa fille Judith lui survivait. Le présent testament a donc dû être refait.

10 — **Délibération des notables d'Argentat repoussant une requête du syndic des religionnaires qui, exclus du consulat, voulaient obliger les consuls catholiques à faire eux mêmes la levée des deniers. — 1683. Minute de notaire.**

En la ville d'Argentat, bas Limousin, et audevant l'hostel d'icelle et le dix et neufviesme jour de janvier 1683, environ midy, régnant Louys roy etc. par devant moy notaire royal soubzsigné et présentz les tesmoins bas nommez, ont esté constituez en leurs personnes sieur Pierre Dufaure, bourgeois, premier consul, et sieur Abraham Graffeuil, m^e chirurgien, second consul de la dite ville et y habitantz, lesquels ayant la présence de Mess. Antoine Chantegreil, seigneur de la Vigerie et conseigneur de la dite ville, Gaspard de Graffeuilhe, bourgeois, Jean Graffeuilhe jeune, sieur del Fraysse, Me Guilhen Bourlioux sieur de Lavaur, advocat en la cour, Me Mathieu Testut, docteur en médecine, Antoine Dusser seigneur de la Salesse, Me Antoine Vergne, procureur d'office, Jacques Laguyne, m^e chirurgien, et plusieurs autres des principaux habitanz de la ditte ville faisantz la majeur partie d'iceux, icy assemblez et convoquez à son de cloche, leur ont dict et représenté que le nommé Antoine Merle, praticien, soubz le nom et à la faveur de certains artisans de la ditte ville, auroit prinz la qualité de syndiq d'iceux et en ceste qualité, sans faire apparoir d'aucun titre, il auroit présenté requeste devant Mons. le sénéschal du viscomte de Turenne, aux fins d'obliger les sieurs Dufaure et Graffeuil, consuls de la ditte ville, de faire eux- mêmes la levée des deniers de Son Altesse Mgr le duc de Bouillon contre les privilèges accordez aux habitanz de la ditte ville et la coustume de tout temps observée en icelle, qui veut que tous les ans on procède à la nomination de deux consuls pour tenir la main à la police, et séparement à la nomination aussy de deux collecteurs pour faire la levée des dicts deniers. Néantmoins certains habitantz, artizans de la ditte ville, et principalement Mess. de la religion prétendue refformée qui, se voyantz excluz du consulat par les ordonnances expresses de Sa Majesté, se voudroient bien descharger du fardeau de la collecte des dicts deniers, si par leurs manupulles ils pouvoient y réussir et faire tumber le sort sur Mess. les catholiques, apostoliques et romains, avoient adroittement induit et porté le dict [Antoine Merle] (1), se prévalantz de la jeunesse et minorité manisfeste [du dict] (2) Merle, de présenter la ditte requeste aux susdittes fins ; en conséquence de laquelle requeste le dict Merle au dict nom auroit renduz assignez les dicts sieurs consuls devant mon dict sieur le séneschal de Turenne pour procéder sur les fins de la ditte requeste, sans leur faire aucunement apparoir de sa ditte qualité de syndiq, par exploit du quatorziesme du présent mois, signé Gasquet, archer, que les dicts sieurs consuls ont exhibé sur ces présentes aux dicts sieurs habitantz, Et d'autant que les dicts sieurs consuls sont obligez de se présenter à la ditte assignation aux fins de la conservation des dicts privilèges et maintien de la ditte coustume, pour ne faire pas préjudice a ceux qui dans la suitte du temps pourroient estre appelez au dict consulat, et que par un préalable il est necessaire de procéder à une délibération

---

(1 et 2) Il y a un blanc dans le texte à ces deux endroits.

sur ce faict; — à ceste cause, les dicts sieurs Dufaure et Graffeuil, consuls de la ditte ville, ont requis et sommé comme par ces présentes somment [et requièrent] tous les dicts sieurs habitantz de delibérer tout présentement sur le dict fait et déclarer s'ils entendent approuver la ditte requeste, comme aussy la qualité de syndiq prinze par le dict Antoine Merle. Sur quoy les dicts sieurs habitantz, après avoir meurement examiné le tout et avoir refléchy sur le préjudice qui s'en pourroit ensuivre, pour réprimer la ditte entreprinze et attentat, ont tous d'une commune voix dict et déclaré qu'ils desadvouent la ditte requeste dont est question, aussy bien que la qualité de syndiq indeument prinze par le dict Antoine Merle et sans leur consentement; voulantz et entendantz que les dicts sieurs Dufaure et Graffeuil, consuls de la ditte ville, s'opposent à l'enterinement de la ditte requeste, leur donnant de ce faire plein pouvoir et tous autres actes à ce requis et nécessaires qui seront par le conseil trouvez à propos, les constituantz à ces fins pour leurs procureurs généraux et espéciaux, sans que la généralité desroge à l'espécialité ny au contraire; promettantz avoir pour agréable tout ce que par les dicts sieurs consuls sera faict et géré, et du tout les en relever indemnes, à peine de tous despans, dommages et intéretz. Dont et du tout les dicts sieurs Dufaure et Graffeuil, consuls, m'ont requis acte, que leur ay concédé pour leur servir à telles fins que de raison ez presences de Me Leger Soustres de la Combette, docteur en médecine du lieu du Bastier, lez et paroisse du dict Argentat, et Antoine Leymarie, praticien du village del Fraysse, paroisse du dict Argentat, tesmoins à ce requis et soubzsignez avec les dicts sieurs consuls et susdicts habitantz et moy,

DUFAURE, GRAFFEL, CHANTEGREIL, GRAFFEUILHE,

Graffeuilhe, A. Vergnes, La Salesse-Dusser, Labrousse, Demasdelbos, Bourlhioux, Laborie de Chantegreil, Mondigous, Murulhac, Grasset, Laguine, Beyssenc, présent, La Hierle, Pages, Rancort, Blanchier, Grasset, Degrasset, De Leymarie, Fraysse, Duchayne, Lacombette, Dulaurans, notaire royal, pour avoir recu le dict acte.

(*Copie de M. E. Bombal, d'après une minute de l'étude de M⁰ Vachal, notaire*).

11. — Testament d'Antoine Mondet, cordonnier d'Argentat. — 1684. Orig. pap.

En la ville d'Argentat, bas Limosin, et le 21ᵉ jour d'apvril 1684, environ quatre heures après midi et dans la maison de moi notaire soubzsigné, régnant Louis roy, par devant moi notaire royal soubzsigné et présens les témoins bas nommés, a esté constitué en sa personne Anthoine Mondet, guarson (*sic*) cordonnier, filz naturel et légitime de feus Jean Mondet et Anthoinette Chambon, ses père et mère, habittant la ditte ville, lequel estant par la grâce de Dieu en parfaite santé et en ses bons sens, mémoire et entendement, désirant aller faire son tour de France pour se rendre toujours capable de mieux en mieux de son métier, et apréhendant (à cauze des divers accidentz qui ont acoutumé de survenir dans le cours de ce monde) décéder ab intestat, a voulu dispozer des biens qu'il a pleu à Dieu lui donner, par forme de testament, comme s'ensuit :

Premièrement, recommande son âme à Dieu le Père tout-puissant, le priant de lui vouloir pardonner ses fautes et péchés et lui recevoir son âme dans son paradis. Veut le dit testateur que, en cas où il viendroit à mourir dans le présent pays, que au dict cas, après qu'il aura pleu à

Dieu séparer son âme d'avec son corps, que son dict corps soit ensepvely dans le cimentière de Messieurs de la religion prétendue réformée de la présent ville, de laquelle il a toujours fait profession. remettant au surplus ses honneurs funèbres à la discrétion de son héritière baz nommée. Donne et lègue le dict testateur à Jean et autre Jean et Pierre Mondet, ses frères, à chaqun d'eux la somme de 5 solz payable à chaqun d'iceux après son décès.... Le dit testateur a faict et institué et de sa propre bouche nomme pour son héretière universelle Jeanne Mondet, sa sœur, à la charge de payer ses debtes et sus dicts leguatz et de lui faire faire ses honneurs funèbres suivant sa condition. Déclare le dict testateur qu'il doibt de bonne foi à la ditte Jeanne Mondet, sa ditte sœur et héritière, la somme de 20 ll. et ce tant à cauze d'argent presté que de fournitures à lui ci-devant faites pour s'abillier et se mettre en estat pour faire son dict voyage, laquelle somme le dict testateur promet lui payer dès aussi tost qu'il sera de retour............

....

DULAURAN, notaire royal, pour avoir receu le dict testament.

(*Collection de M. E. Bombal, d'Argentat*).

12. — **Procès-verbal de non-catholicité dressé par le curé d'Argentat contre Marie Muraillac, à l'article de la mort. — 1693. Orig. pap.**

Le quinzième de mars mil six cent nonante-trois, je soussigné, prêtre, docteur en théologie, curé de la ville d'Argentat, me suis transporté sur l'avis qui m'a été donné de la maladie de Marie Muraillac, nouvelle convertie, dans la maison de Jacques Muraillac, bourgeois et marchant de la dite ville, ou étant j'ay trouvé la dite Muraillac malade dans son lit ; et après lui avoir marqué la part que je prenois en son mal, j'ay tachay (*sic*) par mes soins et par mes remontrances à la disposer à faire une bonne mort, la sollicitant de recevoir les saints sacremans de pénitence et d'eucharistie et de mourir dans l'union de la foy catholique, apostolique et romaine ; et après luy avoir rendu plusieurs visites pendant trois ou quatre jours pour l'obliger à faire son devoir, ne trouvant aucune bonne disposition en elle et la voyant persister toujours dans des sentiments d'erreur et d'opiniatreté, après avoir tenté inutilement toutes les voyes de douceur et d'instruction qu'un pasteur est obligé de prendre en pareil cas, je l'ay sommée de me faire connoitre sa dernière volonté au sujet de la religion, et elle m'a déclaré en termes formels, étant en son bon sens, mémoire et entendement, qu'elle vouloit mourir dans la religion prétendue réformée et qu'elle étoit bien fachée d'en avoir fait l'abjuration ; après quoy, touché de douleur de son insensibilité et opiniatre résistance, je me suis retiray (*sic*) et en même tems j'ay donné avis au sieur procureur d'office de requérir le transport de M^r le juge de la présent ville dans la dite maison pour faire son procès-verbal du crime de relaps dans lequel la dite Marie Muraillac alloit mourir ; et le dix-huit du même mois et an, j'ay été prié de permettre que la dite Muraillac fût ensevelie en terre saincte, ce que j'ay refusé pour les raisons cy-dessus. Argentat le 18 mars 1693. CEYRAC, curé d'Argentat. Délivré le présent extrait au sieur Labrousse chirurgien, fils de la dite Muraillac pour luy servir si besoin est.

Argentat, ce 10 de may 1693.

CEYRAC, curé d'Argentat.

(*Collection de M. E. Bombal, d'Argentat*).

13. — **Procès-verbal de non-catholicité dressé par le juge d'Argentat contre Jean Labrousse, bourgeois, à l'article de la mort.** — 1713. Orig. pap.

Aujourd'huy vingtiesme jour du mois de dexembre 1713, par devant nous Anthoine Grellerie, antien procureur en la jurisdiction de la présent ville d'Argentat, la judicature vacante et M. le lieutenant récuzé en droict, a conpareu Me Pierre Bourthioux, procureur d'office en la ditte jurisdiction, lequel a dict qu'il demeure adverty que Jean Labrousse, bourgeois de la ditte ville, nouveau converty, est bien malade et en danger de mort, ayant refuzé de recepvoir les sacremens. A cauze de quoy le dict sieur procureur d'office [nous a] requis de nous transporter dans la maison du dict Labrousse pour y recepvoir sa déclaration, pour scavoir s'il est dans le dessaing (*sic*) de vivre et mourir dans la religion catholique, apostolique et romaine : ce que nous luy avons accordé. Et ce mesmes temps, nous nous sommes transportés avec le dict sieur procureur d'office dans la maison du dict Labrousse où estant avons trouvé le dict Labrousse malade dans un lict de sa maison. Auquel ayant fait entendre le seubjet de nostre transport, l'avons interpellé de déclarer s'il veut vivre et mourir dans la ditte religion catholique et apostolique romaine et faire les debvoirs d'un bon chrestien et recepvoir les sacremens de l'Esglize, puisque par son abjuration (1) il a renoncé à son hérézie. Lequel n'ayant

---

(1) Le texte porte *adjuration*, ce qui ne signifie rien.

voulu faire aucune responce ny aucun signie (*sic*), nous avons du tout dressé nostre procès verbail (*sic*) pour servir à telles fins que de raison, et luy avons déclaré que le procès luy sera fait suivant la déclaration du Roy. Fait dans la maison du dict Labrousse, le susdict jour, mois et an susdicts, après l'avoir interpellé de signer sans voulloir aussy rien respondre.

GRELLERYE, procureur susdit. BOURTHIOUX, procureur d'office.

(*Collection de M. E. Bombal, d'Argentat*).

14. — « Mémoire à Mgr l'intendant [de ?] pour envoyer en cour, afin de faire avoir les biens des y dénommés en faveur de leurs enfans, » Jean, Jeanne et Lucie de Costebadie — 1689.

Monseigneur l'intendant est très humblement prié d'avoir la bonté d'envoyer le présent mémoire en cour et de faire donner les biens de Jean Costebadie de la ville de Thonnains, jadis ministre de la ville d'Argentat, et de Jeanne Eschaunie, sa femme, en faveur de Jean, Jeane et Lucie Costebadie, leurs enfants, qu'ils ont, en se retirant dans le royaume d'Angleterre, laissés partie à Thonnains et partie à Argentat, si misérables qu'à peine ont ils trouvé de gens qui leur ayent donné de quoy vivre.

Le sieur Jean Costebadie, de la ville de Thonnains en Agénois, estant ministre dans la ville d'Argentat où il a demeuré l'espace de 14 à 15 ans, feust marié avec Jeane Eschaunie de la ville d'Argentat, duquel mariage il est provenu, jusques en l'année 1685, six enfens, trois desquels les dits Costebadie et Eschaunie, mariés, ont fait passer en Engleterre, où ils se sont habitués, savoir le dit de Costebadie puis l'année 1685 et la dite Eschaunie et ses dicts trois enfans aynés puis l'année 1686; et les autres trois qui sont Jean, Jeane et Lucie, le plus aagé d'iceux n'ayant que 9 ans ou environ, feurent délaissés, savoir le dit Jean et Lucie dans la ville de Thonnains et la dite Jeane dans la ville d'Argentat où elle a esté norrie, puis la dite année 1686 au mois de may, par le sieur de Pradeaux, son oncle. Les biens du dit Costebadie sont situés dans les apartenances de Thonnains et de Fauliet en Agénois, et partie de la constitution de la dite Eschaunie reste encore à payer par certains débiteurs du voisinage d'Argentat. Il est à remarquer que les dits biens sont desja ruinés et que les obligations vont prescrire pour la pluspart et mesme les débiteurs n'ont payé nul intérêt. La charité voudrait qu'on adjugeat les biens aux dits enfens, [et que] les débiteurs feussent condemnés à leur faire conte des intérets depuis le terme à payer.

(*Arch. Nat., T. T. 258.*)

15. — Requête de Lucie Costebadie en production de titres. — Entre 1709-1717. Orig. pap.

A Monseigneur de Lamoignon, chevalier, comte de Launay-Courson, conseiller du Roy en ses conseils, maistre des requestes ordinaire de son hôtel, intendant de justice, police et finances en la généralité de Bordeaux.

Supplie humblement Lucie de Costebadie, disant que Jean de Costebadie et Jeanne Déchaunie (1), ses père et mère, estant sortis du roiaume

---

(1) *Al.* D'Echaunie, d'Eschaunie, Eschaunie.

pour fait de religion, la suppliante qui estoit en fort bas âge fust mise, par ordre de M. de Grilhon, chés le nommé Vigouroux, maistre d'école de la ville de Thonnens, pour être instruitte et élevée dans l'exercice de la religion catholique, apostolique et romaine; feu M. de Besons, vostre prédécesseur, luy régla une pension sur les biens de son père qui estoient jouis et possédés par le receveur du domaine de Sa Maiesté. Quelques temps après, les plus proches parents de la suppliante, indignés de ce qu'elle estoit eslevée dans une religion différente de celle de ses pères (1), firent procéder par saisie réelle sur tous les biens délaissés par le dit Costebadie, son père, sans observer les formalités prescrittes par les édits et déclarations de Sa Maiesté, et sans avoir fait viser par nos seigneurs les intendans de cette généralité, où les biens sont situés, les titres de leur créance. Ils ont mesme poussé leur malignité plus loin, aiant fait procéder au bail des fruits sans partie légitime, la suppliante estant alors mineure et n'aiant point esté pourveue d'un curateur et estant prisonière d'Estat (2).

Depuis cette saisie tortionaire et violente, la suppliante entra chez les dames de la Foy, dans le dit lieu de Thonens, et Monsieur de la Bour-

---

(1) Il résulterait de ce passage que ce furent des parents demeurés calvinistes qui mirent la main sur les biens du père de Lucie de Costebadie, après la Révocation. Cette assertion est contre toute vraisemblance, puisque les biens de Jean de Costebadie, réfugié, avaient été saisis au nom du roi, dès 1686. Fussent-ils demeurés vacants, que des non convertis n'eussent certainement pas réussi à s'en emparer. L'insinuation a sans doute pour but de piquer le zèle de l'intendant. C'est, du reste, la seule allusion que nous ayons relevée, dans les procédures possédées par le Dʳ Morély, à une revendication, par Lucie de Costebadie, des biens de son père. Partout ailleurs, elle ne réclame que la légitime de sa mère usurpée par des collatéraux catholiques ou nouveaux convertis.

(2) Ces quatre derniers mots ont été ajoutés de la main même de la suppliante.

donaye, vostre prédécesseur (1), voiant qu'une somme modique de cent-vingt livres, à laquelle sa pension avoit esté réglée dans son bas âge n'estoit pas suffisante pour un âge plus avancé pour sa nourriture et entretien, il eust la bonté de la fixer à la somme de deux cent livres, par son ordonnance du 9 mars 1701. Cette pension a toujours esté paiée jusques en l'année 1709. Mais depuis ce temps là, quelque diligence et quelque poursuite qu'elle ait peu faire, elle n'a peu estre paiée que de la somme de deux cents livres, qu'elle a reçu du nommé **Romefort**, fermier judiciaire; et l'inexécution des ordonnances que la suppliante a obtenues ne vient que du refus et de l'opiniastreté du sieur **Lamarque**, commissaire général des saisies réelles, qui est nanti du prix des baux et qui agit de concert et d'intelligence avec les parents de la suppliante, pour la fatiguer et la réduire sur le carreau, quelque remontrance qui ait esté faitte au dit Lamarque par Monseigneur l'évêque d'Agen, qui a eu la charité de s'intéresser pour la suppliante pour obtenir du dit Lamarque le paiement des arrérages de pension qui lui sont deus; mais tout a esté jusqu'à présent inutile et sans effet.

Cette triste situation oblige la suppliante de réclamer, Monseigneur, vostre autorité et de luy demander que le saisir-faisant soit obligé de rapporter à Vostre Grandeur les titres de créance en vertu desquels il a fait saisir les biens du dit Costebadie, et que cependant il vous plaise ordonner que sur le prix des baux la suppliante sera paiée des arrérages de sa pension depuis sa dernière quittance. Ces deux chefs de conclusions

---

(1) Intendant de Bordeaux, de 1702 à 1708.

ne sçauroient estre ni plus justes ni plus favorables. Ce considéré, il vous plaise, Nos seigneurs (sic), de vos graces ordonner que tant la dame de Coutry, veuve du sieur Lapeirière, et le sieur Grenier, saisir-faisants, rapporteront devant Vostre Grandeur, dans tel délai qu'il luy plaira de leur prescrire, les titres de leurs créances en vertu desquels ils ont fait procéder par saisie réelle sur les biens de Jean de Costebadie, attendu qu'ils n'ont point été visés conformément aux édits et déclarations de Sa Majesté et arrets de son Conseil ; et que cependant la suppliante sera paiée des arrérages de pension qui luy sont deus depuis sa dernière quittance, au paiement desquels tant les fermiers judiciaires, veu les arrêts fais entre leurs mains (1), que le dit Lamarque, commissaire général aux saisies réelles, seront contraints par toutes voyes deues et raisonables et par corps. Et la suppliante continuera ses vœux pour la santé et prospérité de Vostre Grandeur et de votre illustre famille.

(2) LUCIE COSTEBADIE, suppliante, fesant tant pour elle que pour Jènne (sic) de Costebadie, sa sœur.

(Collection de M. le Dr Morély, d'Argentat).

16. — Extrait d'une requête de Lucie de Costebadie au roi. — 1714. Orig. pap.

....
....

Par un effet d'un malheur extraordinaire pour

---

(1) Ce membre de phrase a été ajouté en interligne de la main même de la suppliante.
(2) De la main même de la suppliante.

la suppliante née du mariage du dit sieur Costebadie et de la dite Jeanne Eschaunie, le dit sieur son père ayant passé en Angleterre à cause de la religion et, peu de temps après, la dite d{elle} Eschaunie l'ayant suivy avecq trois de ses enfans (un dernier quy estoit resté les fut joindre bientôt après)(1), la suppliante et Jeanne Costebadie sa sœur, laissées orphelines dans un fort bas aage, la suppliante eut le bonheur d'estre eslevée dans le couvant des dames de la Foy de Thonnens par les soingz de M. de Grillon, commandant pour Sa Majesté dans la province, ce quy a fait qu'elle a esté assès heureuze d'estre aussy tost bonne catholique qu'elle a eu l'aage de la raison, n'ayant jamais conneu la religion protestante.

Jeanne Costebadie n'eut pas ce bonheur dans leur disgrâce. Comme elle a longtemps demeuré dans les ténèbres de l'hérézie sous la direction d'un tuteur protestant (2) que le sr. Pierre Deschaunie, le sr. Dufaure, mary de Anne Eschaunie, fille et héritière du dit Pierre, et autres parans tous protestans luy avoient donné, la dite Jeanne Costebadie parvenue dans un aage plus avancé, s'estant fait instruire des vérités de la religion catholique à l'example de sa sœur, réclama l'autorité du Roy pour estre enlevée des mains de ses parans chez quy elle n'avoit aucune liberté. Des lettres cachet, quy ordonnoient de la mettre dans un couvent, remplirent ses désirs. Elle fut mize dans celluy des Ursulines de Beaulieu (3)...

(*Collection de M. le Dr Morély, d'Argentat*).

---

(1) Ce dernier s'appelait Jean, comme nous l'apprenons d'autre part.
(2) Germain Pradeau, tué en 1699 par le baron de Lachapelle.
(3) Quelle invraisemblance dans ces détails. Comment admettre que Jeanne de Costebadie, élevée jusqu'à l'âge de 16 ans au moins par des parents protestants, ait de son propre mouvement demandé à être enfermée dans un couvent? La requête a été rédigée par quelque prêtre catholique, comme celle que nous reproduisons plus loin sous le n° 18.

17. — Lettres de relief de temps accordées par le roi à Jeanne et Lucie de Costebadie, fille de Jean de Coste badie, ministre d'Argentat. — Orig. sur parchemin, 24 déc. 1717. (1).

Louis par la grâce Dieu roy de France et de Navarre à nos amez et féaux conseillers les gens tenans notre cour de Parlement à Bourdeaux, salut. Nos bien amées Jeanne et Lucie Costebadie nous ont fait remontrer que Jean Costebadie, ministre, leur père, sortit du royaume en 1685 par ordre du feu roy notre très honnoré seigneur et bisayeul, et Jeanne Eschaunie, leur mère, en 1687, lesquels laissèrent les exposantes scavoir la dite Jeanne à Argentat, en Limosin, âgée de cinq ans, et Lucie à Tonins, en Agénois, âgée de quatre ans, et les biens de leur père, situez à Tonins et Fauliet, restèrent entre les mains des nommez Rose et Pasquier, marchands de Tonins. .... En 1688, la dite Lucie Costebadie fut mise aux nouvelles converties de Tonins, sous une pension de 140 ll. réglée par le sieur intendant de la province. La dite Jeanne Costebadie, restée au dit Argentat, eut pour tuteur le nommé de Pradeaux, après le décès duquel arrivé en 1699, la dite Jeanne fut mise aux Ursulines de Beaulieu, de l'ordre du feu roy, où elle abjura les erreurs du calvinisme dans lequel le dit de Pradeaux l'avoit élevée. En 1708, les exposantes furent mises hors de ces couvents faute de pensions. Elles ont trouvé que les biens de Tonins

---

(1) Nous en extrayons seulement les passages qui présentent quelque intérêt historique. Ces lettres mériteraient pourtant d'être publiées en entier.

avoient été saisis dès 1694 sur la teste d'un de leurs frères absent (sans y appeler le tuteur de Jeanne ny Lucie Costebadie), par Marie Costebadie, sœur du père des exposantes.... Pierre Costebadie, un des frères des exposantes, que le père avoit emmené, étant revenu en France, obtint main levée des dits biens de Tonins et Fauliet, par ordonnance du sr. de Bezons, lors intendant en Guyenne, en 1697.... Le dit Pierre Costebadie abandonna (1) de nouveau le royaume en 1702.... Lorsque le père des exposantes sortit du royaume, il avoit laissé une procuration à leur mère avec deux obligations que les nommés Durieu, Ducharlat et Longour avoient consentye en sa faveur, le 31 octobre 1683. Celle-cy, avant d'aller joindre son mary, se démit de son pouvoir en faveur de la dite Grail, sa mère, laquelle étant aussi sortie de France en 1688 (2), il fut fait deux inventaires de ses effets.... [La mère des exposantes] est sortie de notre royaume par ordre du feu roy en 1687, âgée de 33 ans et quelques mois.... Il paroit d'ailleurs par la déposition des témoins ouis.... que la mère des exposantes donna un sac de ses principaux papiers à la dite Dumandre lorsqu'elle fut obligée de s'embarquer de nuit pour éviter d'estre prise, et luy dit en les donnant : « Je vous laisse ce que j'ay de plus précieux en France, que je vous prie de bien conserver, car, si vous les perdiés, vous réduiriés mes pauvres enfans à la mandicité !... »

Donné à Paris, le 24ᵉ jour du mois de décem-

---

(1) Nous nous permettons de modifier le temps du verbe pour la clarté de la phrase.

(2) « Contre les deffences du Roy, » est-il dit plus loin.

bre, l'an de grâce 1717 et de notre règne le troisième.

LOUIS

Par le roy, le duc d'Orléans régent, présent,

PHÉLYPEAUX.

(*Collection de M. le Dr Morély, d'Argentat*).

18. — Extrait d'une requête de Lucie de Costebadie au roi. — Vers 1719. Minute, pap.

. . . .
. . . .

L'époque de l'année 1685 est trop chère à la nation françoise pour pouvoir être oubliée. Les fondemens de la religion furent affermis; ceux qui osoient combattre ses préceptes sacrés furent forcés de prendre la fuite. Lucie de Costebadie perdit un père, mais elle retrouva son Dieu. Elle fut mise entre les mains de personnes qui furent chargées de son éducation et enfermée dans un couvent par les ordres de votre auguste bysaieul (1).

. . . .
. . . .

(*Collection de M. le Dr Morély, d'Argentat*).

19. — Requête des d^{elles} Jeanne et Lucie Costebadie au roi. — Après 1719 (2).

Sur la requeste présentée au Roy en son Conseil par Jeanne et Lucie Costebadie, filles de

---

(1) Cet extrait n'ajoute rien à ce que nous apprennent les précédents ; mais l'esprit qui l'anime est digne d'attention.

(2) Les derniers feuillets manquent, en sorte qu'il est impossible de juger si nous avons affaire à un original ou à une copie.

ministre, nouvelles catholiques, contenant qu'elles représentent aux yeux de Votre Majesté deux objets dignes de sa pitié et de sa justice. Abbandonnées dès leur plus tendre enfance par ceux qui leur avoient donné la naissance, elles se sont trouvées sans appui, sans protection (1). La chicane leur a arraché leur subsistance et elles se trouvent aujourd'huy réduittes dans la dernière misère si Sa Majesté ne leur tend pas un bras secourable. Il est vray que le feu Roy les remit en 1709 dans le même état qu'elles étoient lors de la sortie de leur père en pais étranger et que Sa Majesté, par des lettres patentes des plus authentiques, les releva en 1717 de la prescription qu'on pouvoit leur opposer. Ces lettres les authorisoient de faire la recherche des biens de leur père et mère comme elles auroient pu faire immédiatement après leur retraite, etc.........

(*Collection de M. le Dr Morély, d'Argentat*).

20. — **Extraits de mémoires juridiques, où il est question de Jean de Costebadie, ancien pasteur d'Argentat, et de ses descendants.** — **Premier tiers du XVIIIe siècle.**

Jeanne de Costebadie naquit à Argentat le 24 novembre 1681 et aussy tost le temple de cette ville fut fermé et Costebadie envoyé à Belmon en Périgord pour y baptizer les gens de la religion

---

(1) Les requêtes précédentes contredisent celles-ci sur ce point puisqu'elles affirment que Jeanne de Costebadie fut recueillie par ses parents d'Argentat demeurés protestants. Lucie elle-même avait été laissée par sa mère à Tonneins où résidaient les ascendants de Jean Costebadie, le ministre.

sous une pension de 250 ll. (1) que le Roy lui donnoit. Jeanne Echaunie laissa sa fille entre les mains d'une nourrisse à Argentat et ses meubles à sa mère Anne Degriel, et elle suivit son mary et de là à Tonneins, distant de Belmont d'environ six lieues, d'où elle alloit et venoit, où elle s'acoucha à Tonneins de Lucie Costebadie. (23 avril 1683).

Le Roy ayant révoqué l'édit de Nantes et ordonné aux ministres, leurs femmes et enfants d'embrasser la religion romaine ou de sortir hors du royaume dans quinze jours, à peine d'être regardés criminels de lèze-majesté, Costebadie sortit hors du royaume avec ceux de ses enfans quy feurent en état de le suivre et passant à Bordeaux il envoya une procuration générale à sa femme pour lever son (sic) dot. Elle le suivit peu après avec quelques autres de leurs enfans et, suivant sa lettre de Londres, elle y arriva le 2e aoust 1686.

....

La ditte Jeanne de Costebadie ainsy abandonnée (par sa grand mère passée en Angleterre, 1688) fut pourvue du sieur Pradeau son oncle pour son tuteur, quy la retira chez luy où elle a resté jusques à ce que le baron de Lachapelle eut tué le dict Pradeau (1699).

....
....

Le sieur Pierre sortit du royaume avec sa mère et s'il y est revenu en 1697, il n'y a resté que quelques mois et a repassé dans les troupes

---

(1) Le texte porte 2,500 ll. Mais ce chiffre, reproduit sans commentaire par M. Bombal (Hist. d'Argentat, p. 89), nous paraît tout à fait inadmissible. Ces 2,500 ll. équivalent à cinq ou six mille francs de notre monnaie actuelle. Comment supposer que le roi ait accordé pareil traitement à un ministre de la R. P. R. à la veille de la Révocation ?

des ennemis sans qu'il ait plus paru depuis....
Ce Pierre de Costebadie obtint une ordonnance
de M. de Bezon, intendant de Bordeaux, qui
luy faisoit main levée des biens de son père.
Il en obtint encore une autre de M. de Bernage,
intendant de Limoges, qui lui fesait main levée des
biens de sa mère. Mais ces ordonnances n'eurent
pas d'exécution. La lecture de ces mêmes ordonnances fait voir qu'il venoit tout fraîchement de
porter les armes contre la France, dont il n'en a
jamais été réhabilité.

(*Collection de M. le Dr Morély, d'Argentat*).

AUBUSSON.

21. — **Mémoire de l'avocat Lorride sur les religionnaires
d'Aubusson. — 1634. Impr.**

La décision des différents d'entre les habitans
de la religion prétendue réformée de la ville
d'Aubusson et les habitans catholiques du dit
lieu dépend absolument de savoir si l'exercice
de la religion pr. réformée a esté fait dans la ditte
ville d'Aubusson en 1577 ou ès années 1596 et
1597. Car si ainsi est, conformément aux articles
9 et 10 de l'edict de Nantes, il y doit estre
continué, et s'il n'y avoit point esté fait, il devrait
estre considéré seulement comme un des deux
lieux du bailliage accordez tant par l'article 8 de
l'édict de l'an 1577 que par le onzième de celuy
de Nantes; et en ce cas là l'exercice devroit estre
seulement au faubourg. Mais pour montrer qu'il
doit estre dans la ville à cause qu'il a esté fait en
soixante-dix-sept, ou bien en 1596 et 1597, sont
rapportéez les pièces suivantes :

1° Par l'extraict tiré d'un registre de Martial Mercier, ancien du consistoire de l'eglise prét. réformée d'Aubusson, on voit que maîstre Bergier, ministre de la dite religion p. r. du dit lieu en l'an 1567, demeuroit dans sa maison et qu'il recevoit de luy sa pension; et sont les comptes servants de quittance de la part du dit Bergier signez et dattez du 19 aoust 1567. Dans lequel registre est fait mention pareillement de la naissance de cinq enfans du dit Mercier, baptisez par Defau et Maurelly, ministres de la ditte religion à Aubusson ès années 1565, 1571, 1575 et 1577. Ce qui fait voir qu'en 1577, il y avoit exercice de la dite religion à Aubusson;

2° Une lettre missive en datte du 14 février 1597, signée du ministre et anciens de l'église pret. réf. de Chastillon, adressante aux ministre et anciens de l'église prét. réformée d'Aubusson pour se trouver au synode de Gergeau, tait voir qu'en 1597 il y avoit exercice de la dite religion à Aubusson,

3° Par la discipline ecclésiastique des Eglises prétendues réformées de France écrite à la main en datte du 6 avril 1597, signée Jurieux, ministre, et par vingt quatre des anciens de la dite eglise prét. réformée d'Aubusson, il paroist qu'en la dite année il y avoit exercice;

4° Par autre lettre missive, en datte du 28 juillet 1598, écrite par les anciens de l'église prét. réformée de St-Amand, adressante à celle d'Aubusson pour se trouver au synode de Gergeau, il se voit que l'exercice y estoit continué en la dite année;

5° Par autre lettre missive en datte du 25 septembre 1599, écrite par les anciens de l'église prét réformée d'Argenton, adressante aux ministre et anciens de l'église pr. réformée d'Aubusson, afin de se trouver au colloque qui s'y devoit tenir, il se justifie que le dit exercice y estoit continué la même année;

6° Par l'extrait des actes du synode tenu à Gien, signé du scribe du dit synode, l'on remarque que l'église prét. réformée d'Aubusson a esté taxée pour la contribution des frais d'un synode national tenu à Montpellier le 6 may 1598;

7° Par un papier du consistoire de la dite église prét. réformée d'Aubusson, qui commence le 3 janvier 1599 et finit en l'an 1603, dans lequel sont insérez tous les actes de baptêmes, mariages et affaires survenües dans le dit temps en la dite église, le tout en bon ordre et signé par Jurieux et Jamet, ministres de la dite religion et les anciens : au milieu duquel papier sont aussi insérez les actes d'un colloque tenu à Aubusson les 5 et 6 mars 1600, avec les lettres d'envoy des églises dont les ministres ont assisté au dit colloque, le tout en bon ordre et bien signé, l'on justifie la mesme vérité. Dans le mesme papier il y a des lettres missives attachées qui justifient de l'exercice de la dite religion en la dite ville d'Aubusson et les quittances de l'argent fourni pour les appointements des ministres, et que l'église prét. réformée d'Aubusson recevait annuellement des deniers d'octroy cent vingt cinq livres pour la pension de son ministre;

8° Par un extraict d'un papier baptistaire de l'église prétendue réformée de Guéret, qui commence le 10 juillet 1576 et par un baptesme fait au dit lieu de Guéret par le dit Mourelly, ministre de la dite religion prétendue réformée d'Aubusson; et par un autre article faisant mention que ceux de la dite église prétendue réformée de Guéret estoient venus à Aubusson, le 19 avril 1579, pour y célébrer la cène et pour prendre advis du dit sieur Mourelly, ministre, des affaires de leur église, l'on reconnoist d'autant plus la vérité de ce que dessus; il est vray que le dit papier n'est pas signé; mais l'antiquité de son écriture fait bien voir qu'il est hors de soupçon;

9° Par un contract du 17 février 1583, reçu par Descoux, notaire royal, contenant l'acquisition d'une place par les anciens de la dite église prétendue réformée d'Aubusson, laquelle estoit assise au milieu de la dite ville, derrière leur temple, et qu'ils ont depuis vendüe à Jean Bertrand, par contract du 3 mai 1604, passé dans leur dit temple par Terradon et Boffinet, notaires royaux, qui estoient de la religion catholique, apostolique et romaine; il paroist assez visiblement qu'il y a longtemps qu'ils ont un temple dans la dite ville et nottamment es années 1596 et 1597;

10° Par le procès-verbal et ordonnance de Messieurs les commissaires députez par Sa Majesté, fait à la Souterraine le quinzième septembre 1599, l'exercice de la dite religion prétendue réformée est confirmé en la ville d'Aubusson, et ce après que les dits sieurs commissaires eurent appris, par la bouche des officiers et consuls de la ville de Guéret, qu'il n'y avoit point de ville dans la province de la Marche où il y eust droit d'exercice que dans Aubusson. Ensuite de quoy ils subdéléguèrent les s[rs] Faure et Magistry, lieutenant général et assesseur de Guéret, pour parachever l'exécution de l'édit et leur commission. En conséquence de laquelle subdélégation, les dits commissaires subdéléguez en donnèrent advis à ceux de la dite religion prétendue réformée par lettre du 14 février 1600, par laquelle ils leur mandèrent de conférer avec les catholiques ausquels ils en avoient écrit et qu'ils s'acheminassent à Aubusson pour establir l'ordre requis suivant l'intention de l'édict du Roi;

11° Par arrest contradictoirement donné en la

Chambre de l'édict de Paris, le dernier aoust 1602, il se voit que les commissaires subdéléguez ont adjugé un lieu pour cymetière à ceux de la dite religion, duquel ils jouissent aujourd'huy;

12° Par un contrat de transaction passé le 2 mars 1602, entre Isaac, Jean et Hélie Célérier, frères, d'une part, et les habitants de la dite religion, d'autre, sur le sujet d'une place où est basty leur temple, qui avoit esté auparavant acquise par autre contract du 13 septembre 1570, receu par Louis de La Combe, notaire royal; les dits Célérier frères cédèrent aux dits de la religion prétendue réformée tous les droicts de plus-value et autres prétentions qu'ils pouvoient avoir sur la dite place. Ce qui fait voir que, dès l'an 1570, ceux de la dite religion avoient un temple dans Aubusson et qu'ils le possédaient en 1602, dans lequel temps sont comprises les années 1577, 96 et 97;

13° Dans une requeste présentée à la dite Chambre de l'édit par ceux de la religion prétendue réformée, tendante à faire vuider les procès intentez contr'eux par les catholiques, sous prétexte de réparation qu'ils faisoient faire à leur temple et qu'ils le faisoient couvrir de tuiles, au lieu qu'auparavant il n'estoit couvert que de paille; laquelle requeste fut communiquée à Monsieur le procureur général du Roy et signifiée au procureur des habitans catholiques, le 19 mars 1603, cette vérité est de rechef justifiée;

14° Par un arrest de la dite Chambre de l'édict du 2 juin 1603, donné contradictoirement avec les catholiques sur les conclusions de M. le procureur général du Roy qui ordonna que ceux de la dite religion continueroient leur exercice dans la dite ville, et à cet effet leur fut permis de continuer la construction et rédification de leur temple, avec défense de les y troubler, et enjoint aux officiers des lieux d'y tenir la main et à l'exécution du dit arrest, cette vérité est encore justifiée;

15° Par arest du Conseil du Roy, du 14 juillet 1603, obtenu sur la requeste que ceux de la dite religion prétendue réformée auroient présentée au Roy en son Conseil, au sujet que les catholiques de la dite ville leur avoient fait payer de leurs deniers la place qui leur avoit esté adjugée par les sieurs commissaires subdéléguez pour un cymetière, le Roi en son Conseil ordonna que la somme par eux payée seroit égallée sur tous les habitants d'une et d'autre relligion, pour après leur estre restituée;

16° Par autre procès-verbal et ordonnance des dits sieurs commissaires députez par Sa Majesté, en datte du 5 juin 1612, il paroist que les dits sieurs commissaires, ayant entendu les curés, officiers, consuls et habitans catholiques de la ditte ville d'Aubusson, ensemble les ministres, anciens, consuls et habitants de la dite religion prétendue réformée du dit lieu, ils auroient esté confirmez en leur exercice, avec injonction à tous de continuer de vivre en bonne union et concorde, au désir des édicts de Sa Majesté;

17° En l'an 1634, les grands jours tenans à Poitiers donnèrent un arrest général, le 16 septembre au dit an, en vertu duquel les catholiques d'Aubusson voulurent troubler ceux de la dite religion en la jouissance de leur exercice et temple : Tellement qu'ils furent contrains d'y bailler leur requeste, sur laquelle intervint arrest le 12 octobre ensuivant, par lequel le lieutenant général de la Marche fut député pour informer des contraventions aux édits, si aucune il y avoit pour, le procès-verbal de l'estat des lieux fait, rapporté et communiqué à Monsieur le procureur général du Roy, estre ordonné ce qu'il appartiendroit, et cependant que les édicts seroient exécutez avec défenses d'y contrevenir ny d'attenter aucune chose au préjudice d'iceux, ny démolir le temple de ceux de la dite religion, auquel les catholiques avoient voulu donner atteinte : les choses demeurant en l'estat qu'elles estoient lors et sont de présent jusqu'à ce. que autrement en eust esté ordonné;

18° Par le procès-verbal du dit lieutenant de la Marche du .... novembre 1634, il paroist de la grande distance qu'il y a des trois églises de la dite ville au temple de ceux de la dite religion, duquel la plus prochaine église n'est qu'une petite chapelle qui ne contient pas plus de trente personnes, dans laquelle distance mesme il y a dix-sept maisons. L'église paroissiale en est éloignée de cinq cents pieds et n'a esté bastie qu'en 1611, comme il se justifie par acte produit au procès. La troisième, qui est encore plus éloignée, estoit enfermée dans l'enclos du château de la dite ville, laquelle n'a jamais servy aux habitants du dit lieu. De fait, depuis l'année 1632 que le chasteau fut démoly, la dite église est demeurée fermée, fors que depuis peu d'années les pénitens de la dite ville l'ont fait accommoder pour s'en servir;

19° Outre le dit procès-verbal, il est encore véritable que le lieutenant général fit faire une enqueste composée de 24 habitans des plus aagez de la dite ville, par laquelle ces mesmes véritez paroistroient bien, si les catholiques la vouloient représenter; mais ceux de la dite religion n'en ont jamais peu avoir copie quoy qu'ils aient peu faire.

Toutes lesquelles preuves font voir la vérité de l'énoncé dans la requeste de ceux de la dite religion prétendue réformée.

Response à la production des catholiques.

La production des habitants catholiques de la dite ville d'Aubusson ne contient que deux pièces.

La première est un décret du 29 octobre 1597, commencé en la séneschaussée de Guéret, des biens de feu Jacques de la Combe, de la religion prétendue réformée, auquel, en l'an 1570, la place où est leur temple avoit esté hypothéquée par Anthoine Célérier, aussi de la dite religion, dont les enfants la revendirent à ceux de la dite religion, puis après ; dans lequel décret, qui se faisoit à la poursuite d'Etienne Chemin, le lieu et place où est le temple de ceux de la dite religion estoit compris, bien qu'il n'appartint au dit de la Combe qui n'y avoit que une hypothèque, de laquelle ceux de la dite religion le remboursèrent, avant lequel remboursement il en jouissoit. Auquel décret un des fils du dit de la Combe, maistre Pierre Robichon, Benjamin Barraband, Pierre Roussel, Jean Coulloudon et autres anciens de l'église prétendue réformée d'Aubusson s'opposèrent, tant afin de conservation d'hypothèque qu'afin d'avoir distraction des domaines et héritages compris au dit décret, ce qui se voit par iceluy. Nonobstant laquelle opposition l'on ne laissa pas de passer outre à l'adjudication qui, leur ayant esté signifiée, ils en interjettèrent appel au Parlement de Paris, par le moyen de quoy le décret demeura nul et sans effet, et ceux de la dite religion demeurèrent toujours en possession du dit lieu, sans y avoir en aucune façon esté troublez jusqu'à présent. Tellement que, bien loin que cette pièce nuise, elle sert entièrement à ceux de la dite religion prétendue réformée pour d'autant plus justifier la vérité de ce qui a esté cy-dessus représenté.

La seconde pièce est un prétendu contract d'engagement sous la faculté de rachapt dans deux ans, que l'on prétend avoir esté fait de la dite maison où est le temple, le **21 juillet 1601**, par Jean Célérier : dans lequel contract il n'est point dict pour quelle somme le dit engagement est fait, ayant esté laissé en blanc. Aussy, nonobstant iceluy, le dit **Célérier** l'a vendue un an après purement et simplement. Conséquemment cette objection est totalement éloignée de raison.

Sont les raisons pour lesquelles ceux de la dite religion, justifiant très clairement ce qu'ils allèguent par leur requeste, ils espèrent l'adjudication entière de leurs conclusions avec dépens.

LORIDE, avocat.

(Au dos est écrit) :

Aubusson, jugé.

(*Archives nationales, T. T. 259*).

---

32. — **Analyse de quelques documents originaux des Archives nationales relatifs à l'église réformée d'Aubusson. — 1662-1667.**

24 octobre 1662. — Ordonnance contradictoire de M. de Pommereu et du comte de Bellet, commissaires nommez pour la connaissance des différens d'entre les habitants catholiques de la ville d'Aubusson et ceux de la religion prétendue réformée, par laquelle il a esté ordonné que les convois et enterremens des morts de la religion prétendue réformée seraient faits devant soleil levé et après soleil couché, et qu'ils ne seroient accompagnez que de dix personnes des plus

proches parents; et qu'à l'égard de l'exercice de la religion prétendue réformée, demandé par ceux de la dite religion et empesché par les catholiques, et pour la démolition du temple, qu'il en serait refféré au Conseil par les dicts commissaires.

9 mars 1663. — Arrest du Conseil donné au commandement sur le refféré, par lequel il a esté fait deffense de faire aucun exercice public de la dite religion prétendue réformée en la dite ville d'Aubusson et ordonné que le temple sera démoly et qu'il en sera construit un autre esloigné de cinq cents toises de la dernière maison de l'un des fauxbourgs de la ditte ville.

19 mars 1663. — Arrest du Conseil pour toutes les villes du royaume, dans lequel Sa Majesté interprétant les arrêts dudict Conseil des 7 aoust et 13 novembre 1662, a ordonné que dans les villes où l'exercice public est estably et permis, que les convois et enterremis des morts de la dite religion seroient faits aux heures indiquéez par les dits arrêts et qu'aux convois toutes personnes pourroient assister; et que pour les autres villes et lieux où l'exercice n'est point estably ni permis, que les dicts arrests du Conseil, par lesquels il a esté ordonné qu'il n'assisteroit aux dits convois que dix personnes, seroient exécutez selon leur forme et teneur et enjoint aux gouverneurs et lieutenant général d'y tenir la main.

20 avril 1666. — Déclaration confirmant (dans l'article 24) la précédente.

23 décembre 1666. — Arrest du Conseil surpris par les dits habitants de la ville d'Aubusson qui font profession de la religion prétendue réformée sur leur requeste par laquelle, aiant caché les deffenses portées par les précédents arrests de faire aucun exercice public de la dite religion dans le dict lieu d'Aubusson et au contraire aiant supposé

qu'ils avaient ce droit, ils ont obtenu le dict arrest, par lequel ils ont fait régler la forme et l'heure de leurs convois, comme pour les lieux où l'exercice public est permis et ordonné qu'ils seront accompagnez de 30 personnes.

Les habitans catholiques se plaignent de cest arrest, contraire à l'ordonnance du dict sieur de Pommereu et à la déclaration du Roy du mois d'avril 1666, de ce que ceux de la dicte religion prétendue réformée, sous prétexte de cet arrest qui leur a permis de faire trouver toutes personnes à leurs convois, les font aux heures défendues, ce qui cause un grand scandale et beaucoup de contestation entre les habitants catholiques et ceux de la religion prétendue réformée.

12 mars 1667. — Les habitants catholiques ont donné leur requeste au sieur intendant et commissaire départy qui les a renvoyez au Conseil de 1667. Depuis lequel temps ils ont encore souffert les assemblées scandaleuses de ceux de la dite religion prétendue réformée. Ils demandent à présent que, sans s'arrester à l'arrest du 23 décembre 1666 et conformément, il soit ordonné que les morts de la religion prétendue réformée, en la dicte ville d'Aubusson où l'exercice n'en est pas permis, ne pourront estre enterrez que devant le soleil levé et après...... et enjoint au sieur gouverneur...... d'y tenir la main

(*Au dos est écrit :*)

Extrait de la requeste des habitans de la ville d'Aubusson, contre ceux de la religion prétendue réformée au sujet des enterrements de leurs morts.

(*Archives nationales T. T. 259*)

23. — **Requête au Roi par les habitants d'Aubusson faisant profession de la religion prétendue réformée, relative à leurs contestations avec les habitants catholiques de cette ville. — 1662 (?) Imp.**

Au Roy,

Sire, les habitants de la ville d'Aubusson, bailliage de la Marche, faisant profession de la religion prétendue réformée, remontrent très humblement à Votre Majesté que l'art. IX de l'édit de Nantes permet à ceux de la dite religion de faire et continuer leur exercice en toutes les villes et lieux de l'obéissance de Vostre Majesté, où il estoit par eux estably et fait publiquement par plusieurs et diverses fois ès années 1596 et 1597 : et par le dixième article du dit édict, il est dit que le dict exercice seroit estably et restably en toutes les villes et places où il auroit été estably ou deu estre par l'édict de pacification fait en l'année 1577. Articles particuliers et conférences de Nérac et Flex. — Suivant lequel édict de soixante-dix-sept, eû l'article septième, il est permis à ceux de la dite religion de faire et continuer l'exercice d'icelle en toutes les villes et bourgs où il se trouva publiquement fait au dix-septième du mois de septembre au dit an. En exécution duquel édict le Roy Henry IV, vostre ayeul, ayant envoyé des commissaires dans les provinces, ceux qui furent députez dans celle de la Marche s'estans transportez à la Sousterraine, ils mandèrent les officiers et consuls de la ville de Guéret, capitale de la province, pour s'informer d'eux des villes et lieux de la dite province où il y avoit exercice de la dite religion prétendue réformée ; qui auroient dit n'y avoir aucune ville dans la dite province où se fist le dit exercice, que dans celle du dit Aubusson. Sur quoy ils auroient rendu leur ordonnance, portant que, pour lors, l'exercice de la dite religion prétendue réformée seroit continué au dit lieu d'Aubusson en toute liberté, suivant les édicts, comme y ayant esté fait au mois de septembre 1577, ou ès années 1596 et 1597, si tant est qu'il y eust esté, soit comme lieu de bailliage, tant en conséquence de l'article 8 de l'édict de 77, qu'aussi parce que suivant l'article unzième du dit édict de Nantes, outre les autres lieux d'exercice dont il est parlé dans les articles 7, 8, 9 et 10, il est expressement porté que d'avantage en chacun des anciens bailliages, sénéchaussées et gouvernemens tenans lieu de bailliages, ressortissans nuement et sans moyen ès cours de Parlement, ès fauxbourgs d'une ville (outre ceux accordez par l'édict de 77, articles particuliers et conférences, et où il y avoit des villes, en un bourg ou village), l'exercice de la dite religion prétendue réformée se pourroit faire publiquement pour tous ceux qui y voudroient aller ; en sorte que, n'y ayant point d'autre lieu d'exercice dans tout le bailliage de la Marche, c'estoit encore une raison confirmative de leur droict, Et pour ordonner à ceux de la dite religion d'un lieu de bailliage, au cas qu'ils eussent droict de le continuer au dit Aubusson, et, en tout cas, d'un second lieu, s'ils le requéroient, et pour le surplus des contestations d'entr'eux pour l'exécution de l'édict de Nantes, les dits seigneurs commissaires subdéléguèrent les officiers des lieux, qui, s'y estans transportez, confirmèrent ceux de la dite religion en l'exercice de leur religion au dit lieu, et leur firent délivrer un cymetière. De fait, ils pouvoient d'autant moins y estre troublez qu'ils justifièrent que dès le 13 septembre 1570 ils avoient acquis le lieu où estoit leur temple, où ils faisoient leur exercice. Dans laquelle acquisition, ayant esté troublez par celuy qui l'avoit vendu, ils furent contraints de luy payer un supplément, comme il appert par un contrat du sixiesme mars 1602. Mais les habitants catholiques des dits lieux, ayans cherché occasion de troubler ceux de la dite religion en leur droict, ils furent contraints de se pourvoir en vostre Chambre de l'édict de Paris où intervint arrest contradictoire le 2 juin 1603, par lequel fut ordonné que les suppliants continueroient l'exercice de leur dite religion en la dite ville d'Aubusson, au lieu mentionné dans leur requeste, avec permission de faire continuer la rédification du dit lieu et défenses de les y troubler ; en conséquence de quoy la dite rédification fut faite. Depuis, d'autres commissaires ayant esté députez en l'an 1612 pour l'exécution de l'édict de Nantes, qui se transportèrent en la dite ville d'Aubusson, toutes les parties intéressées ayant esté ouyes, il y eut ordonnance en date du cinquième juin au dit an, qui maintient les supplians au dit droict, enjoignant aux uns et aux autres de vivre en concorde et union. En l'an 1634, les catholiques ayant voulu troubler ceux de la dite religion prétendue réformée dans leur dit droict, sous prétexte d'un arrêt donné aux grands jours, tenans à Poictiers le 16 septembre au dit an, les supplians furent obligez d'y bailler leur requeste par laquelle, ayant demandé d'être reçeus opposans à l'exécution d'iceluy et maintenus et gardez en la dite ville d'Aubusson, ainsi qu'ils avoient accoustumé, suivant les édicts et arrests de la Chambre de l'édict, les dits grands jours rendirent arrest le 12 octobre au dit an, portant qu'il seroit sommairement informé des contraventions à l'édict de Nantes, si aucunes y avoit, et fait procès-verbal des lieux, pour ce fait et communiqué à vostre procureur général, estre ordonné ce que de raison ; cependant seroient les dits édicts de pacification exécutez selon leur forme et teneur, et que les choses demeureroient en l'estat qu'elles estoient. Or, bien qu'après toutes les sus dites preuves indubitables, les supplians ne puissent raisonnablement estre troublez en l'exercice de leur dite religion dans la dite ville d'Aubusson, au temple qu'ils y ont, néantmoins, le 9 mars dernier, les habitans catholiques de la dite ville s'adressèrent au sieur de Pommereu, conseiller en vos conseils, intendant de la dite province, pour y demander la démolition du dit temple et autres choses contre la disposition des édits, pour lesquels il y avoit procès entre les dites parties longtemps auparavant, en vostre Chambre de l'édict de Paris, où elles procédoient volontairement : lequel sieur de Pommereu auroit rendu son ordonnance le dit jour, portant que leur requête seroit communiquée aux supplians qui, voyant qu'on vouloit tirer par voyes indirectes cette affaire de vostre Chambre de l'édict, juges naturels, pour la porter tant devant quelques juges des lieux à eux suspects que devant le dit sieur de Pommereu, ils se seroient pourveus en vostre dite Chambre de l'édict à Paris, ainsi qu'il appert de l'arrest du 8 may, et, par exploict du 23 du dit mois, ils y auroient fait assigner les dits catholiques. Mais depuis ils ont esté attirez tant devant le dit sieur de Pommereu que devant le sieur comte de Blet (*sic*), commissaires députez par Vostre Majesté pour informer des contraventions faites à l'édict de Nantes, où s'est formé un partage entr'eux, sur ce que le dit sieur de Pommereu a esté d'avis d'ordonner que le temple des supplians

13

sera démoly et qu'il leur sera pourveu d'un autre lieu hors de la ville et fauxbourgs de la dite ville d'Aubusson, à cinq cents toises de distance de la plus éloignée maison, sans qu'il ait rapporté aucunes raisons de son advis ; aussi ne les pouvoit-il pas trouver dans la disposition de l'édict de Nantes. Et, à l'égard du dit sieur comte de Blet, se fondant sur les raisons tirées de l'édict de Nantes et rapportant les preuves qu'il a trouvées, que les suppliants sont totalement dans l'estat des dispositions des articles 9 et 10 du dit édict, et ayant remarqué qu'il n'y avoit rien qui parust pourquoi on peust dire que leur exercice dans le temple, que ont eu d'ancienneté les dits habitants dans la dite ville, fust incommode et en occasion de troubler en aucune façon les dits catholiques, il auroit esté d'advis de ne rien innover et laisser à ceux de la dite religion l'exercice libre d'icelle au même lieu qu'ils l'avoient accoustumé ; ainsi qu'il appert du procès-verbal des dits commissaires du 19 janvier 1663. Et parce que, conformément à leur commission, ils ont renvoyé leur procès-verbal pardevant Vostre Majesté, elle peut reconnaistre facilement que, s'il y a lieu de prononcer définitivement, ce doit estre suivant l'advis du dit sieur comte de Blet. Mais parce que Vostre Majesté a de coustume, lorsqu'il se rencontre de tels partages d'opinions et qu'il y a déjà procès pour raison de ce, en quelque Chambre de l'édict, d'y renvoyer les parties afin d'y estre procédé à un plus particulier examen de leurs droicts, et paroissant par ce qui a esté représenté cy-dessus qu'auparavant que les dits sieurs commissaires députez par Vostre Majesté pour informer des contraventions à l'édict de Nantes, la chambre de l'édict estoit saisie des dits différents :

A ces causes, Sire, plaise à Vostre Majesté renvoyer en vostre Chambre de l'édict de Paris les parties pour y procéder sur leurs dits différents et y estre le dit partage terminé, conformément à l'édict de Nantes : sinon, qu'il plaise dès à présent à Vostre Majesté confirmer l'advis du dit sieur comte de Blet, totallement conforme à la disposition des édicts. Et les suppliants continueront leurs prières pour la santé et prospérité de Vostre Majesté.

Loride, Avocat.

(*Archives nationales, T. T. 259*).

24. — Analyse de trois arrêts du Conseil (1662-63), d'une ordonnance contradictoire de l'intendant (1662), d'une déclaration du Roi (1666) et d'une pétition des catholiques (1667) au sujet de l'exercice de la religion prétendue réformée à Aubusson. — Orig.

24 octobre 1662. — Ordonnance contradictoire de M. de Pomereu et du sr comte de Bellet, commissaires nommez pour la connoissance des différends d'entre les habitans catholiques de la ville d'Aubusson et ceux de la religion prétendue réformée, par laquelle il a esté ordonné que les convois et enterrements des morts de la dite religion prétendue réformée seroient faits devant soleil levé et après soleil couché, et qu'ils ne seroient accompagnés que de dix personnes des plus proches parens, et qu'à l'esgard de l'exercice public de la religion prétendue réformée, demandé par ceux de la dite relligion et empesché par les catholiques, et pour la démolition du temple, qu'il en seroit refféré au Conseil par les dits commissaires.

9 mars 1663. — Arrest du Conseil donné en commandement sur le refféré, par lequel il a esté

fait deffences de faire aucun exercice public de la dite religion prétendue réformée en la dite ville d'Aubusson et ordonné que le temple sera démoly et qu'il en sera construit un autre esloigné de cinq cents toises de la dernière maison de la dite ville.

19 mars 1663. — Arrest du Conseil pour toutes les villes du royaume, par lequel Sa Majesté, en interprétant les arrests du dit Conseil des 7 aoust et 13 novembre 1662, a ordonné que, dans les villes où l'exercice public de la dite religion prétendue réformée est étably et permis, que les convois et enterremens des morts de la dite relligion seroient faits aux heures portées par les dits arrests et qu'aux dits convois toutes personnes pourroient assister.

Et que pour les autres villes et lieux où l'exercice de la religion prétendue réformée n'est point estably ny permis, que les dits arrests du Conseil des 7 août et 13 novembre 1662, par lesquels il a esté ordonné qu'il n'assisteroit que dix personnes aux dits convois et enterremens, seroient exécutez selon leur forme et teneur, et enjoint aux gouverneurs et lieutenans généraux d'y tenir la main.

2 avril 1666. — Déclaration du Roy, par l'article 24 de laquelle il a esté encore ordonné que dans les villes et lieux où l'exercice de la dite religion prétendue réformée n'est point permis, que les convois ne seront que de dix personnes.

23 décembre 1666. — Arrest du Conseil surpris par les habitans de la dite ville d'Aubusson qui font profession de la dite religion prétendue réformée, sur leur requeste par laquelle aiant caché les deffences portées par les précédens arrests de faire aucun exercice public de la dite relligion dans le dit lieu d'Aubusson, et au contraire aiant supposé qu'ils avoient ce droit, ils ont obtenu le

dit arrest par lequel ils ont fait régler la forme et l'heure de leurs convois et enterremens comme pour les lieux où l'exercice public de la dite relligion est permis, et ordonné qu'ils seront accompagnez de trente personnes.

Les habitants catholiques se plaignent de cet arrest contraire à l'ordonnance du dit sieur de Pomereu et aux précédens arrests du Conseil et à la déclaration du Roy du mois d'avril 1666 qui en a disposé autrement, et de ce que ceux de la dite religion prétendue réformée, sous prétexte de cet arrest qui leur a permis de faire trouver toutes personnes à leurs convois et enterremens, les font aux heures deffendues, ce qui cause un grand scandale et beaucoup de contestations entre les dits habitans catholiques et ceux de la dite relligion prétendue réformée.

12 mai 1667. — Les habitans catholiques ont donné leur requeste au sr intendant et commissaire départy qui les a renvoyez au Conseil dez l'année 1667; depuis lequel temps ils ont encore souffert les assemblées scandaleuses de ceux de la dite religion prétendue réformée.

Ils demandent à présent que, sans s'arrester à l'arrest du 23 décembre 1666 et conformément à l'ordonnance du dit sr de Pomereu et aux arrests du dit Conseil des 7 aoust et 13 novembre 1662, 19 mars 1663 et 20 février 1664, il soit ordonné que les morts de la dite religion prétendue réformée en la dite ville d'Aubusson où l'exercice public n'est pas permis, ne pourront estre enterrez que devant le soleil levé ou après le soleil couché et sans qu'aux convois et enterremens il y puisse assister plus de dix personnes, à peine de désobéissance et d'estre procédé contre les contrevenans selon la rigueur des édicts et ordonnances, et enjoint au sr gouverneur de la province et au commisssaire départy dans les dites générallitez de Bourbonnois et Berry de tenir la main à l'exécution de l'arrest qui sera rendu.

(Au dos est écrit) :
Aubusson, joindre à la requeste.

Extrait de la requeste des habitants catholiques de la ville d'Aubusson contre ceux de la religion prétendue réformée, sur le fait des enterremens et de leurs corps morts.

N'a pas été rapporté et les pièces ont été rendues à Me du Manoir, advocat.

(*Archives nationales, T. T. 259*).

25. — **Déclaration des sieurs Couloudon, l'aîné, Mercier et Matheyron de la religion prétendue réformée, touchant l'acquisition d'un cimetière, d'une école et d'un temple. — 1679. Copie du temps.**

Par devant nous nottaire royal susdit et soussigné, se sont comparus les sieurs Jean Coulloudon l'aisné et Antoine Mercier et Philippe Matheyron, faisans tant pour eux que pour tous les habitans faisans profession de la relligion prétendue réformée en ceste ville d'Aubusson, estans anciens d'icelle, lesquelz en la dite qualité, ont dit et déclaré qu'ils sont propriétaires et possesseurs, tant par acquisitions faites par les précédents anciens de leur dite religion et leurs autheurs que par eux-memes, d'une place renfermée de murailles, située au lieu du Pré-Vigier, pour leur cimetière, contenant environ une quartellée de terre assemée de chanvre, joignant d'orient au jardin des hoirs à feu Jean Prugnié, du midy à autre place du Pré-Vigier de ceste dicte ville, d'occident au jardin des hoirs de M. Gilles Rabichon. Plus une maison servant pour tenir leur escolle sittuée dans le faultbourg de Bat de ceste dicte ville, couverte en thuille, composée de deux bas qui se joignent avec une petite cour, chambre, antichambre et allée conduisant de la rue dans la chambre, et grenier et autre petit grenier joignant d'orient à la maison de Jacques Delavaut, du midy à la rue du fauxbourg de Bat, d'occident à la maison de Pierre de la Seiglière et du septentrion à la rue prosche le ruisseau qui descoulle tout le long et au milieu de ceste rue. Plus la contenance de six boissellées de terre sittuée dans le tènement et terre de la Seiglière en la paroisse de ceste ville d'Aubusson, nommée de Combesaude avecq un chemin qui y conduit et estant dans le dit tènement et tout ainssy que le dit chemin est spécifié dans un procès-verbal qui en fut fait par Mgr de Pommereux, cy devant intendant en la généralité de Moulins, le cinquiesme avril 1663, joignant d'orient à une terre appartenant à M. Pierre de la Combe, du midy et couchant aux communaux de la Basse-Seiglière, du septentrion à la dite terre du dit sieur dela Combe et à un petit coin de la terre appartenant au sieur Jean du Monteil l'aisné, dans lesquelles dictes six boissellées de terre y a un enclos renfermé de murailles contenant environ trois boisselées où est basty leur temple pour l'exercice de leur dicte relligion, couvert à thuilles, ayant en longueur environ 64 pieds et demi, en largeur 24 pieds ou environ, d'hauteur inégalle à cause de sa situation, néanmoins au plus haut d'environ 11 pieds avec une maison en forme de grange, composée de trois bas, un grenier occupant les deux tiers du dit bastiment et dans l'autre tiers une petite chambre, avec un autre petit grenier dérobé, le tout couvert à thuilles et soubz un mesme toit et en mesme hauteur que le dit temple, auquel bastiment joint une petite descharge faicte d'ais, avec une couverture de bardeaux appuyant sur la dite muraille du dit clos.

Déclarent aussy avoir pareillement acquis des habitans et tenanciers du village de Marchedieu un chemin de la largeur de six pieds pour aller du dit village à leur dit temple, joignant des costés de midy aux terres des habitans du dit village. Comme aussy ont acquis des habitans et tenanciers dudict village de la Seiglière un autre chemin de la largeur de huit pieds, à prendre depuis celluy cy-dessus acquis pour aller jusques dans leur temple; joignant icelluy chemin des costés de midy et septentrion aux terres des habitans du dict village de la Seiglière. Tous lesquels susdicts héritages les dits comparant déclarent tenir en tous drois de directité franche du roy à cause de ses domaines et chastellenie de cette dicte ville d'Aubusson, portant lots et vente à raison de 20 deniers pour livre, prélation et banalité, et sous la redevance solidaire de sept livres dix sols de taille franche par chacun an, au terme de Noel, et de deux deniers par feu pour le paccage d'une beste hovaille que chacun des dits habitans ont droit de faire paccager dans les forests de Rochetaillade, Chastre, Redondet et les Bruyères, et encore la taille aux quatre cas; et pour chacun d'iceux advenant la somme de quinze livres; laquelle redevance les dits comparans promettent et s'obligent payer à l'advenir sollidairement avec des autres habitans de la dite ville d'Aubusson à la recepte des domaines de Sa Majesté, ses successeurs et ayant cause, avec les droits et devoirs seigneuriaux quant ils escherront, suivant la coutume des lieux.

Fait et passé à Aubusson, maison ordinaire, à

ce présent le notaire royal soubsigné, en présence de Léonnard Duchier et Charles Archimbaud, praticiens de Chénerailles, qui ont signé avecq les dits comparans, le 28ᵉ jour du mois de juin 1679 avant midy.

Archambaud.

(*Arch. dép. de la Creuse. C. 1. Terrier de la châtellenie d'Aubusson, f° 11. — Déja publié par M. L. Duval, dans l'appendice de sa brochure*, Un épisode de la révocation, *Limoges, 1875.*)

26. — **Analyse de quelques documents originaux des Archives nationales relatifs à l'église réformée d'Aubusson. — 1683-1685.**

Sentence du 3 novembre 1683 par laquelle le sindic du diocèse de Limoges a esté receu partie intervenante sur ses remontrances que le dit temple, transféré d'Aubusson à Combesaude, a esté édifié contre les termes de l'édict de 1598. En conséquence de l'arrest du Conseil d'Estat du 9 mars 1663, les parties remises à se pourvoir devant nous et nostre Conseil et, pour les cas résultans du procès, ordonné que le dit Jacob demeurera privé pour toujours de faire aucunes fonctions de son ministère dans le royaume et interdit pour jamais de l'exercice de la dicte religion dans le dit temple de Combesaude, lequel à cet effet sera démoly. — Autre sentence du 5 du dit mois, que la précédente seroit exécutée nonobstant l'apel, ce faisant que les portes du dit temple soient fermées, avec deffenses à toutes personnes d'y faire l'exercice de la dicte religion. Requeste des ministre et anciens, à ce qu'il soit ordonné que, sur l'appel des dictes sentences, les parties procèderont de la manière accoutumée et cependant deffenses de mettre les dictes sentences à exécution, ce faisant que leur temple sera ouvert. — Lettres de Louis XIV accédant à la requeste (10 février 1684), à la charge des habitans de la religion prétendue réformée de faire vuider l'apel dans trois mois.

Procès-verbal (20 février 1684) de Léonard Coullaud, sergent royal immatriculé en la sénéchaussée de la Marche à Guéret, résidant au bourg de la Cour, constatant que le sieur Lombard, greffier de la chatellenie d'Aubusson, a refusé de donner les clefs du temple, remises entre ses mains, d'après procès-verbal du 6 novembre 1683. Cinq particuliers déposent que le nommé Deschazaux, tapissier, fit abjuration en mars 1681, et que depuis, quelques uns de ses enfans estoient allez au temple d'Aubusson, dont un garçon avait environ onze ou douze ans et la fille dix, lesquels se convertirent quelque mois après.

— Sur cela et veu la procédure dont est fait mention dans la précédente lettre comme aussi un *procès-verbal* du 3 septembre 1684 du chastelain d'Aubusson qui justifie que les ministres et anciens ont fait l'exercice pendant que l'évêque de Limoges faisoit sa visite, M. de Creil a rendu ses ordonnances du 24 mars (1685) portant que le temple d'Aubusson appelé Combesaude seroit fermé, les clefs à luy remises, avec défense de faire l'exercice, et ce nonobstant opposition ou appellations quelconques.

24 mars 1685. Pierre Bauffinet, tanneur, dépose que s'estant converty, il y a trois ans quelques mois, à la foy catholique, il n'est sorte de persécution que ceux de la religion prétendue réformée ne luy avoient fait souffrir en haine de sa convertion, ayant mesme obligé son fils à le quitter dans sa vieillesse et luy ayant fourny de

l'argent pour le faire aller à Genève ; depuis il ne l'a point veu.

(*Archives nationales, T. T. 259*).

27. — **Arrêt du Parlement de Paris contre les protestants d'Aubusson.** — **1684. Copie du temps.**

Louis, par la grâce de Dieu Roy de France et de Navarre, au premier nostre huissier ou sergent sur ce requis, salut. Sçavoir faisons que veu par nostre cour de Parlement le procès criminel fait par le juge chastelain d'Aubusson à la requeste du substitut de nostre procureur général contre M⁰ Jean-Antoine Jacob, ministre de la religion prétendue réformée au temple de Combesaude, François Mercier et Pierre Tixier sieur de Lannouneix, défendeurs, sentence du trois novembre dernier par laquelle le scindic du clergé du diocèse de Limoges auroit esté reçeu partie intervenante sur ses remontrances que le dit temple, transféré d'Aubusson à Combesaude, a esté édifié contre les termes de l'édit de 1598; en conséquence de l'arrêt du Conseil d'Etat du 9ᵉ mars 1663, les parties remises à se pourvoir par devers nous et nostre Conseil, et pour les cas résultants du procès, ordonné que le dit Jacob demeurera privé pour toujours de faire aucunes fonctions de son ministère dans le royaume et interdit pour jamais de l'exercice de la religion dans le dit temple de Combesaude, lequel à cet effet sera démoly ; autre sentence du cinq du dit mois, rendüe sur la requeste du dit scindic portant que la précédente seroit exécutée nonobstant l'appel, ce faisant que le dit temple seroit fermé et les portes d'iceluy scellées avec deffenses à toutes personnes d'y faire l'exercice de la dite religion ; requeste présentée par les ministre et anciens de la religion prétendue réformée à Aubusson, à ce qu'il soit ordonné que, sur l'apel des dites sentences des trois et cinq novembre, les parties procèderont en la manière accoutumée, et cependant défenses de mettre les dites sentences à exécution, ce faisant, que leur temple sera ouvert; veu aussy les pièces attachées à la dite requeste, signée Menouvrier; conclusions de nostre procureur général; ouy le rapport de nostre ami et féal conseiller Noël le Boult; tout considéré, nostre dite cour ordonne que sur le dit apel les parties procèderont en icelle en la manière accoustumée, cependant fait deffense d'exécuter les dites sentences, et sera le temple des supliants ouvert, à la charge par eux de faire vuider le dit appel dans trois mois. Sy te mandons qu'à la requeste des supliants on mette le présent arrest à deüe et entière exécution, de ce faire te donnons pouvoir. Donné à Paris en nostre cour de Parlement, le dixiesme février 1684. Signé par Lassambre de la Baume et scellé aux armes de Sa Majesté.

L'an *1684*, le vingtiesme février, avant midy, en vertu d'arrest de nos seigneurs de Parlement du dix du présent mois, dont copie est ci-dessus, et à la requeste de Mᵉ Jean-Antoine Jacob, ministre de la religion prétendue réformée de ceux de la dite religion de cette ville d'Aubusson, Jean Coulloudon et André Bertrand, anciens de la dite religion, habitans en la dite ville, tant pour eux que pour les autres de la dite religion qui ont fait eslection de domicile pour l'effect des présentes en la ville de Paris, maison de Mᵉ Manouvrier, leur procureur en la cour de Parlement, et, autant que besoin seroit, en cette ville d'Aubusson, maison de Mᵉ Michel Bertrand, leur procureur en icelle, je, Léonard Coullaud,

sergent royal immatriculé en la sénéchaussée de
la Marche à Guéret, résidant au bourg de la Cour,
soubzsigné, me suis exprès porté au domicile de
M⁰ Claude Rubin sieur de Vialeix, conseiller
procureur du roi de cette ville et chastelain
d'Aubusson, y résident, où estant et parlant à
son valet, je luy ay signifié et deubment fait
scavoir le contenu au dit arrest dont copie est
ci-dessus, duquel je lui ai délivré copie afin qu'il
n'en ignore, et au mesme instant et sans me
divertir à autres actes, me suis exprès porté, à
la mesme requeste, au domicile cy-dessus des
dits sieurs Jacob, Coullaudon et Bertrand, tant
pour eux que pour tous les autres habitans de
la dite religion prétendue réformée, au domicile
de Mᵉ François Lombard, greffier de la chastellenie de cette ville d'Aubusson, y résidant, où
estant et parlant à sa servante, laquelle m'a
déclaré qu'il est absent, je luy ay signifié et
deubment fait à sçavoir le contenu au susdit
arrest, duquel je luy ay aussy délivré la présente
copie, et par même l'ay sommé et fait commandement de me dellivrer, ou au dit Bertrand à ce
présent, les clefs du dit temple de Combesaude
qui ont esté déposées entre ses mains, suivant le
procès-verbal du sixième novembre dernier, afin
que les dits sieurs Jacob, Coullaudon, Bertrand
et autres puissent faire l'ouverture de leur dit
temple, au désir du dit arrest, pour y faire leur
exercice ordinaire, comme ils ont fait cy-devant.
Et faute de faire par le dit sieur Lombard la
remise et délivrance des dites clefs, j'ay protesté
pour et au nom des dits sieurs Jacob, Coullaudon,
Bertrand et autres, de faire faire l'ouverture du
dit temple dans ce jourd'huy, dimanche du matin,
et de se plaindre à nos seigneurs de la cour du
refus qui seroit fait par le dit sieur Lombard, et
de recouvrer contre luy en son propre et privé

nom tous les dépens, dommages et intérêts que les dits sieurs Jacob et habitans de la dite religion pourront souffrir et de tout ce qu'ils peuvent et doivent protester en cas de refus, et de tous les évènements qui pourront s'en en suivre.

Signé : Coulaud, sergent royal.

(Au dos est écrit) : Arrest touchant le temple d'Aubusson.

Envoyé par M. de Creil, le 6 avril 1685.

(*Archives nationales, T. T. 259*).

27 bis. — Lettre de l'intendant de Moulins à....? concernant les religionnaires d'Aubusson. — 1685. Orig.

30 mars 1685.

Monsieur,

Pour vous rendre compte plus exactement de ce que j'ay fait à Aubusson d'où je viens d'arriver, je vous envoye le procès-verbal que j'y ay dressé des contraventions commises par les ministre et anciens aux déclarations et réglemens concernant ceux de la religion prétendue réformée; l'ordonnance que j'ay rendüe ensuite sur les motifs y contenus, portant que leur temple seroit fermé, jusques à ce que le Roy y ait pourveu, avec deffenses de faire aucun exercice, et le procès-verbal d'exécution de mon ordonnance. Après la closture du temple, le ministre me demanda permission de baptiser les enfans, et je la luy donnay, à la charge que ce ne sera que dans les maisons particulières, sans aucune assemblée et sans faire autre prière que celle du baptesme. Il me demanda aussy la permission de marier, mais je la luy refusay, la nécessité ne me paraissant pas si urgente pour le mariage comme pour le baptesme.

Ceux de la dite religion prétendue réformée me vinrent ensuite représenter qu'ils avoient quelques affaires commancées sur lesquelles il leur estoit nécessaire de conférer, comme pour le payement de six mois escheus du ministre et du lecteur, aussy bien que pour amasser quelques deniers pour pourvoir contre mon crdonnance, et si je ne trouverois pas bon qu'ils s'assemblassent pour délibérer. Comme ils avoient obéy avec assès de soumission, je crus leur devoir cette justice, et ils tinrent en ma présence une espèce de consistoire, dans lequel ils firent le rôle cy-joint (1).

Pendant deux jours que j'ay demeuré à Aubusson, j'ay fait aux nouveaux convertis quelques aumosnes et menües libéralités dont j'auray l'honneur de vous rendre un compte particulier.

J'ai exhorté en général et en particulier tous ceux de la religion prétendue réformée à sortir de l'erreur où ils sont. Comme le peuple d'Aubusson est assès grossier, il y a lieu de croire que si l'espéranco de ravoir le temple estoit une fois ostée, on verroit beaucoup de conversions.

Je suis avec un très grand respect, Monsieur, vostre très humble et très obéissant serviteur.

DE CREIL.

Moulins, le 30 mars.

(*Archives nationales, T. T.* 259).

---

(1) Publié par M. Cyprien Pérathon dans sa récente *Histoire d'Aubusson* (1896, p. 448). Ce rôle, conservé aux Archives nationales (T. T. 259), porte la date du 25 mars 1685. Il énumère cent seize souscripteurs. Le total de leurs contributions s'élève à la somme de 483 livres 8 sols.

28. — Signification de l'ordonnance de l'intendant de Moulins, faisant mention de la remise des clefs du temple de Combesaude, près Aubusson. — Mars 1685. Orig.

L'an mil six cent quatre-vingt-cinq, le vingt-cinquiesme jour de mars, en exécution et en vertu de l'ordonnance de Monseigneur de Creil, conseiller du Roi en tous ses Conseils, m^e des requestes ordinaire de son hostel, intendant de la justice, police et finances en la généralité de Moulins, du 24e du présent mois, et à la requeste du scindic du diocèse de Limoges, je, Toussaint Lallier, garde de la prévosté de l'hostel et prévosté générale de France, servant près la personne de mon dit sieur de Creil, me suis exprès transporté au lieu de Combesaude où le temple de ceux de la religion prétendue réformée de la ville d'Aubusson a été transféré, où estant au devant de la principalle porte et entrée d'iceluy, et parlant aux ministre et anciens de ceux de la dite religion prétendue réformée, je leur ay signifié et deubment fait à sçavoir le contenu en l'ordonnance de Monseigneur de Creil du dit jour et à eux fait les deffenses portées par icelle, mesme fait commandement de me donner présentement toutes et chacunes clefs du dit temple, au désir de la dite ordonnance, pour les remettre entre les mains de mon dit seigneur l'intendant. A quoi obtempérant, le ministre et les anciens du dit temple m'ont à l'instant délivré les clefs d'iceluy, dont je me suis chargé après l'avoir fermé pour les remettre à mon dit seigneur l'intendant, sans préjudice des appellations qu'ils ont protesté d'interjetter de son ordonnance ainsy et où ils aviseront bon estre, pour les causes et raisons qu'ils déduiront en temps et lieu. Et ont signé le tout en présence d'Edme Gondet, garde de la prévosté, et de Jacques de la Faye, huissier audiancier, et ont aussy signé. Ainsy signé : A. Jacob, Matheyron, Coulloudon, Gondet, de la Faye et Lallier.

(*Archives Nationales, T. T. 259.*)

29. — Procès-verbal des dépositions de témoins, touchant l'exercice illégal de la religion prétendue réformée à Aubusson. — Mars 1685. Orig.

L'an mil six cent quatre-vingt-cinq, le vingt-quatriesme mars, en la ville d'Aubusson, nous Jean de Creil, chevalier, marquis de Creil-Bournezeau, conseiller du Roi en tous ses conseils, m⁵ des requestes ordinaire de son hostel, intendant de la justice, police et finances en la généralité de Moulins, sur l'avis à nous donné par le scindic du clergé du diocèze de Limoges qu'il se commet journellement par le ministre et les anciens de la religion prétendue réformée de la dite ville d'Aubusson plusieurs contraventions aux édits, déclarations, arrests et règlemens du Conseil, nous nous sommes exprès transporté en la présente ville à l'effet de nous éclaircir de la vérité des dits avis ; et nous estant enquis de ceux qui en pourroient déposer, nous aurions mandé et fait comparoir par devant nous Pierre des Chazaux, m⁵ tapissier, en la dite ville d'Aubussson, âgé de cinquante sept ans ou environ, lequel, après serment par luy presté de dire et déposer vérité sur le faict des dits avis et contraventions, nous a dit qu'ayant reconnu par la lecture de l'Escriture sainte la fausseté de la religion qu'il professoit

14

cy-devant, il auroit eü le bonheur de se convertir à la religion catholique, apostolique et romaine au mois de mars 1681, et, comme sa femme ne voulut point se convertir avec luy, ses enfants, à l'exemple de leur mère, seroient demeurez dans l'hérésie pendant quelques mois, au bout desquels le dit Deschazaux, tant par raison que par son authorité paternelle sur ses enfans, l'un âgé de seize à dix-sept ans et l'autre d'onze à douze ans, les auroit obligé à se convertir; et scait que dans l'entretemps de la conversion de luy déposant et de la leur, ses dits deux enfans ont esté et ont assisté au presche de la dite ville, aussy bien que sa fille, pour lors âgée de dix ans seulement, qui est tout ce qu'il a dit sçavoir des dits faits. Lecture à lui faite de sa déposition, y a persisté et a signé avec nous. Ainsy signé : Deschazaux, de Creil et Cottard.

Ce fait, avons aussi mandé et fait comparoir pardevant nous Jean Tricot, tapissier de la dite ville d'Aubusson, âgé de quarante ans ou environ, lequel, après serment de dire vérité sur les dits faits dont il auroit esté par nous enquis, a dit qu'il se souvient qu'il y a environ quatre ans que le nommé Pierre Deschazaux, m^e tapissier de la dite ville, fit abjuration de l'hérésie et que les enfans du dit Deschazaux et sa femme, après la conversion du dit Deschazaux, ont continué d'aller au presche de la dite ville d'Aubusson, et que dans le temps qu'ils y alloient, une fille du dit Deschazaux qui en estoit, n'avait qu'entour dix ans, et un des garçons entour douze ans et que l'autre estoit plus âgé. Lecture faite de sa déposition, a dit icelle contenir vérité, y a persisté et a déclaré ne savoir escrire ny signer, de ce interpellé. Signé : de Creil et Cottard.

Et à l'instant avons mandé et fait comparoir pardevant nous Françoise Jalasson, veuve de Jacques du Montet, marchand tapissier de la dite ville, âgée de cinquante trois ans ou environ, laquelle, après serment de dire vérité sur les dits faits dont elle auroit esté par nous enquise, a dit se bien souvenir d'avoir veu assister au presche (et d'avoir mené elle même au dit presche) la fille du dit Deschazaux, âgée pour lors d'entour onze ans; ne se souvient pas précisément d'y avoir veu les garçons, auxquels elle ne prenoit pas tant garde qu'à la fille qu'elle aimoit davantage et qui estoit fille de sa cousine germaine; qui est tout ce qu'elle a dit sçavoir des dits faits. Lecture faite de sa déposition, a dit icelle contenir vérité, y a persisté et a signé. Françoise Jallasson.

Adjoute la dite déposante à ce qu'elle a dit cy-dessus qu'elle a veu assister au presche et qu'elle y a mené elle-même la dite fille depuis la conversion de son père à la foy catholique. Lecture faite de l'adition, a dit contenir vérité et a signé. Ainsy signé : Françoise Jallasson, de Creil et Cottard.

Avons aussy fait comparoir pardevant nous Marie du Mont, femme de Jean Tricot, âgée de 40 ans ou environ, laquelle, après serment de dire vérité sur les dits faits, a dit qu'il y a environ trois à quatre ans que Pierre Deschazaux, tapissier en cette ville d'Aubusson, quitta la religion prétendue réformée pour aller à la messe et qu'elle se souvient bien que les enfants du dit Deschazaux, dont un garçon et une fille, n'avoient au plus qu'entour de dix à onze ans, ont assisté au presche où elle les a veus depuis la conversion de leur père : qui est tout ce qu'elle a dit savoir des dits faits. Lecture faite de sa déposition, a dit icelle contenir vérité, y a persisté et a déclaré ne sçavoir escrire ni signer, de ce interpellée. Signé : de Creil et Cottard.

Avons aussy fait comparoir pardevant nous Pierre Bauffinet, tanneur de la dite ville d'Aubusson, âgé d'environ soixante-dix ans, lequel, après serment de dire vérité sur les dits faits, a dit que s'estant converty, il y a trois ans quelques mois, à la foy catholique, il n'est sorte de persécution que ceux de la religion prétendue réformée ne luy ayent fait souffrir en haine de sa convertion, ayant mesme obligé son fils à le quiter dans sa vieillesse et luy ayant fourny de l'argent pour le faire aller à Genève ; depuis lequel temps il ne l'a point veu. Croit bien avoir veu au presche les enfans de Pierre Chazaux depuis la conversion de leur père, mais ne le pouvoir pas affirmer ; sçait que, lors de la conversion du dit Chazaux père, un des garçons du dit Chazaux avoit en tour d'onze ans et la fille estoit plus jeune, qui est tout ce qu'il a dit savoir des dits faits. Lecture faite de sa déposition, a dit icelle contenir vérité, y a persisté et a signé. Ainsy signé : BOFFINET, DE CREIL et COTTARD.

DE CREIL.

Pour Monseigneur :
COTTARD.

(*Archives nationales, T. T. 259.*)

29. — **Ordonnance de l'intendant de Moulins portant fermeture du temple de Combesaude, près Aubusson. — Mars 1685. Orig.**

Jean de Creil, chevalier, marquis de Creil-Bournezeau, conseiller du roi en tous ses conseils, m^e des requêtes ordinaire de son hôtel, intendant de la justice, police et finances en la généralité de Moulins.

Vu le procès-verbal par nous fait ce jourd'hui

sur les contraventions commises par les ministre et anciens de la religion prétendue réformée d'Aubusson aux édits, déclarations du Roi et arrêts concernant ceux de la dite religion prétendue réformée, contenant les dépositions de plusieurs habitants de la dite ville que nous aurions mandé et fait comparaître pardevant nous, lesquels auraient déclaré que les enfants de Pierre Chazaux, habitant d'icelle, converti à la foi catholique, auraient été soufferts au presche de Combesaude depuis la conversion de leur père, les dits enfants dont l'un était une fille n'ayant lors qu'environ dix ans et l'autre un garçon étant lors âgé d'environ douze ans; vu aussi le procès instruit entre le procureur du roi en la chatellenie d'Aubusson et Jean-Antoine Jacob, ministre de Combesaude, François Mercier et Pierre Tixier sieurs de Lanonneix, sentance du troisième novembre MVI^c quatre-vingt-trois, par laquelle il aurait été ordonné que le dit Jacob demeurerait privé pour toujours de faire aucunes fonctions de son ministère dans le royaume et interdit pour jamais de l'exercice de la religion dans le dit temple de Combesaude, lequel à cet effet serait démoli; autre sentence du chatelain de la dite ville d'Aubusson portant que sur l'appel interjetté de la première par les dits ministre et anciens, les parties se pourvoiraient par les voies de droit, et cependant que le dit temple demeurerait fermé ; arrêt du parlement du dixième février 1684, sur l'appel des dites sentances portant que les parties y procéderaient en la manière accoutumée, cependant défense de mettre la dite sentence à exécution, et que le dit temple serait ouvert à la charge par ceux de la dite religion prétendue réformée de faire vider le dit appel dans trois mois ; signification du dit arrêt du vingtième du dit mois de février au dit an 1684 au dit procureur du Roi en la dite chatellenie; déclaration du Roi du mois de février dernier enregistrée au parlement le vingt sixième du dit mois, concernant ceux de la dite religion prétendue réformée, portant entrautres choses que l'exercice de la dite religion prétendue demeurera interdit pour toujours dans les lieux où l'on aura souffert des enfants audessous de quatorze ans dont les pères sont convertis, et que les temples seront démolis; registres des baptêmes du dit temple de Combesaude, actes d'abjuration du dit Chazaux et de sa femme, procès-verbal du dit chatelain du troisième septembre dernier par lequel est justifié que les dits ministre et anciens auraient fait l'exercice de leur religion pendant que le sieur evèque de Limoges faisait sa visite en la dite ville, et autres pièces mises par devant nous par le sindic du diocèze de Limoges.

Nous pour les contraventions des dits ministres et anciens du temple de Combesaude avons par provision et jusqu'à ce que par Sa Majesté y ait été pourvu, ordonné que le dit temple sera incessament fermé et les clefs d'ycelui remises en nos mains; faisons défense aux dits ministre et anciens et autres de la dite religion prétendue réformée, d'y faire aucun exercice, ce qui sera exécuté non obstant oppositions ou appellations quelconques pour lesquelles ne sera différé. Fait à Aubusson le vingt quatrième mars mil six cent quatre-vingt-cinq.

De Creil.

Par Monseigneur,
Cottard.

(*Archives nationales, T. T. 259*).

30. — Relevé des maîtres tapissiers d'Aubusson réfugiés à Schwabach. — XVIII siècle.

Nous indiquerons au chapitre XII de notre *Histoire de la Réforme dans la Marche et le Limousin* par suite de quelles circonstances une colonie de réfugiés calvinistes, venus pour la plupart d'Aubusson, s'établit en 1685-86 à Schwabach dans le Brandebourg-Bayreuth (auj. province de haute Franconie, royaume de Bavière). Nous sommes donc fondés à considérer comme originaires d'Aubusson les maîtres tapissiers dont les noms figurent sur diverses listes de réfugiés publiées par M. Schanz dans son récent ouvrage *Zur Geschichte der Kolonisation in Franken*. La plupart de ces noms se retrouvent, du reste, dans les registres baptistaires protestants d'Aubusson.

(2me *partie du dit ouvrage, p. 297,* — *Liste de 1716*) :

Jean de Chaseaux et ses trois enfants (1).
Jean Peux, sa femme, deux filles et un fils.
Gabriel Blanc et sa femme.
Elie Demonteils, sa femme et six enfants.
Jean Rousset, sa femme, un enfant et une servante.
Pierre Claravaux, sa femme et six enfants.
Pierre Peux, fils, sa femme, un enfant et une servante.

(*Ibid. p. 300.* — *Liste de 1736*).
Jean Peux,
Pierre Peux, fils du précédent.
David Peux, fils puiné.
Gabriel Meissonnier.

---

(1) Précédemment à Bayreuth, puis à Erlangen où il y avait aussi une colonie française.

Les deux frères Dumontel.
(*Ibid. p. 305. — Liste de 1737*).
Jean Peux, âgé de 71 ans.
Pierre Peux, âgé de 40 ans.
Les deux frères Dumontels, 30 et 26 ans.
Antoine Claravaux, âgé de 30 ans.
David Peux, âgé de 32 ans.
(*Ibid. p. 312. — Liste de 1748*).
Gabriel Meissonnier, tapissier de la cour, sa femme et un enfant.
Pierre Demonthel, tapissier de la cour et sa femme.
Albert Rousset, tapissier, et sa femme. « Se sont allés habituer (*sic*) à Erlang[en] depuis quelques mois, manquant d'ouvrage ici. »
Peyre, tapissier, sa femme et un enfant: « qui est allé travailler à Erlang[en], manquant d'ouvrage ici. »

BEAULIEU

31. — **Requête des protestants de Beaulieu à l'Assemblée de la Basse-Guyenne tenue à Montflanquin. — 1624. Copie du temps.**

Cette pièce a paru récemment dans le *Bulletin de la Société des Lettres de Tulle* (1885, p. 690), par les soins de M. l'abbé Poulbrière, d'après l' « original » (?) aux mains de la famille Mombrial, de Beaulieu. Nous l'avions nous-même transcrite, il y a quelques années, sur une copie du temps qui appartient aux *Archives départementales de la Corrèze*, H. 58. Nous reproduisons ici notre transcription parcequ'elle comble deux lacunes de celle de M. Poulbrière et parcequ'elle nous semble plus près de l'original par l'orthographe et la ponctuation. Cet original, il est difficile d'admettre qu'une fois expédié à Montflanquin il soit revenu à Beaulieu, comme semble le croire M. Poulbrière. La famille Mombrial possède plus probablement la minute.

Nous soussignés faisans la meilleure et plus saine partye des habitans qui font profession de la religion réformée en la ville de Beaulieu, attestons en toute vérité à vous, MM., tenant l'assemblée de la Basse-Guyenne à Montflanquin que nostre esglize a esté despuys cinq ou six ans et est encore tellement agitée de divisions et schismes que, si par vous il n'y est pourveu, elle s'en va en ruyne diminuant tous les jours en nombre de personnes, en zèle et en moyens. — Ensemble *vous attestons avecq toute vérité que pour rappeller* (1) les révoltés et ceulx qui se sont séparés de l'union de l'esglize, faisans secte à part, nous avons employé tous moyens divins et humains, mais en vain ; car ny la prudence de nostre consistoire, ny le crédit de nostre gouverneur, ny l'authorité des colloques diverses foys convoqués à ces fins, ny la puissance des synodes n'a peu terminer les différends tant civilz que criminels d'où dérivent tous les jours ces révoltes et sectes, de manière que en une désolation si grande de l'esglize nous avons estimé estre de nostre debvoir vous en dire nos sentimens, sans faveur ny support de personne. Et sommes bien dolens que le commencement de nos plainctes soit en nostre pasteur, duquel taizans la vie passée et les mœurs, nous avons juste suject de dire que, s'il n'est l'autheur de nostre misère et dissipation de l'esglize, à tout le moins vous asseurons nous

---

(1) La phrase que nous imprimons en italiques manque dans la transcription de M. Poulbrière.

sans passion et avecq vérité qu'il en est le subject. Car despuys qu'il est parmy nous, il a esté en perpétuelles rixes et débats, mesmes avecq ses plus proches. De là est adrivé (*sic*) que la plupart de ceulx qui font profession de la mesmes religion que nous ne fréquentent point ses prédications, aymans mieulx aller à Montaulban et ailheurs que de le venir ouyr. Les Jésuytes se sont tellemement prévaleus de ces divisions qu'ils y ont commencé de dresser colonye en nostre ville où auparavant nous ne scavions que c'estoit de ceste secte. Et de faict il n'y a ville dans la viconté (1) dans laquelle ilz se soient glissés que dans la nostre, où ilz ont remarqué la division. Les croix et images nous estoient auparavant incogneues, et despuys ces schismes nous avons veu arborer les croix par tous les carrefours, nos maisons tapissées pour servir aulx idoles d'ornement et pareure et à nos portes des autels, de manière que nous vous prions et humblement requérons que pour pourvoir à nos malheurs avecq union et concorde il vous plaize y apporter quelque remède, affin que l'esglize divisée soit réunye, les absans rappellés, les révoltés exhortés à reppentence, et ceulx qui sont ennemys à réconciliation. Et d'aultant que le sieur d'Ornezac nostre pasteur est coustumier d'esnerver et esluder nos requestes bien souvent présentées à mesmes fins par suffrages mandiés et voix captées et recerchés, nous vous prions très-humblement nous faire droict sur la présente requeste, attestation et déclaration, laquelle nous vous protestons contenir vérité. Et si nous heussions esté advertis par nostre pasteur de la tenue de vostre assemblée,

---

(1) La vicomté de Turenne à laquelle appartenait Beaulieu.

nous heussions esté plusieurs devers [vous], pour vous tesmoigner verballement ce que nous sommes contraints de vous mettre par escript, qui vous sera attesté par l'ung de nous.

Faict à Beaulieu, le sixième septembre mil six cent vingt-quatre. Ainsi signés : De Clavières, juge ordinaire de la ville, attestant; Beauregard, lieutenant (1) et attestant, J. Lavadour, ancien, attestant ; De Greilh, procureur d'office, ancien, attestant ; P. Massouly, attestant ; De Clavières, juge de Bergrallen ? (2) attestant ; Clavières, médecin, attestant ; De Nègre, attestant ; G. Laborie, attestant; J. du Faure, attestant, Greilh, attestant.

(*Archives départementales de la Corrèze, H. 58*).

32. — « **Règlement de Mgr le duc de Bouillon, sur la requête présentée à Mgr par ceux de la Religion de Beaulieu.** » — **1642. Copie du temps.**

Mgr ordonne que les supplians se fairont bastir un temple à leurs dépens dans un an, en tel lieu de la ville ou faux bourgs qui sera trouvé plus commode et convenable aux édicts du Roy, enjoignant aux consuls et conseil de la dicte ville de leur choisir et marquer le dict lieu et ce pendant et durant la dicte année. Les dicts supplians pourront continuer leur exercice en la maison de ville avec l'usage de la cloche. Après laquelle année expirée ils seront tenus de laisser la dicte maison de ville pour la fonction et exercice de la justice et police. Enjoinct aux dicts habitans tant de l'une que de l'autre religion de

---

(1) Ce mot manque dans la transcription de M. Poulbrière.
(2) M. Poulbrière a imprimé Bergoualles.

vivre en paix et concorde soubs l'observation des édicts de Sa Majesté. Faict à Turenne le 16 mars 1642. Signé : Frédéric Maurice de la Tour ; et au dessous : par Monseigneur, Chadirac.

RÉFLECTIONS SUR CE RÈGLEMENT POUR ESCLAIRCIR QUELQUES SCRUPULES.

On pourroit demander quels motifs ont baillé naissance à ce règlement. Les voicy. Les Huguenots voyant que leur presche devoit sortir de la maison de ville de Beaulieu en vertu des arrêts de la cour du Parlement de Bordeaux, du 7 sept. 1640 et du 10 janv. 1642, et que d'ailleurs Mgr de Bouillon aggréoit l'exécution des dicts arrêts, Lavadour et la Rochelle, deux bons piliers du consistoire, présentèrent requeste à mon dict seigneur aux fins que les catholiques leur achetassent une place pour y bastir un temple, comme ils parlent, et ce aux despens des catholiques. Et voylà l'appointement de leur requeste, lequel eux mesmes ont cerché.

2. — Le style est un peu huguenot en ce qu'il appelle ceux de la religion, sans queue ny épithète, parlant des Huguenots contre l'usaige des édicts du roy et des arrêts des cours souveraines (1). Mais que fairoit on là ? Chadirac son aucteur est huguenot, et ce qui est plus considérable, Mgr de Bouillon a laissé couler ce mot pour ne point blesser les yeux de Madame sa mère lorsqu'elle verra ce règlement, si elle y lisoit « ceux de la religion prétendue. » Il la veut, autant qu'il peut,

---

(1) Un édit royal, dont nous n'avons pu retrouver la date exacte, avait ordonné, en effet, que les protestants, parlant de leur propre communion, l'appelleraient *prétendue réformée !*

laisser mourir en repos; veu mesmement qu'elle pense bien faire ainsi que me l'a asseuré trois ou quatre fois Madame la duchesse de Bouillon sa bru.

3. — Le terme d'un an semblera à quelqu'un trop long et préjudiciable aux arrests de la cour, l'exécution desquels est encore différée après tant de délais. Mais on ne doit pas tant trouver mauvais l'octroy de ceste année, attendu que c'est le juste temps qu'on donne aux Huguenots pour porter le deuil de leur synagogue avant qu'elle soit morte (2), quoy que ce soit contre la coustume de porter le deuil de quelqu'un avant sa mort. D'ailleurs ce terme d'un an me semble assez doux, veu qu'enffin nous y trouvons l'exécution des arrests, laquelle on avoit tant désirée et laquelle pour longtemps on eust encore désirée et, possible, en vain si Dieu ne nous eust fourni ce règlement. L'effect duquel semble avec raison exiger de nous la patience d'un an pour l'amour de Dieu, veu que les Huguenots la doivent piller de leur costé à la façon de Panurge, ou pour mieux dire à la Huguenotte, c'est-à-dire en enrageant. Bref, je crois que Messieurs de la cour auront pour agréable qu'un prince tienne la main à l'exécution de leurs arrests, dans laquelle exécution tout homme d'esprit jugera que Mgr de Bouillon n'a pas peu faict d'y trouver l'obéissance au Roy, la satisfaction de la cour et l'agréement de Madame sa mère qui ne vouloit non plus ouir parler de ceste exécution que de l'eau béniste.

4. — Il met la disjonctive de la ville *ou* des faulxbourgs. Mais qui ne voit que Mgr de Bouillon

---

(2) Tel était le respect qu'on professait déjà ouvertement pour l'édit de Nantes.

scait bien que les catholiques ne donneront jamais aux Huguenots place dans la ville pour y bastir un presche, pour de très fortes raisons? Et d'ailleurs le règlement adjouste « conformément aux édits du roy, » qui est une clause avantageuse aux catholiques : comme ainsi soit que selon les édicts les presches huguenots ne peuvent estre édifiés dans le fonds de l'église ny dans une ville où il y ait un chapitre d'ecclésiastiques. Or, la ville de Beaulieu est quasi toute bastie dans les terres de l'église, et de plus il y a un chapitre de religieux de Saint-Benoit. Concluons donc que les Huguenotz doivent par nécesssité prendre un lieu hors les murs de la ville pour y construire un presche s'ils en veulent avoir.

(*Archives départementales de la Corrèze, H. 58.*)

33. — **Lettre de M. le duc de Bouillon aux consuls et habitants catholiques de Beaulieu au sujet des Huguenots. — 1663. Copie du temps.**

Chers et bien amis,

Sur le suljet du restablissement que ceux de la religion prétandue réformé prestendent faire d'un ministre dans ma ville de Beaulieu, j'ay voulu vous faire la présente pour vous dire que j'entends que les choses soyent et desmeurent en l'estat où elles estoient du temps de feu Monsieur mon père et Madame ma mère, et qu'il ne se fasse rien au contraire à moins que vous n'ayez des fortes raisons, auquel cas je ne prestends pas vous empêcher de vous pourvoir par les voyes de justice. Cependant je vous deffends aux uns et aux aultres de ne rien faire par violance. J'espère que vous exécuterez en ceste occasion ma volonté à laquelle vous devez conformer la vostre, afin de vivre dans une bonne union et intelligence, jusques à ce que l'affaire soit entièrement réglée pour la gloire de Dieu et le maintien de nostre saincte religion. Je le prie, chers et bien aymés, de vous tenir en sa saincte garde. A Paris, ce huit? février 1663. Ainsi signé : le duc de Bouillon.

(*Archives départementales de la Corrèze. H. 58.*)

34. — **Certificat des consuls, prêtres et habitants de Beaulieu attestant le rôle des Jésuites dans la ville depuis leur arrivée et demandant leur maintien** (1). — **1761. Copie du temps.**

Nous consuls et cosseigneurs, gouverneurs et juges de police de la ville de Beaulieu, en Bas-Limousin, diocèze de Limoges, sénéchaussée de Tulle, curé, vicaires, prêtres abitués et autres principaux habitants de la dite ville soussignés, certiffions pour l'avoir apris de nos prédécesseurs et de nos pères et l'avoir vériffié sur les registres anciens et modernes de la maison de ville et sur les cèdes d'un notaire du seizième siècle.

Que l'hérésie de Calvin s'introduisit dans la vicomté de Turenne et principalement dans cette ville, qui en était la capitale, à commencer en l'année mil cinq cens soixante (2), et y fit tant de progrès qu'en l'année mil six cens vingt-trois il

---

(1) L'abbé Marche cite ce document (p. 487), sous un titre à effet : *De 1761. Certificat des consuls, gouverneurs et juges de police attestant avec douleur que l'hérésie de Calvin s'est introduite dans la vicomté de Turenne et principalement à Beaulieu* C'est montrer qu'on n'a compris ni le sens ni la portée de ce document.

(2) En réalité dès 1539 comme nous le prouverons ailleurs, d'après une pièce du temps.

ne se trouvait plus dans cette ville que cinq à six familles catholiques ;

Que M. de Lamarthonie, lors évêque de Limoges (1), ne pouvant plus compter sur les prêtres qui desservaient cette ville, qui avaient donné dans la séduction, eut recours au recteur des jésuites établis dans la ville de Tulle (2), luy demanda deux religieux missionnaires, qui vinrent dans cette ville pour ranimer la catholicité et détruire le calvinisme ; que ces deux missionnaires travaillèrent avec tant de zèle qu'en six années de temps ils ramenèrent à la vraye religion trente huit familles qui l'avaient abandonnée (3);

Que M. de Lafayette, successeur de M. de Lamarthonie (4), animé du même zèle n'oublia rien pour engager les deux missionnaires jésuites de continuer leur séjour dans la présent ville de Beaulieu, qu'il pensa même, pour leur faire un fonds suffisant de leur subsistance, de fonder leur mission du revenu de la cure de Rilhac (5), ce qui paraît d'une enquête que fit, de son ordre et en vertu de sa commission du vingt-six février mil six cens vingt-six (6), Me Etienne Gimel, prêtre, recteur de la paroisse de Lachapelle-aux-Saints (7). Cette enquête établit si fort l'utilité des deux missionnaires en cette ville que M. de Lafayette à la vûe d'icelle rendit une ordonnance,

---

(1) Raimond de la Marthonie, évêque de 1613 à 1627.

(2) La mission de Beaulieu dont il est ici parlé est de 1618 ; or le collège des Jésuites de Tulle ne fut fondé qu'en 1621. Il faut donc corriger ici Tulle en Limoges.

(3) Ces six années nous reportent à 1625 environ. C'est l'époque du renouvellement des guerres civiles et des violences qui s'en suivirent contre les protestants.

(4) M. de Lafayette, évêque de 1628 à 1676.

(5) Rilhac, arrondissement de Brive (Corrèze).

(6) L'évêque Lafayette n'ayant été nommé qu'en 1628, comment peut-il avoir délivré cette commission en 1626 ?

(7) Arrondissement de Brive (Corrèze).

le septième février mil six cent trente, par laquelle il prie et sollicite les deux missionnaires jésuites de continuer leur séjour dans cette ville, et enjoignit aux prêtres de cette ville de se retirer devers le père Fouret, un des dits missionnaires, de recevoir ses leçons et les instructions propres à leur état, afin de pouvoir ensuite concourir avec luy au rétablissement de la religion catholique, apostolique et romaine et l'extirpation de l'hérésie de Calvin ;

Que dans le même temps et le dernier du mois de mars mil six cens vingt-neuf (1), Me Claude Fabert, prêtre et recteur de la paroisse de Rillac, voulant aider à la bonne œuvre et ménager aux deux missionnaires un hospice où ils puissent se loger et se mettre à l'abbry des insultes que leur faisaient les calvinistes, leur fit donation d'une maison qu'il avait acquise dans le faubourg majeur. Mgr l'évêque de Lectoure (2), de la maison de Plas voisine de cette ville, étant venu dans sa famille fut témoin des fruits que faisaient à la religion les deux missionnaires jésuites. Par acte du vingtième avril mil six cent trente-quatre il leur fit un don de deux cens livres pour aider à réparer leur nouvel hospice ;

Que le nombre des prozelites que faisaient à la religion catholique ces deux missionnaires augmentait si fort que les calvinistes mirent tout en œuvre pour les obliger à sortir de la ville, et malgré les incursions fréquentes qu'ils firent dans leur nouvel hospice, l'on y trouve encore parmi leurs papiers et dans les cédes de plusieurs

---

(1) La date est vraisemblablement erronée, comme plus haut. C'est dès 1618, en effet, 1619 au plus tard, que les jésuites établirent leur mission. Voy. *l'Invent. des Arch. dép. de la Corrèze*. H. 101.

(2) Léger de Plas, évêque de 1599 à 1635.

notaires de ce temps un très grand nombre d'abjurations faites entre leurs mains (1).

Il paraît de plusieurs délibérations prises par les habitants de cette ville, entre autres de celles des vingt-sept octobre mil six cens cinquante sept, vingt-six may mil six cens cinquante-neuf, quatrième aoust mil six cens soixante-neuf et douze avril mil six cens soixante-onze, que les deux missionnaires avaient été expulsés deux différentes fois de cette ville par les factions des calvinistes (2) et la cessation des aumônes qui les faisaient subsister ; qu'ils furent toujours réclamés par les consuls et catholiques ; que le corps de ville établit d'abord en leur faveur une pension annuelle de cent livres, qui fut ensuite augmentée de cinquante livres et ensuite portée à trois cents livres, y compris un don de cent livres que leur faisait M. le duc de Bouillon comme vicomte de Turenne ; qu'il paraît des comptes de recettes et dépenses des revenus de la ville depuis près de cent ans, et l'état des charges arrêtées par M. l'intendant de cette généralité, que la pension annuelle que la ville fait à la mission des Jésuites pour sa subsistance a été fixée à deux cent vingt livres annuellement, avec laquelle somme [et] celle de cent cinquante livres que leur paye l'abbé de l'abbaye de St-Pierre de cette ville pour prêcher l'Avent, le Caresme et l'octave du St-Sacrement dans son église et des aumônes journalières, ces missionnaires ont subsisté.

---

(2) La liasse H. 58 des *Archives départementales de la Corrèze* signale sept abjurations à Beaulieu, mais à une époque postérieure, entre 1643 et 1660. C'est peut-être celles-ci que vise le présent mémoire, généralement peu exact quant aux dates

(3) Les faits énoncés sont encore possibles pour les années 1657 et 1659. Ils sont tout à fait inadmissibles jusqu'à démonstration péremptoire, pour les années 1669 et 1671 où la rigueur du pouvoir royal s'exerçait si volontiers contre les réformés.

Nous certiffions aussy, pour être de notre connaissance, que l'hospice des dits missionnaires, qui ne formait d'abord que deux petites chambres et une chapelle souterraine qu'ils avaient pratiqué au-dessous, a été augmenté depuis (par des dons de quelques particuliers charitables) de quelques chambres, et que ces missionnaires ont fait bâtir une église très décente et suffisante en grandeur, qu'ils ont aussi reçu quelques dons successivement, dont ils ont formé une augmentation des revenus suffisant à leur subsistance, avec l'aumône en vin que les principaux habitants continuent de leur faire chaque année par une charité, sans y être autrement tenus;

Que le zèle de ces missionnaires, qui dépendent du collège de Tulle, n'a point diminué; qu'il se soutient avec la même ferveur et a fait tant de progrès que, depuis quarante ans (1), il ne reste plus de calvinistes en cette ville, ny dans le voisinage; que la religion catholique, apostolique et romaine y a repris son ancienne vigueur, ces missionnaires étant uniquement occupés à prêcher dans la ville et dans les paroisses voisines, à confesser, visiter et secourir les malades et les nécessiteux, et leur conduite a toujours été si régulière et si laborieuse qu'elle leur a attiré la confiance publique, sans que les curés, vicaires et autres prêtres desservant la paroisse en ayent pris ombrage, l'union de ces missionnaires avec eux ayant toujours été intime et d'une grande édification pour le public, qui perdrait infiniment s'ils étaient privés d'un établissement aussi utile

---

(1) C'est-à-dire depuis 1721. C'est aussi la date fournie par la chronique du prieur Armand Vaslet. Il eut été bon de rappeler que le zèle des Jésuites fut fortifié par celui des dragons.

et aussi honorable pour la ville (1). En foy de quoy nous avons signé ces présentes, à icelles fait apposer le sceau des armes de la dite communauté et fait contresigner par le greffier secrétaire d'icelle au dit Beaulieu, le vingt-sixième octobre mil sept cent soixante-un. Signés : Dugua, consul; Coudert, consul; Gaillard, consul; Valrivière, consul; Brel, procureur syndic; Vigier, curé de Beaulieu; Lagrange, prêtre; Florentin, prêtre; Massoulié, prêtre; de St-Santin, curé de Bassignac-le-Bas; Laymarie, vicaire; Meynard de Laguerenne, ancien premier consul; Cancés, clerc tonsuré; Deverrière, écuyer; Laserre, écuyer; Larode, écuyer; Peyrissac, écuyer, ancien capitaine de cavalerie; Turenne, ancien capitaine au régiment de Bourbonnais; Rioupeyroux, écuyer; Canus, ex-consul; Chazal, Florentin, Peitou, ancien premier consul; Laumond, ex-consul; Massinguiral, Dupuy, Chièze, Dupré, Testut, ex-consul; Brel, Coste, ex-consul; Audinet, ex-consul; Turenne, seigneur de Fulgueyroux; Meynard de l'Estrade, Laymarie, Queyssac, Rivière, ex-consul; Albert, ex-consul; Ducham, ex-consul; Dufaure, Brume, Peitou, ex-consul; Bracenac, Tronche, Roques, Roche, Farges, d'Hautefort, Decoste, Farges, Beaufort, Terrier, Batut, Braquerie, Vayssière, Ducham, cadet; Mabire, Veilhers, Paret, Veyssière, Coulon et nous, greffier-secrétaire de la communauté du dit Beaulieu, avons cotté et apposé le sceau aux armes de la dite communauté en cire rouge.

La présente copie a été tirée mot à mot sur

---

(1) Il y a là comme un pressentiment du coup qui allait, dès l'année suivante, frapper à leur tour les jésuites. L'acte tout entier semble d'ailleurs avoir été rédigé pour ramener un peu la faveur publique sur la célèbre compagnie. C'est une sorte de certificat de bonne conduite qu'elle se fait délivrer par les consuls de Beaulieu et autres gros personnages de l'endroit.

l'original du dit certificat qui est entre les mains du R. P. Civadier de la compagnie de Jésus. Ecrit de notre main et par nous contresigné :

FERRIER, greffier-secrétaire.

(*Archives départementales de la Corréze, H. 59. — Copie de M. A. Vayssière, ancien archiviste départemental*).

34 bis. — Lettre adressée à M. Vigier, curé de Beaulieu, par Gérard du Mouret, directeur des religionnaires de Limoges, relativement à un non-converti (1). — 22 mai 1726. Orig. pap.

Monsieur, je viens d'être informé que le sieur Mailhot, habitant de votre paroisse, y est mort sans avoir voulu se convertir ni recevoir les sacrements; que malgré vos instances à le remettre en bon chemin, qu'il (*sic*) a persévéré à mourir dans la religion prétendue réformée; qu'ensuite il a été entéré dans son jardin; que même vous avez fait quelques formalités conformément aux intentions du Roi, dans l'esprit de la déclaration du roi du mois de février 1724 (2). C'est pourquoi, M. Vigier, curé de Beaulieu, je vous supplie, aussitôt la présente recue, [de m'écrire] en me marquant le nom de ce relaps, sa condition, son bien et ses facultés, la date de

---

(1) Ce non-converti est le sieur Mailhot, dont le prieur Vaslet, dans son Histoire de l'abbaye de Beaulieu (ap. Bull. soc. hist. de Brive, VI. 128) parle en ces termes: « Il n'y en a plus à présent (de calvinistes à Beaulieu), grâce au Seigneur. J'ai vu mourir le dernier, qui s'appelait Malhot, qui est mort l'année dernière 1726, obstiné dans ses erreurs. »

(2) Corrigez *mai 1724*. Cette déclaration portait *entre autres choses* que les prêtres catholiques devaient visiter les moribonds protestants « en particulier et sans témoins », pour les exhorter à recevoir les sacrements (article IX). — En février 1724 il y a eu deux arrêts du Conseil contre les religionnaires, mais aucune déclaration royale.

son décès, la situation de ses biens, le nombre de ses enfants et finalement tout ce que vous pourrez. Et pour me mettre au fait, envoyez-moi aussi votre certificat de sa mort et de vos exhortations aussi bien que ses refus sur du papier marqué, le tout en forme, afin que je puisse rendre compte à Mgr l'archevêque de Rouen (1) de votre attention et [de] ce qui s'est passé à ce sujet. Si vous avez quelques paroissiens qui soient dans le même cas, ayez la bonté de m'en envoyer l'état.

J'ai l'honneur d'être avec dévouement très respectueux, Monsieur......................

MOURET.

(*Copie de M. J. B. Champeval, avocat à Figeac*).

CHATEAUNEUF-LA-FORET

35. — **Assence faite par Charles de Pierrebuffière, marquis de Chateauneuf, à Charles de Mars, « ministre de la parole de Dieu » à Chateauneuf, d'une terre dépendant de la foret de Charabail pour le prix de 720 livres et moyennant certaine rente payable au dit seigneur. — 1617. Copie du temps.**

Scaichent tous qu'il appartiendra que le dix neufviesme jour du moys de may l'an mil six centz dix-sept, au chasteau de Chasteuneuf (*sic*) en Lymousin, avant midy, a esté present et personnellement estably hault et puyssant seignieur messire Charles de Pierrebuffière et de Combort

---

(1) Louis III de la Vergne de Tressan, à la suggestion de qui la susdite déclaration royale du 14 mai 1724 avait été promulguée contre les protestants non-convertis.

marquis de Chasteuneuf, viconte du dict Combort, premier baron de Lymousin, conseilhier du Roy en ses conseilhs d'Estat et privé, heritier en béneffice d'invantaire de feu hault et puyssant seignieur messire Charles de Pierrebuffière et de Combort son père, pour luy et les siens d'une part et maistre Charles Mars, mynistre de la parolle de Dieu en l'esglise de Chasteuneuf, pour luy et les siens d'aultre part. Le dict seignieur marquis de Chastauneuf de son bon gré, pure, franche, libéralle vollonté a arrenté et assancé perpétuellement et à tout jamais, à la pryere du dict sieur Mars, à tiltre d'arrentement et enphitéose, au dict sieur Mars presant, stipulant et acceptant, scavoyr est le nombre et quantitté de soixante dix sesterées de terre estant et deppandant de la fourest du dict seignieur appelée des Charabailhz et, du cousté du villaige du Gourseyrol, en troys divertz loppins, le premier appelé Combe-negre, prenant son origine au chemin allant et venant du presant bourg de Chastauneuf au villaige de Gourseyrol et à l'endroict qu'on traversse le ruysseau dans le dict chemin entien (*sic*), continuant tout le long des prés des tenanciers du dict villaige du Gourseyrol jusques sur les prés appelés Darriet, contenant soixante sesterées ou environ, confrontant aux prés des dicts tenantiers du Gourseyrol, d'une part, la dicte fourest du dict seignieur d'aultre et au chemin allant et venant du présant bourg au villaige du Gourseyrol d'aultre, à un loppin de terre deppendant de la dicte fourest que le dict seignieur a cy-devant arrenté à feu Jehan Ricou dict Petict-Jehan d'aultre et à la terre du dict sieur Mars appelée du Brugeaud, qu'il a cy-devant arrentée du dict seigneur marquis d'aultre part; l'aultre loppin appelé de la Combe aux Eyroux, contenant sept sesterées ou environ, confrontant à la rebiére (?) de Combade, d'une part, et aux fourestz du dict seignieur de divers coustés; et l'aultre loppin appelé de la Combe de las Revardieras, contenant troys sesterées ou environ, confrontant à la fourest du dict seigneur de troys coustés, ainsin que le tout a esté bourné et lymitté par Annet du Bost et Marc Reilhac du Petictbeny, arbitres depputés quant à ce par le dict seignieur, lesquels presantz ont rapporté avoyr planté les dictes bornes es dictz troys loppins arrentés cy-dessus mentionnés; tous lesquelz troys loppins sus désignés et confrontés font entierement la ditte quantité de soixante dix sesterées de terre. Et entre icelles y en avoyt dix sesterées quy se peulvent convertir en pré ou pastural et le surplus de l'entière quantitté de soixante dix sesterées, en terre, ainsin que les susdictz arbitres ont dict et déclairé, pour d'icelles soixante dix sesterées de terre jouyr, posséder et exployter par le dict sieur de Mars à son playsir et volonté, se réservant le dict seignieur la justice et fondallité des dictz lieux arrentés. Et pour icelle fondallité le dict sieur de Mars sera tenu, comme a promis, payer et bailher au dict seignieur ou ses recepveurs, un chescungt (*sic*) an, de rente fontière et directe un sestyer bled seigle, un sestier avoyne, cinq soulz et une geline, les dictz grains à la mesure de Chasteuneuf, le tout portable au presant chasteau de Chasteuneuf, scavoyr est les dictz grains à une chescune feste de sainct Yrieys au moys d'aougst, et l'argent et geline à une chescune feste de Nouel (*sic*). Et oultre la dictte (*sic*) rente, le dict sieur Mars a remis et quicte au dict seignieur marquis la somme de cinq centz quarante livres à luy dhue par feu messire Charles de Pierrebuffière et de Combort, viconte du dict Combort, baron de Chasteuneuf (1), père du dict seignieur marquis, et ce pour les arreyrages de ses pentions. Et en oultre a payé comptant, réallement et de faict au dict seignieur marquis la somme de neuf-vingtz livres, faysant en tout la somme de sept centz vingtz livres, de laquelle somme de sept centz vingtz livres le dict seignieur marquis s'est comptanté (sic) et en a quicté le dict sieur Mars, prometant ne luy en demander aulcune chose pour l'advenir. Et au payement de la dicte rante le dict sieur Mars a affecté et hypotéqué tous et chescungtz (sic) ses biens presantz et advenir et par exprès les choses arrentées; desquelles, partant que besoingt seroit, le dict seignieur marquis au dict nom s'est desvestu et d'icelles [a] envestu le dict sieur Mars à la susdicte réserve. Lesquels susdictz biens arrentés le dict sieur Mars a promis tenir du dict seignieur, à tiltre d'emphitéose, et ne les surcharger d'aultre plus grand cens ne rente que là sus spéciffiés, et ne les mettre en mayn morte. Et ce que dessus les partyes ont promis tenir et entretenir moyennant leur foy et serement et soubz l'obligation et hipothecque de tous et chescungtz leurs biens meubles et immeubles presantz et advenir, renoncent à touttes exceptions et deffances à ces presantes contraires, pour l'entretenement desquelles se sont soubzmis à toutes courtz et jurisdictions que requis et besoingt sera. A quoy fayre et tenir de leur vouloyr et consentement ont esté condampnés par le notaire soubzsigné quy aux partyes le requerant a concédé le present instrument pour leur servyr que de raison en présances de Pardoux de Chouniac, clerc, demeurant ches le

---

(1) Mort en 1604.

soubzsigné, et Anthoyne Dayoulx dict le Blondet, faulconnier du dict seignieur marquis, tesmoingtz cognus à ce requis et appellés. Le dict Dayoulx n'a sceu signer. Ainsin signé à l'original des présantes: COMBORT, contractant susdict. MARS, contractant. De CHOUNIAC, présant.

Par coppye : BASSET, notaire.

(*Archives de M. le Dr François-Xavier Cramouzaud, à Eymoutiers*).

36. — **Testament de dame Marguerite de Pierrebuffière, épouse en secondes noces de messire Charles de Ferrières, seigneur de Sauvebeuf. — 1633. Parch. Copie du temps.**

Je Marguerite de Pierrebuffière (1), femme en premières nopces de feu messire Charles de Pierrebuffière (2), marquis de Chasteauneuf, Combort, Peyrat et à present en secondes nopces de messire Anthoine Charles de Ferrières (3), seigneur de Sauvebœuf, Pontbreton et aultres places, considérant qu'il n'y a rien si certain que la mort ny rien de plus incertain que l'heure d'icelle, estant de presant dans mon lict malade de mon corps et, graces à Dieu, fort sayne de mon entendement, ay faict mon testa-

---

(1) Fille de Jean Godefroi de Pierrebuffière et de Marguerite de Bourbon-Busset, laquelle mourut en 1591 et fut enterrée dans l'église Ste-Croix de Pierrebuffière, « à la huguenaude. » (Nobil. de la Génér. III, 335).

(2) Mort en 1604.

(3) Ce second mariage avait eu lieu en 1625 ou 26. Ant. Ch. de Ferrières, né vers 1596, devint maréchal de camp, puis lieutenant général de l'armée du roi. De son mariage avec Marguerite de Pierrebuffière il eut deux fils et une fille; il se remaria en 1636 avec Claude Rosier dame de Chéronnac (Nobil. de la Génér. II, 124).

ment et dernière disposition et volonté à la maniere que s'ensuict :

Premièrement, ay recommandé mon âme à Dieu, à ce qu'il luy plaize par le meritte du précieux sang de Jesus Christ, lorsqu'elle se séparera de mon corps. de la vouloir recepvoir au royaulme des biensheureux (sic) :

Item, je prie mon herittier soubznommé qu'appres mon decedz il me fasse enterrer sans aucune pompe au lieu où il luy plaira, m'en remettant à sa volonté.

Item, je veux que le dict jour de mon enterrement il soit faict une aumosne generalle, jusques à la somme de trois cens livres.

Item, je donne et lègue à l'hospital de Pierrebuffière la somme de quinze centz livres payables deux ans appres mon decedz, lesquelz je veux estre mis en rante pour subvenir à la necessité des pauvres, sans que cela puisse estre diverty à aultre uzage, priant mon héritier de faire faire perquisition des autres droictz qui appartiennent au dict hospital.

Item, je donne et lègue au ministre qui servira l'esglise de Limoges (1) la somme de cent livres. Et, au cas qu'il n'y en heust poinct à Limoges, je veux qu'ilz soyent payés annuellement aux ministres de l'esglise de Charenton (2).

Item, à Marie Buisson, ma filhe de chambre, pour recompence des services qu'elle m'a rendus, luy donne et lègue la somme de mille livres. Et en attendant qu'elle en soit payée par mon herittier soubz nommé, je veux et entendz qu'elle jouisse de la maitairie du petit Dannet au

---

(1) Ce fut sans doute Daniel de Barthe, pasteur des églises unies de Rochechouart et Limoges († 1653), qui bénéficia de ce legs.

(2) C'est-à-dire l'église de Paris qui se réunissait au temple de Charenton.

village de Fresseingeas (1), et'que l'on luy laisse oultre cela le petit pré des Garennes qui est à Pierrebuffière, que je luy ay donné [et] dont il n'y a poinct de contract passé.

Item, à Hierosme Femy, mon lacquay, je luy donne la somme de cent cinquante livres pour le mettre de mestier, payable dans six mois appres mon decedz.

Item, à Roque Michelet dict Poitevin, aussy mon laquay, pareilhe somme de cent cinquante livres pour le mesme uzage et payable comme dessus.

Item, je donne et lègue à Jean Huet dict Champaigne, pour les bons et agréables services qu'il m'a rendus, la somme de trois cents livres, payables comme dessus, lesquelz je ne veux poinct qu'on luy puisse tenir en compte sur ce qui luy est deub ny sur la récompence qu'on luy a promise d'ailheurs.

Item, je donne et lègue à Marie dicte Lamye la somme de trente livres, et ce oultre les gages qui luy sont deubz, que je veux estre payés, payables (*sic*) comme dessus.

Item, veux et ordonne que la Léonarde et la Françoize soyent nourries et entretenues céans leur vie durant, si mieux mon dict herittier n'ayme leur bailler tous les ans à chascune douze sestiers seigle et dix livres en argent, mezure de Pierrebuffière.

Item, à Charles Devaux, mon cocher, la somme de six cents livres payables la moictié dans ung an apprès mon decedz et les aultres trois cents livres ung an apprès.

Item, je donne et lègue à la filhe de Sainct-Alban qui demeure à presant avecq moy, et

---

(1) Aujourd'hui Fressengeas, hameau de la commune d'Eymoutiers.

laquelle mon frère de Baize et moy debvons porter à baptesme, la somme de six cents livres payables dans deux ans apprès mon décedz.

Item, je donne et lègue à Léonard Martin la somme de cent cinquante livres payables dans ung an.

Item, je veux et ordonne que tous les serviteurs qui se trouveront en nostre service lors de mon decedz, que leurs gaiges leur soyent doublés et payés dans l'année de mon decedz.

Item, je donne et lègue à Jean dict le Poulinier, nostre palfrenier, la somme de cent cinquante livres payables ung an apprès mon decedz.

Item, je donne et lègue à Louys Bouleys, palfrenier, la somme de soixante livres, payable ung an apprès mon decedz.

Parceque feu Monsieur le marquis de Chasteauneuf m'a donné pouvoir d'eslire ung des enfans de mon frère de Prouge (1), pour subcéder (*sic*) à son hérédicté, en ce cas, je nomme Margueritte de Pierrebuffière, filhe aisnée du dict sieur de Prouge, sans que les droictz qui me sont deubz dans la dicte succession, ensemble ma quarte trabelianicque (2) se puissent confondre dans la dicte nomination, voulant que mon hérittier soubz nommé puisse retirer les dictz droictz comme chose à luy appartenant. Et ne veux que la présante nomination et eslection s'estande à mes biens propres ny particuliers, mais seulement à ceux qui sont (*sic*) esté délaissés par le dict feu seigneur marquis mon premier mary.

Et parce que le fondement de tout bon loyal testament (*sic*) consiste en l'institution d'héritier, je faictz, nomme et institue mon vray, universel

---

(1) Le *Nobiliaire de la généralité* ne mentionne pas ce nom.
(2) Celle que stipule le sénatus-consulte de Trébellien.

hérittier en tous et ungs (*sic*) chascuns mes biens, meubles et immeubles, droictz, noms, raisons et actions presantz et advenir generalement quelconques messire Charles de Ferrières de Sauveboeuf, abbé et baron de Beze mon beau-frère, à la charge de payer et acquitter les susdictz légatz, voulant que mon dict présent testament vailhe par forme de testement, donnation, codicille ou autrement en la meilheur forme que faire se pourra. Et au cas que j'en heusse faict d'aultre par cy-devant, je le révocque, casse et anulle, ensemble toutes clauses dérogatoires qui pourroient estre exprimées et par exprès celle qui est en mon dernier testement, receu par M⁶ Annet Bayle, notaire royal de la ville de Pierrebuffière, de laquelle clause je n'ay pour le présant mémoire, voulant et entendant qu'il n'y soict adjousté foy ny valeur ny à tous aultres testemens, codicilles, donnations et aultres dispositions que je pourrois faire à l'advenir, si par exprès ces motz : *Mon Dieu, faictz moi miséricorde,* n'y sont par exprès couchés et incérés et escriptz de ma main. Lesquels motz je veux servir de clause dérogatoire à tout aultre dérogatoire incéréc en ce présent testement, que je veux qui me serve d'irrévocable et dernière disposition et volonté par la forme que dessus. Lequel n'ayant peu inscripre de ma propre main à cause de ma foiblesse causée par mon indisposition, j'ay commandé à Léonard Martin, mon secrétaire, de me l'inscripre, excepté les sommes des legatz que je faictz et le nom de mon hérittier universel et sa datte, et la susdicte clause dérogatoire que j'ay escript de ma propre main pour rendre mon intention plus valide, certaine et irrévocable, ayant aussy signé en page qui contient trois feuilhets. Faict dans le chasteau d'Aygueparce, le vingt-neufviesme aoust mil six cent trente-trois.

Et parce que j'avois oublié Pierre Fauchier, nostre boulangier, pour les services qu'il nous a randus, je luy donne et lègue la somme de cent livres payable dans ung an. Faict le mesme jour que dessus.

Signé à l'originial : M. DE PIERREBUFFIÈRE.

Et en marge de chasque page est escript et signé : DECORDES, lieutenant général. *Ne varietur.*

Faict au bourg d'Aygueparce, le septième septembre mil six cent trente-trois.

Et au-dessus du dict testament est escript l'acte que s'ensuict :

Aujourd'huy, trentiesme jour du mois d'aoust mil six cent trente-trois, au chasteau d'Aygueparce du Bastiment (1), avant midy, a esté présante dame Margueritte de Pierrebuffière, dame de Sauvebœuf, laquelle a dict et déclairé avoir faict son testament solempnel, lequel est cy-enclos, lequel elle a faict oscripre à Léonard Martin de la ville de Pierrebuffière, son secrétaire, et elle a remply de sa main les sommes et légatz qu'elle a faict; et lequel elle a signé de sa propre main. Veult et entend que le dict testament et contenu en icelluy sorte son plain et entier effect; lequel est cachetté de cire rouge en quatorze endroictz. De quoy la dicte dame m'a requis luy en concéder acte, pour servir en temps et lieu que de raison; que luy ay concédé ez présances de nobles François de la Pommeilye, sieur de Teuyat, Anthoine Meynard, conseiller du Roy, esleu et docteur en

---

(1) Serait-ce aujourd'hui Aigueperse de Thouron, commune de St-Paul, arrondissement de Limoges, comme l'indique le *Nobil. de la Généralité* (III, 331)? N'est-ce pas plus tôt Aigueperse, commune de St-Bonnet-la-Rivière, même arrondissement, comme l'affirme Grignard, *Dict. géogr. de la Hte-Vienne*?

médecine de la ville de Tulle (1), Henry Joussin, sieur de Sauvaignat, Jean de Milon, sieur de Touyans, Anthoine de Sainct-Alban, sieur du dict lieu, François d'Alban, escuyer de la dicte dame, et Mᵉ Barthelomé Bardon, lieutenant de Pierrebuffière, tesmoingtz qui ont signé avec la dicte dame.

Signé à l'original : (*Suivent les susdits noms*).

(*Archives départementales de la Haute-Vienne. fonds de Pierrebuffière, série E, n° prov. 435*).

Limoges.

37. — **Nouveaux extraits du registre de la compagnie du St-Sacrement de Limoges, relatifs aux protestants. — 1648-1662.**

Nous avons publié une première fois, dans le *Bull. de la Soc. arch. du Lim.* xxxiii, 58, d'amples extraits de ce registre. Ceux qui suivent se rapportent uniquement aux protestants du Limousin et nous font connaître les moyens dont la compagnie se servait contre eux non-seulement à Limoges mais dans les autres centres protestants de la province. Ces moyens nous les avons déjà sommairement indiqués dans un article sur *La Contre-réformation dans les diocèses de Limoges et de Tulle.* {*Bull. de la Soc. des lettres de Tulle*, 1885). Le lecteur curieux de cette histoire pourra s'y reporter.

1648, *9 juillet*. — A esté aresté que nous pourvoirions à retirer copie du dicton de l'arrest

---

(1) Médecin bien connu par le *Traité de la Dyssenterie* qu'il fit imprimer à Tulle chez Anthoine Sol en 1625. Outre sa présence au chevet de Marguerite de Pierrebuffière, nous avons d'autres raisons de croire qu'il était protestant ; mais ce sont des présomptions plutôt que des preuves.

donné au Parlement de Bordeaux contre les Ugenos, ensemble de l'ordonnance donnée en faveur des dits Ugenos par M. l'intendant (1), pour envoyer l'un et l'autre à Messieurs de la compagnie de Paris.

25 juillet. — A esté arresté d'escrire à Paris pour responce de celle qu'ils nous ont fait l'honneur d'escrire touchant la démolition du temple des hérétiques.... M. Goudin parlera à M. Merlin de parler à M. le procureur du Roy contre les hérétiques.

6 août. — A esté resolu d'escrire à Messieurs de Bourdeaux, suivant l'ordre de Messieurs de Paris, pour la destruction du temple (2) ou la défense de leurs exercices.

13 août. — M. Villemonteix parlera à M. le curé de Rochouard (3) pour le mesme fait (l'établissement de la compagnie).

1650, *24 mars.* — MM. Malleden et Masjambosc prendront soin d'amener le père des Carmes deschaus à la prison des Espagnols (4) pour convertir certains Anglois qui y sont détenus.

1651, *7 septembre.* — M. Martin rédigera par escrit ce qui s'est passé à Meillars (5) pour en faire part à MM. de nostre compagnie de Paris.

15 septembre. — Résolu que MM. les ecclésias-

---

(1) Il s'agit sans aucun doute de l'ordonnance qui prescrivait de relever le temple de la Croix-Mandonnaud abattu peu auparavant par les élèves du collège des Jacobins.

(2) La phrase semble indiquer une alternative : interdire le culte réformé ou bien démolir une seconde fois le temple rebâti. C'est ce dernier parti qui l'emporta au bout de quelque temps.

(3) Le principal centre calviniste de la région.

(4) Il s'agit d'Espagnols de l'armée de Condé. Voy. *Reg. consul.* III. 352.

(5) La conversion du seigneur du lieu.

tiques diront chacun une messe et les laïques [seront exhortés] à faire une communion pour action de grâces de la conversion de M. de Meillars et sa famille et chacun exhorté d'en avertir les absens.

21 septembre. — Tous les confrères seront exhortés de prier Dieu pour la conversion de l'Alleman (?) malade.

1er décembre. — M. Goudin tachera de parler à M. David, huguenot, malade, et voir s'il pourra faire quelque chose pour sa conversion. M. de Masjambost est prié de la mesme chose.

7 décembre. — M. le curé de St-Maurice est prié de remontrer à Mgr de Limoges et à M. l'official de charger MM. les curés de remontrer à leurs parroissiens qu'il y a grand scandale d'assister aux enterrements des hérétiques.

21 décembre. — M. le curé de St-Maurice parlera à Mgr de Limoges pour l'accommodement des Davids, huguenots. M. de Villemonteix parlera aux parties pour scavoir leurs sentiments et, si M. Dupeirat le trouve à propos, il en communiquera avec M. le procureur du Roy.

1652, *4 janvier.* — M. de Villemonteix parlera aux Davids, huguenots.

1653, *16 octobre.* — M. David est prié de parler à MM. Mercier et de la Charlonnie pour cet hérétique qui est dans l'hospital de St-Marcial, et M. de St-Maurice en priera M. de Limoges pour y envoyer quelques religieux cappables pour l'exorter à sa conversion.

1654, *25 juin.* — La compagnie prendra soin pour la mission de Rochoard.

6 août. — M. Croisier parlera à Pierre Dutreil touchant sa religion.

1656, *17 février.* — M. de la Bastide verra

si le prêche des religionnaires (1) est plus proche de la présent ville qu'il n'est porté par les ordonnances.

8 juin. — M. Mercier s'informera de la femme qui se veut convertir, proposée par M. le curé de St-Maurice.

24 août. — Résolu que si pendant la mission de Treignac (2) il ne se présente quelque lieu proche de Belac pour occuper le P. Lejeune dans une mission dans le diocèse, on le laissera aller à l'Isle-Jourdain.

16 novembre. — M. Goudin prié d'escrire à M. le curé de Rochoir pour procurer le fonds pour une mission à Rochoir. On aura soing de retirer responce de M. Beaubreuil, chanoine à St-Junien, de l'évènement de la proposition qu'il a esté prié de faire à MM. du chapitre de St-Junien pour le fonds d'une mission à Rochoir. M. de Nueil prié de retirer un petit livret que les hugnots de Rochoir font courir (3).

14 octobre. — M. de Lajourdanie chargé de parler à M. Beaubreuil des moyens de faire mission à Rochouart dans l'intervalle de l'advent et caresme.

1657, *22 février.* — M. Masmouret a esté reçu à la compagnie et sera correspondant de la société de Treignac (4).

5 avril. — A esté résolu d'envoyer à Treignac quelqu'un pour establir là une compagnie. M. le curé [de St-Maurice] a esté député..........

---

(1) S'agit-il encore du temple de la Croix-Mandonnaud qui fut détruit vers cette époque, ou bien d'un autre lieu de prêche ?

(2) Centre calviniste important.

(3) Nous n'avons pu découvrir ce qu'était au juste ce petit livret. La bibliographie limousine de M. Poyet n'en fait pas mention.

(4) Cf. la délib. du 15 février 1657 dans les premiers *Extraits*.

M. Leschausier aura soin de ce huguenot converti.

19 avril. — M. le curé de St-Maurice escrira à M. Beaubreuil que la compagnie n'est pas en estat de fournir aux frais de la mission de Rochoar.

5 juin. — M. de la Bastide et M. Martin sont priés de se souvenir de l'affaire des huguenotz qui s'assemblent dans le fauxbourg des Arènes et de la vanthe [à eux faite] du placage qui estoit autres fois un cimitière (1).

5 juillet. — M. de la Bastide prié de se ressouvenir des assemblées faictes par les hucnos aux fausbourgs des Aresnes.

19 juillet. — M. de Leichosier et M. Marchandon verront l'hugnot converty.

26 juillet. — M. Martin parlera à Melle Lacroix touchant cet huguenot. M. de la Batide priera Melle de la Batide de parler à la femme de cet huguenot et voir de retirer son fils, auquel on trouvera moyen de chercher maistre. M. Goudin proposera aux dames de la charité cette femme convertie et luy donnera ce qu'il jugera à propos, ce que la compaignie luy rendra.

15 septembre. — M. Martin parlera au fils de cest hugnot, dont il a parlé, pour scavoir de luy à quoy il se voudroit occuper.

22 septembre. — M. Martin prié de tenir la main à la conduite du fils de cest hucnoc dont a esté parlé et voir si lui et sa mère sont dans la nécessité et informer la compagnie.

4 octobre. — M. Duvert s'informera avec M. Beaubreil de la procédure touchant la maison des Arènes de ces huguenotz.

---

(1) Il doit s'agir du cimetière de l'ancienne église paroissiale de N.-D. des Arènes, sis au voisinage de l'hôpital St-Jacques, un peu au-dessus de la rue des Clairettes actuelle.

15 novembre. — M. Douet employera le père Symon pour luy faire voir l'huguenot qui est dans l'hospital.

29 novembre. — M. Douet prendra soin de l'huguenot qui est à l'hospital pour sa conversion.

6 décembre. — M. Mercier prendra soin de l'huguenot qui est en l'hospital.

13 décembre. — Résolu d'assister les sociétés de Confolens (1) et de St-Junien pour la mission de Rouchoard jusques à 50 ll. et leur procurer des ouvriers.

1658, *5 janvier.* — M. Martin s'informera plus amplement touchant le bâtiment de cet huguenot des Arènes.

10 janvier. — M. Graud prié de voir au greffe et de lever tout ce qu'il trouvera concernant le procès contre les huguenots des Arènes.

17 janvier. — M. Graud prié de lever les piesses nécessaires du greffe pour prouver que la place que les huguenots des Arènes ont achetée a esté un cymetière.

24 janvier. — MM. Douet et Graud s'informeront plus amplement de cette plasse des Arènes qu'on dit estre un cymetière.

6 février. — Laissé à la prudence de MM. Leschausier et Laborie tant pour esprouver la conversion de ce proposé tailheur que pour luy procurer la charité.

14 février. — M. de la Batide prié de parler à M. Leschausier touchant la conversion de ce tailheur.

7 mars. — M. Martin escrira au R. P. Lejeune d'envoier le garson et la fille que M. de Lostange tache de retirer (?) de la religion.

---

(1) Confolens relevait alors du diocèse de Limoges.

25 avril. — M. Poillevé prié d'escrire au P. Lejeune pour les dispositions de la mission de Rochoir.

6 juin. — M. Poillevé conférera avecq les Pères de l'oratoire pour le temps de la mission de Rochoard et voir si on la pourroit faire au mois de septambre.

27 juin. — M. Croisier tiendra la main à la conversion de l'hucguenotte qui s'est présentée à luy.

18 juillet. — M. Martin parlera à M. Graud, pour tascher de secourir le tailleur prisonnier, pour cent livres.

29 aoust. — Pour résoudre le temps de la mission de Rochouard, la compagnie se remet à la réponse que le P. Lejeune recevra de Mad. de Pompadour (1).

12 septembre. — Sur les propositions faictes par M. Masmouret de la société de Treyniac, il en usera selon sa prudence.

22 octobre. — Résolu d'escrire au R. P. Lejeune, pour se remettre à luy de prescher l'Advent et Caresme, ou à Confolens ou à Rochouard.

1659, *3 avril*. — MM. Ruben et Martin prandront la paine de voir extraordinairement M. le baron des Estangs (2), auparavant ceste feste de Pasques.

3 mai. — MM. de Villemonteix et Martin visiteront de temps en temps M. le baron des Estangs.

20 mai. — M. Martin, prié de voir le R. P. Lejeune, pour le prier de voir M. des Estans pour le porter à se confesser.

---

(1) Marie de Pompadour, vicomtesse de Rochechouard.

(2) Ce baron des Etangs n'est pas inconnu. Voy. *l'Invent. des Archives de la Haute-Vienne*, D. 877 et ss.

5 juin. — M. Martin prendra soin des prisonniers et surtout de M. des Estans.

30 octobre. — M. Poillevé escrira au P. Lejeune pour la mission de Rochoar. M. de St-Maurice escrira à M. le curé de Manot pour scavoir de lui si le fonds destiné pour la mission de Rochoar subsiste, et pour mesme fin M. l'esleu Maleden à M. le chanoine Beaubreueil.

20 novembre. — M. Rouillac escrira à la personne dont il a reçu lettre, l'intention de la compagnie pour la mission de Rochoar, M. Poillevé escrira au R. P. Lejeune pour le mesme subject.

1660, *1ᵉʳ janvier.* — On résoudra à la prochaine assemblée de la mission de Rochoard.

15 janvier. — M. l'official prié d'escrire à Madame de Pompadour touchant la mission de Rochouard.

22 janvier. — La compagnie résoudra à la prochaine assemblée sur l'avis que le R. P. Lejeune a donné du presche d'Aubusson.

5 février. — M. Roulhac prié de scavoir responce certaine de la mission de Rochoard.

21 février. — Pour la mission de Rochouart il faut attandre la responce de M. Rouliac.

18 mars. — M. l'official parlera à M. de Pompadour pour la mission de Rochouar et M. Roulliat (1) a proposé deux cents livres, le logement et le linge pendant ceste mission que des particuliers du lieu ont promis par advance, afin que Mᵐᵉ de Pompadour sera libre sur la despénse à faire.

20 mai. — M. Chastaniac prandra la paine

---

(1) On trouve dans la liste des membres de la compagnie un Roulhac qualifié marchand, et son frères ecclésiastique. Il doit s'agir du premier, à voir la générosité de l'offre.

d'envoyer à M. [le marquis] de Maniac (1) le mémoire touchant le temple de la religion préthandue refformée d'Aubusson.

15 juillet. — M. le lieutenant criminel prié de conférer avec M. Chastaignac de l'affaire d'Aubusson et d'advertir les habitans d'Aubusson qu'il est temps d'agir et donner leurs mémoires à M. de Limoges pour les envoier à MM. du clergé.

Ibid. — On verra M. Chastaignac à l'occasion du mémoire receu de Paris touchant les Hugnots.

29 juillet. — M. Benoist prié de mander à MM. d'Aubusson de faire un acte dans leur corps de ville pour agir contre les religionnaires et l'envoier à M. l'official; à défaut de l'acte, d'escrire au dit sieur official pour recommander cest affaire à MM. du clergé et M. le lieutenant criminel, au cas qu'il y aie des dispositions de parler de cest affaire à la compagnie de Paris.

23 décembre. — M. Pouchier prié de parler à M. l'official touchant l'estat de l'affaire du Busson (*sic*).

1661, *13 janvier*. — M. le lieutenant criminel prié de travailler au congédiement de cest hugnot qui est logé au logis des *Trois espées*.

20 janvier. — M. de Savignac prié de s'esclaircir avec M. l'official du logement de ces huguenotz qui logent aux *Trois espées*.

10 mars. — Résolu que M. Maleden escrira au R. P. Lejeune touchant la délibération de la compagnie quy est de vouloir faire la mission à Chasteauneuf.

28 avril. — M. Maleden, ecclésiastique, prié

---

(1) Il est dit ailleurs, 5 février 1660, qu'on s'informera si M. le marquis de Magnac est en cour.

de voir M. Chastagnac pour la mission de Chasteauneuf (1).

(2) **1662**, *16 mars*. — M. le curé de St-Maurice prié de parler à M. de Limoges touchant cette séparation du tombeau d'Oradour.

23 mars. — M. le curé de St-Maurice prié de poursuivre la séparation du tombeau d'Oradour.

30 mars. — M. le curé de St-Maurice prié de conférer avec M. l'official touchant les tombeaux d'Oradour, de tout ce qui a esté remarqué dans la compagnie, et à ce synode d'en savoir toute la vérité avec M. le curé d'Oradour pour y pourvoir.

27 avril. — MM. le lieutenant criminel et Chastaniac escriront à MM. de Garibal et Aubri, pour pourvoir aux abus d'Auradour et du Lindois, pour l'usurpation qu'ils ont fait dans leurs esglises.

M. de la Gorse est prié de visiter l'esglize d'Auradour. Il raportera à la prochaine [assemblée] les abus qu'on a proposés.

M. le prieur Dubois parlera à M. Daniel, pour scavoir ce qu'on a remarqué ici des abus de la maison des Lindois.

4 mai. — M. le lieutenant prendra la peine, avec M. Chastaniac, de voir les mémoires du Lindois attendant le retour de M. de la Gorse, d'Auradour.

---

(1) Châteauneuf-la-Forêt, arrondissement de Limoges; centre calviniste important.

(2) La plupart des mentions qui suivent sont relatives à Oradour et au Lindois. Mais elles sont fort obscures en elles-mêmes et l'on ne peut dire avec sûreté de quoi il s'agit. Toutefois, en rappelant : 1° que les paroisses d'Oradour-sur-Glane et du Lindois renfermaient chacune une église de fief (celle du Lindois est plus ordinairement appelée La Sudrie, du nom du hameau où était bâti le château); 2° qu'il y eut à Massignac en 1617 une intervention des pouvoirs ecclésiastiques provoquée par l'iuhumation, dans l'église paroissiale, de la mère du baron des Etangs, calviniste, — nous conjecturons qu'il est question ici de quelque affaire analogue puisqu'on parle de tombeaux à séparer et d'usurpation à faire cesser.

M. de St-Maurice parlera à M. l'official pour la mission de Rochoir et lui fera voir l'ordonnance de M. d'Angoulesme (1).

1 juin. — Résolu de bailher 4 ll. à ce pauvre homme qui s'est converty, qui ont esté données.

16 juin. — M. de Laguorce prié de parler à M. Chastagnac, touchant l'affaire proposée d'Oradour et s'il a escrit touchant le Lindois.

M. de Savignac prié de parler à M. de Limoges, touchant tout ce qui a esté proposé d'Oradour.

21 juin. — M. Chastaniac escrira à M. Garibal pour l'affaire d'Auradour et du Lindois et M. le lieutenant à M. Aubry.

17 août. — M. de St-Maurice est prié de parler à M. l'official, touchant cet homme qui a fait abjuration, affin qu'il mande à MM. les vicaires de St-Michel, pour en scavoir au fond la vérité.

(*Extrait du registre original, 244 feuillets in-folio, en la possession de M. E. Hervy, notaire à Limoges.*)

38. — « Entretien ecclésiastique sur l'horreur que l'on doit avoir des hérétiques et des nouveautés. » — Seconde moitié du XVIIe siècle.

En raison de sa présence dans le fonds du séminaire des Ordinands de Limoges, on peut croire que ce discours fut adressé aux jeunes clercs de cet établissement. Comme il n'est pas sans intérêt pour nous de savoir quelle idée on donnait alors aux futurs prêtres des hérétiques de leur temps, nous avons extrait de ce discours les passages les

---

(1) Qu'est-ce que l'évêque d'Angoulême peut avoir à faire à Rochechouart?

plus saillants. Ils aideront à comprendre le rôle du clergé catholique dans la révocation de l'édit de Nantes.

(Après avoir affirmé que la plupart des hérésiarques, y compris Luther et Calvin, ont été vus en compagnie du diable, l'auteur de l'entretien continue ainsi) :

De tout cela, il s'ensuit que le démon aide et assiste les hérétiques, comme il aidoit les magiciens de Pharaon…. Saint François de Sales, le fléau des hérétiques, étoit si fort persuadé de l'assistance que le démon donne et prête aux hérétiques que, devant disputer avec les ministres et les prédicants, il ne commençoit point qu'il n'eust fait les exorcismes de l'Eglise pour écarter le démon et luy fermer la bouche, disant que le démon avoit beaucoup de pouvoir en eux et qu'ils en étoient ou possédés ou du moins obsédés.

Et quand l'on voit tant d'esprit, d'éloquence, de feu, de brillant dans les écrits et dans les discours des hérétiques, il est bien à craindre que tout ce faste ne vienne autant de l'assistance du démon que [de] leur propre esprit. Et si je ne craignois de ternir l'Ecriture sainte et de manquer au respect que je lui dois, je dirois que les hérétiques sont à l'égard du démon ce que les prophètes et les grands hommes étoient à l'égard du saint Esprit. Ceux-cy sont les hommes de Dieu, *homines Dei*, qui conservent la pureté de la foy et des mœurs; ceux-là sont des hommes du démon, *homines diaboli*, qui corrompent la doctrine et les mœurs.

. . . .

Saint-Martin, le taumaturgue (*sic*) d'Occident, qui faisoit presque autant de miracles que de pas, ce saint d'une si grande réputation qu'on a compté longtemps les années *ab ortu Martini*, étant à Trèves à la cour de l'empereur Maxime, se crut obligé par complaisance, par charité et par zèle d'avancer la gloire de Dieu, de fréquenter et de traiter avec des hérétiques. Cette faute luy fit perdre la facilité qu'il avoit de faire des miracles. Jusque là les miracles ne luy coutoient rien : il étoit comme le maitre de la nature ; il les faisoit comme des actions ordinaires. Mais après cette communication, les miracles luy coutoient, il falloit des prières, des jeunes, des veilles de deux et trois jours pour en obtenir un, et son historien marque qu'il évitoit les occasions d'en faire. Ce qui nous montre visiblement et sensiblement combien la compagnie des hérétiques est dangereuse. Les graces de Dieu se diminuent notablement ; le démon a beaucoup de pouvoir en leur présence. Communément nous ne sommes pas capables de répondre à leurs raisons ; nous n'avons ny la solidité ny la pénétration de Saint-Augustin pour distinguer l'erreur de l'éloquence, et c'est s'exposer que de conférer et lier amitié avec eux. C'est la première conclusion qu'il faut tirer de tout ce que nous avons dit.

La seconde est à l'égard de leurs ouvrages.

(*Suivent six paragraphes dans lesquels les écrits des hérétiques sont mis sur le même rang que ceux des scandaleux et déclarés dangereux pour les mœurs*).

Pour troisième conclusion, ne blamés point les supérieurs qui veillent à défendre leur communauté de toute nouveauté. *Ipsi pervigilant quasi rationem pro animabus vestris reddituri.* (Neh. XIII.) Et si N. S. vous donne jamais cet employ, imités le grand saint Charles (1), le modèle des

---

(1) Saint-Charles Borromée, archevêque de Milan, † 1584. — La phrase qui suit prouve que notre entretien est bien du XVIIe siècle.

évêques et des supérieurs des séminaires. Il arriva à Milan au plus fort des hérésies du siècle passé. Son diocèse étoit au voisinage des hérétiques et le passage pour se communiquer en Italie. Il veut qu'on examine jusqu'à ces petits merciers qui courent les campagnes. Il ne peut souffrir aucun livre suspect. Il y a des officiers exprès à ce dessein. Imités ce grand saint autant que vous le pouvés.

Et si dans vos études vous aimés la critique, remarqués qu'il y en a une très utile à l'Eglise : celle qui se fait de bonne foy, pour découvrir la vérité des ouvrages, leur autheur, leur force, les actions des grands hommes.

Il y a une autre critique qui censure et découvre tout ce qu'il y a eu de défectueux et de déréglé dans les particuliers; gens qui ramassent des tas de faits des papes, des évêques, des conciles, et les veulent faire tomber sur l'Eglise.

Ceux-cy font deux grands maux : le premier de donner au publique (*sic*) et en langue vulgaire une infinité d'actions et de paroles qui devroient être ensevelies dans l'oubli. C'est un enfant qui publie les désordres de ses ancêtres et qui met au jour tout ce qu'il y a eu de criminels dans sa famille (1).

. . . .

(*Arch. dép. de la Haute-Vienne, série G., fonds du Séminaire des Ordinands, n° prov. 1552. Cahier gr. in-8, de 11 feuillets*).

---

(1) La théorie formulée dans ces trois derniers paragraphes ne brille pas par un souci bien réel de la vérité historique. A prétendre taire les hontes du passé, on met les historiens dans le cas de faire fond sur ce silence pour attribuer aux ancêtres une valeur morale qu'ils n'ont pas toujours eue dans la réalité.

HISTORICA

Le cahier de huit feuillets in-4°, d'où nous tirons ces *Historica,* nous a été obligeamment envoyé par M. J.-B. Champeval, avocat à Figeac. Si nous sommes bien renseigné d'autre source, il a été découvert, avec quelques autres que nous publierons plus tard, dans l'étude de M° Collin, notaire à Troche, canton de Vigeois (Corrèze). Sous le titre que nous reproduisons il contient :

1° Divers extraits *ex actis et instrumentis ecclesiac Lemovicensis* (l'église cathédrale Saint-Etienne), dont on trouvera ci-après les plus intéressants ;

2° Une liste des prévôts de certaine confrérie de Limoges appelée confrérie de la Visitation-Notre-Dame, — liste que nous insérons à la suite des actes précédents.

Viennent ensuite de longs extraits du *Journal historique* de Pierre de Teysseulh, chanoine de Saint-Etienne de Limoges (second tiers du xvi° siècle). Ils figurent dans nos *Chartes, chroniques et mémoriaux....* (1886, p. 253 et ss.) d'après une copie de la collection Gaignières. — Il est dit que ces extraits ont été faits sur le manuscrit prêté par M° Bertrand, chanoine de Saint-Etienne, mention qui se retrouve sur la copie de Gaignières ;

3° Des extraits *ex schediis domini Guiberti, advocati,* que nous publions intégralement parce qu'ils sont la première forme du chapitre préliminaire, tout bourré de légendes, qui ouvre les *Annales françaises de Limoges* dites de 1638. Ce point de départ est important à constater pour l'historiographie limousine du xvii° siècle, aujourd'hui surtout que les cèdes de l'avocat Etienne Guibert sont perdues. Le personnage, mort vers 1635, est connu cependant par des *Commentarii in patrios Lemovicum mores* écrits vers 1628. (Bibliothèque nationale, nouv. acq., ms. lat. 1288). M. Louis Guibert lui a consacré une ample notice dans le *Bulletin de la Soc. arch. du Limousin* (t. XXXI).

L'écriture de ce cahier appartient incontestablement à la première moitié du XVIIe siècle ; mais l'auteur ne s'est point fait connaître. Nous hésitons entre Pierre Razès, vicaire de l'église Saint-Pierre-du-Queyroix, mort vers 1625, et le chanoine Bandel, mort en 1639. Notre conjecture résulte d'un ensemble de faits que nous exposerons plus tard dans de nouvelles recherches sur les *Chroniqueurs et historiens de la Marche et du Limousin*.

I° **Ex actis et instrumentis ecclesiæ Lemovicensis.**
(1362-1541)

Fondation d'anniversaire, 1362.

Dominus noster summus pontifex Innocentius VI (1) ordinavit unum anniversarium perpetuis temporibus pro sua et parentum suorum et aliorum de genere suo animabus, celebrandum in ecclesia Lemovicensi. Et pro devotione et affectione quas habet ad ecclesiam illam, voluit dari mille florenos ad emendos redditus de pecuniis cameræ apostolicæ. Ita scribunt archiepiscopus Tholosanus (2), camerarius, et episcopus Ulixbonensis (3), thesaurarius, Joanni Raymundi canonico

---

(1) Originaire du Limousin.
(2) Gaffroi de Vayroles.
(3) *Sic. pro.* Ulysipponensis = Lisbonne. L'évêque de cette ville était alors un français, Raynaud de Maubernard, qui d'ailleurs ne résida jamais.

S-Ursini Bituricencis ; et dicunt hoc negocium esse cordi summi pontificis. Istæ litteræ transcriptæ Biturigibus, ultima februarii 1362.

Aquisition de rente pour fonder une chapellenie, 1363.

Joannes (1), episcopus Lemovicencis, procurator domini Nicolai, tituli sancte Marie in via lata, diaconi cardinalis, 1363 25ᵃ maii.... ad emendos redditus et fructus ad fundandas cappellanias ecclesiasticas. Quo nomine emit a Bernardo Sulpicii, domicello burgi de Janaliaco (2), quatuor libras renduales.

Investiture par le sénéchal du roi d'Angleterre, 1365.

Thomas de Roos miles, senescallus in toto Lemovicinio pro domino nostro principe Aquitaniæ et Valliæ, induxit in possessionem consules de jurisdictione per possessionem Stephani Ruaud consulis, in cathedra præpositi seu judicis. 1365 publicari fecit (3).

Don d'ornements fait par le pape Grégoire XI à l'église de Limoges [1376]:

Gregorius episcopus (4), servus servorum Dei, dilectis filiis capitulo ecclesiæ Lemovicensis salutem et apostolicam benedictionem. Specialis benevolentiæ plenitudo, que ad Lemovicensem ecclesiam intra nostra recumbentem præcordia gerimus merito, nos induxit ut ecclesiam ipsam

---

(1) Jean II de Cros.

(2) Janailhac arr. de St-Yrieix, Haute-Vienne. — ou peut-être Janailhat, arr. de Bourganeuf, Creuse.

(3) En marge: *Ex schediis dⁿⁱ Guiberti in mores castri Lemovicensis.* Cf plus loin d'autres extraits de ces mêmes cèdes, réunis à la suite les uns des autres.

(4) Originaire du Limousin, comme Innocent VI nommé plus haut.

prosequamur favoribus gratiosis. Hinc est quod nos, attendentes qualiter eadem ecclesia propter guerras quæ in partibus illis, proh dolor, diutius viguerunt, paramentis et aliis jocalibus omnino spoliata fuit, quodque de diœcesi Lemovicensi traximus originem (1), et dum minor status nos haberet, ferventibus desideriis semper affectavimus ejusdem ecclesiæ statum in melius prosperari, et propterea volentes ipsi ecclesiæ in aliquibus providere, [donamus eidem] quatuor capellas unam albi, aliam nerei (*sic*) et aliam indici ac aliam viridis colorum, munitas earum videlicet singulas duobus pluvialibus, casula, dalmatica, tunicella, duabus stolis, tribus manipulis, tribus albis, tribus amictibus paratis ex pannis aureis, duobus paramentis altaris ex singulis pannis, et alias duas cappellas unam viridis et aliam nigri colorum, duos quoque calices argenti deauratos cum suis patenis ac duas canetas argenti etiam deauratas, ad decus et decorem prædictæ Lemovicensis ecclesiæ. Quæ (2) præmissa ibidem ad honorem Dei et divini officii perpetuo cum durabunt tenenda et conservanda donamus eidem ecclesiæ per dilectum filium nobilem virum Petrum Placentis, domicellum, familiarem nostrum, cui illa tradi et assignari fecimus destinarique (3). Quocirca discretionem vestram rogamus et in Domino paternis affectibus exhortamur quatinus, præmissa devote suscipientes et pro divini cultus usu sollicite conservantes, insistatis assiduis et supplicibus intercessionibus apud Deum ut hic nos sua pietate dirigat per suorum semitas mandatorum et post

---

(1) Grégoire XI (Pierre Roger) était né au château de Maumont (aujourd'hui dans la Corrèze.)

(2) La copie porte *cui*.

(3) La copie porte *destinamus*.

diem extreman salvationis locum jubeat nobis misericorditer indulgeri. Datum Avinione, 4 nonas junii, pontificatus nostri anno sexto (1). — Appensum est sigillum plumbeum in quo ex una parte S. Pa, S. Pe., ex alia Gregorius Papa XI cum cordulis canabis.

Don d'un palais d'Avignon au chapitre de St-Étienne de Limoges, 1405.

Le cardinal Nicolas, appelé le cardinal de Limoges, donna son palais d'Avinion au chapitre de Limoges. Ainsi le recognoist le chapitre: *Notum facimus universis quod cum librata* (2), — *quæ quondam fuit recolendæ memoriæ reverendissimi in Christo patris et domini, domini quondam sanctæ romanæ ecclesiæ cardinalis Nicolai, anima cujus requiescat in pace et cujus corpus in ecclesia Lemovicensi requiescit — sita in civitate Avenionense cum omnibus ipsius libratæ domibus, viridariis et hortis ac aliis pertinentiis suis ad Lemovicensem ecclesiam spectat pleno jure etc.,* in instrumento procurationis capituli ad componendum super pretio locacionis cum heredibus Petri, cardinalis Florentini, die 15 octobris 1405........

Juridiction du prévôt des monnayeurs de Limoges, 1448.

Martialis Guitberti, operarius et præpositus operariorum monetæ regiæ Lemovicensis 1448, habet jurisdictionem super operariis; et eo nomine causa Petri Martelli cum capitulo ad eum remissa [est] a locumtenente generali senescalli regii, et condemnavit dictum Martelli.

---

(1) Par conséquent le 2 juin 1376.
(2) *Librata* hoc est hospitiorum præbitio seu designatio. (Ducange *Glossaire*).

Rétablissement de la confrérie de Saint-Etienne, 1495.

Confratria beati Stephani de novo in ecclesia Lemovicensi instituta 1494, 19 februarii (1).

Construction d'un autel à saint Joseph en l'église cathédrale (2), et autres fondations pieuses, 1499.

Joannes de Peyrato, in alta patria Lemovicensi et Franco-Allodio (3) electus pro domino nostro rege, frater et hæres Joannis de Peyrato, canonici Lemovicensis et decani Thoariensis (4), 1499, qui ordinavit in secunda capella novum fieri altare in honorem sancti Josephi, in quo celebretur quotidie una missa ante primum classum matutinarum cum absolutione super ejus tumulo in dicta capella; et ad hoc dedit summam 65 librarum rendualium. In qua summa rendual sibi tenebuntur dominus episcopus Lemovicensis et Guillelmus Barthonis decanus ac abbas Dauratensis (5), nobilisque et potens dominus Bernardus Bartonis miles, vicecomes DE MONBAS (6) et dominus DE DEFFENS, NAILHAC et LUBIGNAT, et Philippus Bartonis, domicellus dominus DE FAIN, fratres dicti episcopi, qui acceperat a dicto Peyrato summam tredecim centum librarum. Item, instituit in prædicta capella perpetuam vicariam cum

---

(1) N. st. 1495. — Ne serait-ce point cette confrérie dont parle M. l'abbé Arbellot (*Cathédrale de Limoges*, p. 40), qui « fut fondée afin de procurer les fonds nécessaires aux constructions nouvelles » de la cathédrale Saint-Etienne ? Mais M. Arbellot place cette « fondation » au 8 avril 1501.

(2) B. de St-Amable mentionne ce fait, III, 738.

(3) Le Franc-Alleu, région de la Marche qui avait pour localités principales Bellegarde et Crocq (auj. arr. d'Aubusson, Creuse).

(4) Thouars, arr. de Bressuire (Deux-Sèvres).

(5) Le Dorat, arr. de Bellac (Haute-Vienne).

(6) Aujourd'hui dans la commune de Gajoubert, arr. de Bellac (Haute-Vienne).

onere trium missarum die lunæ, veneris et sabbati, cum absolutione super tumulo dicti de Peyrato. Assignavit vicario novem libras renduales super Martiale BOTIN, notario, et 22 sextarios frumenti renduales et 20 solidos debitos ab Hugonibus de Petrabufferia super loco DE LA REIGNIE et medietate loci DE FOUGIEIRAS, in parrochia de Vico (1), cum facultate tamen redimendi, vocato hærede dicti de Peyrato. Item, Helias dedit eidem vicario 4 jornalias sitas ultra fossata civitatis.

Mention de la cour ordinaire de Limoges, 1510.

Léonard Lamy, notaire royal, lieutenant de honoré homme Me Jean Lamy, licentié es loix, advocat en la noble cour de parlement à Bourdeaux et commis par icelle cour à l'exercice de la judicature civile de la cour ordinaire de la ville, chastel et chastellainie de Limoges, 15e novembre 1510.

Fondation du premier collège de Limoges, 1525.

Consules castri Lemovicensis ædificaverunt domum scholarum sive collegium in dicto castro (2), in quo instruerentur pueri Lemovicarum et alii in grammaticalibus, pœtica, oratoria, logicalibus et philosophicis, et bonis moribus imbuerentur; dicentes se habere justiciam altam, mediam et bassam in eodem castro et aliis locis ei adjacentibus; profeceruntque exercitio dictarum scholarum viros litteratos. Qua de re conquestus Joannes Bracheti cantor, quod (*sic*) diceret se esse collatorem magisterii scholarum. Provisio ei

---

(1) Vicq, arr. de Saint-Yrieix (Haute-Vienne).
(2) B. de St-Amable mentionne le fait (III, 159); mais on ignorait encore sur quelle autorité.

adjudicata in parlamento Burdigalensi. Postea Michael Jouviondi cantor remisit prædictum jus consulibus, dummodo sibi solverent decem libras renduales, 1525 (1). Quod capitulum probavit. Octo consules memorantur : Aimericus VILLEBOST, Joannes DISNEMANDI, Leonardus Amici graffarius regius, Joannes Judicis, Martialis DINEMANDI, Paulus GAY, Helias GALICHIER et Joannes DUMAS (2), qui contrahunt pro suis conconsulibus (sic) absentibus.

Legs pour fabriquer un bénitier à Saint-Etienne de Limoges, 1541.

Jean Pochard (3), curé de Saint-Genieys (4), légua cinquante livres à l'églize de Lymoges, pour faire le benoistier de cuivre joignant la petite porte de Sainte-Valérie, devant laquelle il fut inhumé, 1541.

II° **Ex libro confratriæ visitationis beatæ Mariæ apud Prædicatores (5).**

1487, Petrus Bartonis, abbas S. Augustini.
1489, Frater Eustachius Bidonis, abbas S. Martini.
 ? Jacobus Jouviondi, archiepiscopus Cesarensis vel Cesenanensis. Obiit 1495 mense octobris.

---

(1) Cf. *Reg. consul.*, I. 139.

(2) Le *Reg. consul.* ajoute que Jean Disnemandi habitait les Taules et que Léonard Lamy était apothicaire.

(3) *Sic.* Peut-être faudrait-il corriger *Pichard,* nom plus connu en Limousin.

(4) Saint-Geniez-ô-Merle, arr. de Tulle, (Corrèze.)

(5) L'acte de fondation de cette confrérie que nous publierons ailleurs, porte la date de 1481.

1492, Albertus Jouviondi, abbas S. Martialis.
? Joannes Jauviondi, capellanus S. Petri de Quadrivio.
1496, Joannes Bartonis, cantor de Dorato.
? Joannes Bartonis, archiepiscopus Nazariensis, obiit 4 maii 1496.
1500, Joannes Jouviondi, abbas S. Martini, obiit mense septembris 1500.
1505, Obiisse dicitur abbas S. Augustini. Quo tempore dicitur regnasse infirmitas propter quam confratres non audebant comparere adinvicem pro servitiis faciendis, diebus quibus servitia debebant fieri, 1505.
1506, Fuit factum servitium, in ecclesia S. Marcialis, quondam reverendi in Christo patris et domini, domini Petri *de Valete, dit lo Pape,* 16ᵃ octobris 1506.
1517, Dominus Franciscus Bartonis, abbas S. Augustini.

III° **Ex schediis domini Guiberti advocati.**

Ancienne inscription de la basilique Saint-Martial de Limoges.

In Vaiferi devicti notam supposita fuit leona lapidea duobus catulis ad templum S. Martialis cum tali subscriptione :

<small>Alma læona duos sævos parit atque coronat.
Opprimit hunc natus Vaifer malesanus alumnam.
Sed pressus gravitate luit sub pondere pronus (1).</small>

<small>(1) Ces vers ont été publiés déjà par Tripon (*Histor. monum.*, p. 88), M. Arbellot (*Répertoire archéol.*, p. 70), etc., etc Ils figurent aussi dans les *Annales françaises de Limoges*, p. 98, et dans les *Remarques* de Maldamnat.</small>

Duces Aquitaniæ apud Lemovicam metropolim (1).

Duratius proconsul.
Senobrun, gener Duratii.
Lucius Capreolus, Ænobii filius.
Leucades, filius Capreoli.
Junius Syllanus *seu* dux Stephanus.
Sabius Calvius Junius. Uxor Hilaria, soror ducis Stephani. Religiose vixit.
Sergius Galba.
Junius Agricola.
Sabinus.
Gallus Avanallianus. Pugnat contra Constantinum.
Jocundus pater sancti Aredii.
Guntran filius Clotarii. Domnolenus.
Lopsis.
Eudo.
Vaifer. Hunaud frater.
Griffo; Rogerius; Suica soror Hunoldi, desponsata Rogerio.
Angolerius, qui cum duobus paribus occubuit Roncevalle.
Dramon.
Geraldus de Rossillon, comes Lemovicensis.
Eudo.
Fulcot de Lort, primogenitus Eudonis, nepos Geraldi.
Robertus filius Eudonis occisus in prælio a Carolo rege (2).
Guillelmus pius.
Ebolus frater Guillelmi.

---

(1) *En marge* : Ordo examinandus. Multa commentitia.

(2) *En marge*, à droite : Carolus Calvus coronatur Lemovicis et comitatum Lemovicense restituit Fulconi, filio Eudonis. Eudo coronatur rex Aquitaniæ Lemovicis.

Vicecomites Lemovicenses.

Dosmard vicecomes.
Aimar de Segur, gouverneur de Lymoges de par Guillaume de Guienne dit Teste d'estoupe.
Guido I.
Aimar de Segur, 1028.
Guido II (1).
Guido III.
Guido IV qui duxit filiam comitis Blesensis Theobaldi. Obiit apud Brantholium.
Maria, uxor Artusi Britanniæ, comitis *de Richemont*, 1286, relicta a parte sub custodia nobilis Margaretæ de Burgundia, vicecomitissæ Lemovicensis.
Joannes.
Guido. ⎫   Sénéchal créé en Lymosin :
Joanna. ⎭   Guy de Malemort.
Joannes *de Montfort*.
Jean de Bretaigne.
Guy de Bret.
Olivier.
Jean.
Guillaume fils d'Olivier.
Jean de Bret.
Guillaume de Bret.
Françoise de Bret, femme d'Alain d'Albret.
Jean d'Albret.
Henry d'Albret.
Jeanne d'Albret, Antoine de Bourbon.
Henry IV, roi de France.
Louis XIII, roy (2).

---

(1) *En marge, à droite :* Sub hæc tempora bellum sanctum in quo domini *de Las Tours*, Godafredus *de Segur*........

(2) Le fait que cette liste s'arrête à Louis XIII suffit à prouver que l'auteur vivait dans la première moitié du XVI° siècle.

Disquirenda (1).

Ptolemeus Lemovicam vocat Ratiastum (2).

Rusticus II, episcopus Lemovicensis, discipulus sancti Hilarii.

Sedes vacat propter Arianismum.

Lemovica destructa a Gothis anno 368 (*sic*). Valens et Valentinus imperatores.

Aquitania Gothis datur ad inhiandum ab imperatoribus; quam tenuerunt per 80 annos.

Ab Arrianis iterum urbs Lemovica deflagravit. Jocundus, pater sancti Aredii, regebat Lemovicas cum Ecochio (3) episcopo dum ab Arrianis obsideretur.

Sub Aggerico episcopo (4) rursus obsidetur Lemovica a Lopside duce Aquitanie, qui diem dixit ut Lemovicas se dederint. Interim dum balteum pretiosissimum de sepulcro sancti Marcialis vult auferre, a Proculo cive Lemovicensi pugione feritur, eoque mortuo solvitur obsidio.

Eudo coronatur Lemovicis dux Aquitaniæ 719, ante bellum initum inter Danielem et Martellum. Fecit homagium Aquitanie regi 730.

Lemovica capta et diruta a Pipino cum monasteriis sanctorum Michaelis et Pauli.

En l'an 888 les nobles de Lymosin fortifièrent le chasteau de Ségur contre les infidèles.

Richard Cœur de lion couroné à Lymoges fit abbatre le pont de la Roche au Guot.

---

(1) Ces extraits se retrouvent dans la collection Gaignières (ms. lat. 17118, p. 179) avec cette indication *Ex schediis dni Guibert*, qui figure aussi dans notre copie.

(2) Erreur. *Ratiastum* est, à ce qu'on croit, Angoulême. Limoges s'appelait *Augustoritum*.

(3) Peut-être l'auteur veut-il parler d'Exotius, que l'on croit avoir été évêque de Limoges jusqu'en 559.

(4) Commencement du VIIIe siècle.

Petronille, reyne d'Angleterre, mine Lymoges et y fait semer du sel en signe de malédiction.

Les fontaines de St-Martial conduites du lieu de Pierre-ferrade, 1259.

Les années commencoient le 25ᵉ mars par ordonnance de Mᵉ Jean Faure, chancelier, 1300.

Symon Boyol, bourgeois, envoyé en Angleterre pour la confirmation des privilèges, 1315 (1).

L'an 474 Avarix roy des Wisigots ruina Lymoges et chassa les évesques. (*Ex lib. 8 historiarum Scotiæ*).

Chilpéric envoya son fils aisné Théodebert contre Gontran son frère pour recouvrer la Guienne. Ce Théodebert ruina Lymoges. (*Ex Gregorio Turon, lib. IV, c. 47*).

Charles le Chauve avant qu'aller pour la troisième fois contre Neoment (2), prince des Bretons, tinst son parlement général à Limoges huit ans après la mort de Louys le Débonnaire. (*Ex chron. Engolism*).

Gérald, conte de Bourges, d'Auvergne et de Lymoges eut guerre contre Charles le Chauve et fut dépossédé de tout. (*Ex Lupo Ferrariensi in epistolis*).

Charles le Simple estant sacré roy, on bailla l'Aquitaine à Eudes qui eust un fils appelé Eble. Et à Ebles succéda Guillaume conte d'Angoulesme. De cet Eble descendit autre Eble, qui fut évesque, et son frère Guillaume Teste d'Estoupe. (.....)

Rodolphe roy de France tailla les Normands en pièces près Limoges. (*Annales de Rheims*).

Raimond de St-Gilles, conte de Tholose, Cahors et Lymoges. (*Vide Castellum, lib. II, 137*).

---

(1) On trouvera quelques développements sur tous les faits qui précédent, dans les *Annales françaises de Limoges*, aux dates afférentes.

(2) Il s'agit de Noménoé contre lequel, en effet, Charles le Chauve eut à combattre.

BERNARDI GUIDONIS

CATALOGUS EPISCOPORUM LEMOVICENSIUM

CONTINUATUS

AUCTORIBUS INCERTIS

1348-1519

Le titre que nous venons d'adopter a besoin d'être justifié.

Nous ne connaissons pas le manuscrit original d'où ce catalogue des évêques de Limoges entre 1348-1519 est tiré. Selon toute vraisemblance, ce manuscrit appartenait aux archives du chapitre. Il en est sorti nous ne savons quand ni comment. En tout cas, il semble avoir été transcrit deux fois au XVII° siècle : à une date incertaine par Baluze ou l'un de ses correspondants, si nous en croyons ce titre du tome XLIV des armoires du savant limousin : *Alia gesta episcoporum Lemovicensium incerto auctore,* venant après une copie du catalogue de Bernard Gui ; — antérieurement à Baluze, par l'auteur des *Historica* que nous avons publiés ci-dessus. L'écriture est, des deux côtés, aisément reconnaissable et ne prête à aucun doute.

De même provenance que les *Historica,* cette première copie du manuscrit original fait partie d'un cahier in-4° de trois feuillets, qui contient les pièces suivantes :

1° Une chronique en dialecte limousin rajeuni, dite

chronique de 1370, déjà publiée par M. Duplès-Agier dans les *Chroniques de Saint-Martial de Limoges* (1874, p. 148);

2° Le catalogue des évêques de Limoges, de Bernard Gui, s'arrêtant, comme on sait, à Raynaud de la Porte, qui fut transféré de Limoges à Bourges en 1316 :

3° La chronique suivante, qui est annoncée dans la copie par ces seuls mots : *Ex eodem manuscripto consequenter et eadem manu qua superiora*. Cette simple mention justifie bien l'opinion que ce nouveau catalogue des évêques de Limoges est une continuation voulue de celui de Bernard Gui. Mais ici se présente une particularité curieuse qu'il importe de relever.

Le premier continuateur, que nous savons avoir pris la plume en 1412 ou 1413 (voyez plus loin). ne crut pouvoir mieux faire pour compléter l'œuvre de son devancier que d'interroger quelques vieillards de son temps. Tous lui affirmèrent que le successeur de Raynaud de la Porte avait été Jean de Cros, et notre chroniqueur, se croyant suffisamment bien instruit par ce témoignage, inséra immédiatement après le nom de Raynaud de la Porte cette mention confiante : *Isti successit Joannes de Croso, prout audivi dici a personis multum annosis*. Or, entre le départ de Raynaud de la Porte, 1316, et l'avènement de Jean de Cros, 1348, s'écoule en réalité un intervalle de trente deux ans, durant lequel le siège épiscopal de Limoges fut occupé par cinq prélats différents. — Telle est d'ordinaire la valeur de la tradition orale quand elle ne s'appuie pas originellement sur quelque texte écrit.

Les auteurs de cette continuation ne se nomment point. Mais si nous tenons compte, entre autres choses, de ce passage *omnes nos et successores nostri sumus obnoxii*, qui précède de quelques lignes un changement de main constaté en 1412 ou 1413 par le copiste du XVIIme siècle, nous en devons conclure que le premier continuateur fut quelque dignitaire du chapitre cathédral, vivant à cette date. Un de ses successeurs poussa la chronique des évêques de Limoges jusque vers 1485 et eut lui-même un continuateur qui s'arrêta à l'année 1519 ou 1520.

L'intérêt de cette triple continuation est assez grand. En premier lieu, on y trouve la preuve que l'activité historiographique, si grande à Limoges au XI°, XII° et XIII° siècles, n'avait point aussi sensiblement décliné aux siècles suivants qu'on l'avait cru jusqu'ici.

En second lieu, on y puise la confirmation d'un fait à peine entrevu jusqu'ici, à savoir que la cathédrale de Saint-Etienne de Limoges, dans la personne de ses chanoines, a sa place dans le mouvement historique du moyen-âge à côté des monastères de Saint-Martial, de Saint-Martin et des Jacobins. Nous l'avions conjecturé déjà de quelques fragments de chroniques locales publiés par Labbe d'après les manuscrits du chapitre de Saint-Etienne (*Abrégé royal*... t. II). La chronique qui suit autorise pleinement cette conjecture et en fait une vérité acquise.

En dernier lieu, nous possédons dans cette continuation du catalogue de Bernard Gui la source première où ont puisé les historiens locaux du XVII° et du XVIII° siècle, qui nous ont raconté les compétitions épiscopales dont Limoges fut le théâtre à la fin du moyen-âge. Après avoir jusqu'ici vainement cherché cette source, nous avions conclu qu'elle avait consisté uniquement en documents diplomatiques, semblables à ceux que Baluze a rassemblés pour l'histoire des compétitions dont le siège de Tulle fut aussi le théâtre à la même époque (Voyez l'*Historia Tutellensis*, p. 765 et ss). Si ces documents se retrouvent un jour dans le fonds de l'évêché ou du chapitre cathédral des Archives départementales de la Haute-Vienne, ils ne feront qu'ajouter leur témoignage à celui de la chronique qui suit.

On remarquera que ce catalogue diffère sur quelques points de celui qu'on peut appeler canonique. C'est que les rédacteurs n'ont pas su toujours s'y reconnaître au milieu des sanglantes rivalités de ce temps. Ils enregistrent simplement les candidats à eux connus, sans trop se préoccuper du bon droit des contendants.

Joannes de Croso successit isti (1), prout audivi dici a personis multum annosis. Qui quidem prefatus Joannes fecit ædificari turrim seu castrum de Insula prope Lemovicas (2).

Aimericus Cati successit præfato Joanni (3). Qui quidem prædictus Aimericus fuit de Agia-Cati prope S. Aredium (4) Lemovicensis diœcesis.

Bernardus de Bonavalle successit isti (5). Qui fuit de dominis de Bonavalle (6) Lemovicensis diœcesis.

Hugo de Maignaco prope Porchariam (7) successit præfato Bernardo de Bonavalle (8). Qui quidem Hugo fuit notabilis vir; et pluribus jocalibus ornavit et decoravit ecclesiam Lemovicensem et præcipue dedit jocale argenteum in quo portatur corpus Domini et unam cappellam albanam munitam albis et cæteris necessariis, et unum pulcrum thuribulum argenti deauratum et unum missale novum, secundum usum romane ecclesie, et unum pluviale *de velvet* (9) rubeum; item unam crossam argenti et unam mitram; item in testamento suo reliquit hæredes pro media parte capitulum Lemovicensis ecclesie, et pro alia parte religiosos monasterii S. Martialis; item ordinavit et fundavit ut qualibet die dicatur in majori missa ante *Lava-*

---

(1) Grave erreur. Le successeur de Raymond de la Porte fut Gérard Roger (1317-1324) qui eut lui-même pour successeurs Elie de Talleyrand, Roger le Fort, Nicolas de Besse et Gui de Comborn. Jean de Cros fut évêque de 1348 à 1371.

(2) Isle près Limoges, où les évêques de Limoges avaient en effet un château de plaisance.

(3) De 1372 à 1390.

(4) St-Yrieix, chef-lieu d'arrondissement, Haute-Vienne.

(5) De 1391 à 1403.

(6) Arr. de St.-Yrieix, Haute-Vienne.

(7) Magnac-Bourg près la Porcherie, arr. de St-Yrieix, Haute-Vienne.

(8) De 1403 à 1412.

(9) C'est-à-dire de velours

bo pro anima ipsius collecta videlicet *Deus qui inter apostolicos;* et multa alia bona fecit huic ecclesie. Ideo omnes nos et successores nostri sumus obnoxii. Et sunt ad orandum Deum ut ejus anima beatorum agmini societur. Obiit autem 16° calendas novembris anno Domini 1412.

Jacobus Viaudi (1), qui parum vixit, successit in episcopatu domino Hugoni de Maignaco (2) fuitque receptus in episcopum in refectorio S. Martialis per dominos canonicos ecclesie Lemovicensis die 17ᵃ mensis octobris anno Domini 1414.

Hugo de Rofinhaco Lemovicensis diœcesis fuit receptus in episcopum Lemovicensem ex provisione apostolica et prestitit juramentum consuetum dominis de capitulo Lemovicensi die 18ᵃ octobris anno Domini 1418. Propter quod magna fuit altercatio inter dominun Ramnulphum de Peracia, electum in episcopum Lemovicensem (3), et dictum dominum Hugonem de Rofinhaco, quia quilibet ipsorum se asserebat episcopum Lemovicensem. Sed tamdem fuerunt pacificati per sanctissimum patrem dominum Martinum papam-quintum ad preces domini Caroli Franciæ regis. Qui quidem dominus Martinus papa quintus dictum dominum Ramnulphum præfecit episcopatui Mimatensi et dictum dominum de Rofinhaco præfecit episcopatui Rivensi (4). Et istis sic compensatis dictus summus pontifex præfecit dominum Petrum de Montebruno, religiosum tunc abbatem S. Augustini Lemovicensis, in episcopum Lemovicensem.

---

(1) Il est appelé Nicolaus Viaudi par le *Gallia Christiana*. Il avait été nommé par Jean XXIII.

(2) Il y a en cet endroit une croix sur la copie et en marge une croix correspondante avec ces mots : *Alia manu.*

(3) Elu par le chapitre. — Ramnulphe de Pérusse appartenait à la famille des Cars (château et commune de l'arr. de St-Yrieix).

(4) En marge de la copie : *Error in nomina episcopatuum.* — Nullement. Ramnulphe de Pérusse des Cars fut bien transféré à Mende en 1424 ou 1426 et Hugues de Roffignac à Rieux en 1427.

Petrus de Montebruno (1) Lemovicensis diocesis fuit receptus in episcopum Lemovicensem ex mandato domini Martini papæ quinti per dominos de capitulo Lemovicensi, anno Domini 1427, et eisdem præstitit juramentum consuetum. Iste rexit sedem episcopalem 28 annis. Fuit vir magnanimus et severus in conservandis juribus sui episcopatus Obiit autem apud castrum suum de Insula supra Vigennam (2) die 19ᵃ februarii. anno Domini 1455 (3), sepultusque fuit in medio chori ecclesiæ Lemovicensis in descensu graduum altaris ejusdem ecclesiæ.

Joannes Bartonis Lemovicensis diœcesis post decessum præfati domini Petri de Montebruno fuit electus in episcopum Lemovicensem (4). Qui post electionem et confirmationem præstitit personaliter juramentum suum dominis de capitulo Lemovicensi die 18ᵃ mensis septembris anno Domini 1457. Erat autem vir litteratus et in consilio providus; erat etiam ante promotionem suam præsidens enquestarum Parisiis et decanus Lemovicensis pluresque alias dignitates ecclesiasticas obtinebat (5). Cessit juri dicti episcopatus in favorem Joannis Bartonis (6), in juribus licentiati, decani ecclesiæ Lemovicensis, ejus nepotis, et factus archiepiscopus Nazarenus (7). Postquam dies suos pacificos explevit, mortuus est in castro

---

(1) Montbrun, château de la commune de Dournazac (arr. de Rochechouart, Haute-Vienne,) non loin de Montbrun nommé plus haut.

(2) Isle sur Vienne. Voyez plus haut.

(3) Nouveau style 1456.

(4) Jean Bartoni de 1457 à 1486. Il éait de la famille des vicomtes de Montbas (commune de Gajoubert, arr. de Bellac, Haute-Vienne.

(5) Une croix, comme plus haut, avec ces mots: *Alia manu.*

(6) Jean Barton II, de 1486 à 1510

(7) Le *Gallia christiana* déclare ignorer quel est ce siège archiépiscopal.

de Insula die 4ᵃ maii, anno Domini 1497 (1), et sepultus fuit in ecclesia Lemovicensi subtus gradus magni altaris ejusdem ecclesiæ.

(*Alia manu*) : Joannes Bartonis [II] (2).........

Reverendissimus cardinalis S. Sabinæ presbiter, vocatus Renatus *de Prie* (3), cum videret maximam quæstionem inter [Franciscum] Bartonis et [Falcaudum] *de Boneval*, electos, super confirmationem electionum suarum, episcopatum Lectorensem quem tenebat Bartoni tradidit pro jure suo, ac *de Boneval* episcopatum Suessionensem tunc inter [Claudium] *de Louvain*, [.........] *Cornet*, [.........] *S. Fale* litigiosum. Etiam compensatis partibus pro juribus prætensis, pacifice [.........] obtineret, curavit (4). Quibus peractis per sedem apostolicam Lemovicensi episcopatu in commendam providetur.

Præfato cardinali [successit] Philippus *de Montmorency* (5), *P. de l'Isle-Adam* (6).

---

(1) Il s'agit de Jean I.

(2) Il est malaisé de comprendre pourquoi l'auteur du catalogue n'a point consacré de notice à ce Jean Barton

(3) Evêque de 1510 à 1517.

(4) Il y a des blancs dans la copie partout où nous avons mis des crochets.

(5) En 1517. Il mourut en 1519.

(6) Plus exactement Charles de Villiers de l'Isle-Adam. Mais il ne prit possession qu'en 1522 et parait avoir succédé en réalité à Guillaume Barton, † 1520.

PIÈCES DIVERSES

1. — **Transaction entre les habitants et le seigneur abbé de Beaulieu-sur-Ménoire touchant l'élection des prudhommes. — Première moitié du XIV° siècle. Minute sur parchemin.**

Cette transaction a été rédigée sur un rouleau de parchemin, quelque peu détérioré aujourd'hui, et mesurant 1^{m}17 sur 0^{m}34. L'écriture est la gothique du XIV° siècle, avec titres et sous-titres en vermillon.

L'absence de date et de sceau, celle de la signature et du nom patronymique des parties contractantes, comme aussi certaines erreurs de rédaction que nous relevons en note, indiquent suffisamment que nous avons ici non point l'original même de l'acte, mais vraisemblablement une première rédaction, une minute peut-être. L'intérêt historique n'en est pas considérable puisqu'il ne s'agit guère que du mode d'élection des consuls de Beaulieu, des droits de l'abbé en cette matière et du règlement de quelques redevances. M. Max. Deloche, dans son Introduction au *Cartulaire de Beaulieu*, cite (p. XXXVII, notes 1 et 2) plusieurs transactions de ce genre dont il subsiste des copies modernes à la Bibliothèque nationale. Celle de 1269, acceptée par l'abbé Bégon, contiendrait quelques stipulations de détail qui ne se retrouvent pas dans la pièce suivante. Nous en concluons que celle-ci se rattache plutôt à l'une des transactions intervenues en 1313, 1320, 1327, et 1345 d'après M. Deloche.

Par contre l'intérêt philologique de cette pièce est assez grand. Les textes en langue vulgaire sont rares dans notre région après le XIII° siècle. Nous relèverons dans celui-ci quelques particularités phonétiques et orthographiques qui caractérisent le dialecte du bas Limousin.

La nasale n'est ni figurée, ni représentée dans plusieurs mots où le provençal la conserve : *So* pour *son*, *no* pour *non*, *tegut* pour *tengut*.

On trouve cependant *non* deux fois, mais devant des mots commençant par une voyelle (§ 10 et 18), et *tengut* une fois (§ 3). On rencontre également *avion* (§ 10), et *serian* (§ 12).

A la troisième personne du pluriel des verbes la désinence *an* devient *au* : *Creirau, poyrau, volriau, seriau* (sauf l'exception du § 12 que nous avons déjà citée).

A relever aussi :

Parofia et *parrofia* (§ 23 et ailleurs), forme limousine de *parrochia*, connue d'autre source (Cf. Ducange, verbo);

Prosomes (§ 3) pour *prohomes* partout ailleurs employé ;

Presentach (§ 3), *causich* (§ 5 et 6), *absenh* et *presenh* (§ 10), *requerich* (§ 11), *forsach* (§ 13) etc, comme participes passés au pluriel ;

Ces (pour *ses* = *sans*) employé adverbialement (§ 8) ;

Reyrefieu = arrière-fief (§ 16), qui rappelle le *rerdisme* = arrière-dîme relevé ailleurs par M. Ant. Thomas ;

Ansetz (§ 19), augmentatif de *ans* ;

Basta (§ 22) dans le sens de charge (*basta de vi*) :

L'orthographe variable de certains mots est au contraire bien certainement le fait du scribe. On trouve en effet *cuminaltat, comunaltat* et *cominaltat*, — *loctenens, loxtenens* et *locztenens*, — *causit* et *quausit*, — *vila* et *viela*, — *se* et *si* (§ 3), — *serau* et *sarau* (§ 5 et 6).

Toutes ces particularités ne portent certes pas préjudice à l'intelligence du document. Mais les inversions nombreuses et les phrases restrictives dont il est surchargé presque à chaque paragraphe y introduisent une certaine obscurité. C'est ce qui nous a déterminé à donner au-dessous du texte une traduction française, aussi littérale d'ailleurs que possible.

Aysho so los articles de la compositio facha entre la vila e mosenher l'abat.

1. Cum LX prohomes poro causir XII prohomes (1).

Lo prumiers es que quaranta prohomes de la cuminaltat de la vila de Belloc posco caus[ir elh meihs] dels dich XL o dels autres prohomes de la vila xii prohomes.

2. Cum los presento e a cuy.

Item, lhi dich XL prohomes elh meihs los dich XII causitz presento o nomno a mosenher l'abat o a so loc[tenen, se] lo mostiers vacava (2) al prior del mostier, l'endema de nadal davan la gran messa el mostier meihs.

Ce sont les articles de la transaction faite entre la ville et messire l'abbé.

1. Comment 40 prud'hommes pourront choisir 12 prud'hommes.

Le premier (article) est que quarante prud'hommes de la communauté de la ville de Beaulieu peuvent choisir eux-mêmes 12 prud'hommes d'entre eux et des autres prud'-hommes de la ville.

2. Comment ils les présentent et à qui.

Item, les dits 40 prud'hommes présentent eux-mêmes et dénomment les dits 12 choisis à messire l'abbé ou à son lieutenant, ou encore, si le monastère est vacant, au prieur du dit monastère, le lendemain de Noël, avant la grand'-messe, au monastère même.

---

(1) Ce sous-titre précède le titre général dans la pièce. Il était indispensable de faire disparaître cette interversion.

(2) C'est-à-dire *si la charge d'abbé est alors vacante.*

3. *Cum l'abas es tegutz causir IIII prosomes* (sic).

Item, d'els XII prohomes causitz e presentatz e nomnatz l'endema de nadal el mostier davan la gran messa aishi cum es desus dich, o se en aquel dia no so presentach, se l'endema savals (3) seguen (4) la gran messa, so presentach, mosenher l'abas o sos loxtenens o, si vacava lo mostiers, lo priors sia tengutz de causir quatre prohomes, [que] (5) en lor bona cossiensa e fidelitat creirau plus fiel[s] e plus aprofechables a far e a tractar e curar los negocis de la dicha vila o cuminaltat.

---

3. *Comment l'abbé est tenu de choisir 4 prud'hommes.*

Item, que des 12 prud'hommes choisis et présentés et dénommés le lendemain de Noël, au monastère, avant la grand'messe, comme il est dit ci-dessus, ou s'ils ne sont présentés en ce jour mais s'ils sont présentés le lendemain au moins à l'issue de la messe, messire l'abbé ou son lieutenant ou encore, si le monastère est vacant, le prieur du dit monastère soit tenu de choisir quatre prud'hommes, que en leur conscience et bonne foi ils croiront le plus fidèles et le plus capables pour expédier, traiter et surveiller les affaires de la dite ville et communauté.

---

(3) *Savals, sivals* ou *sivaus,* suivant les dialectes, signifie *au moins, du moins.*

(4) Le mot *davan* qui vient après *seguen* a été expontué.

(5) Nous suppléons ce mot pour la clarté de la phrase.

4. *Cum l'abas deu autregar los IIII causit a la comunaltat.*

Item, mosenher l'abas o sos loxtenens en las oras davan dichas autrego los IIII prohomes causitz, aishy cum es desus dich, a la dicha cominaltat o a l'ops de lhieys a tractar e curar e far los negocis de la cominaltat avand[icha].

5. *Que devo jurar e cora lhi IIII causit.*

Item, lhi quatre, mantenen que serau causich (1), devo jurar que en degu cas se no entremeto de senhoria o de juridictio o de justisia, ni en deguna manieyra a se no la prendo o aproprio.

---

4. *Comment l'abbé doit accorder les 4 choisis à la communauté.*

Item, messire l'abbé ou son lieutenant, aux heures dessus dites, accordent les 4 prud'hommes choisis, comme il est dit ci-dessus, à la dite communauté ou à son service pour traiter, surveiller et expédier les affaires de la sus dite communauté.

5. *Que les 4 choisis doivent prêter serment et quand.*

Item, les quatre, aussitôt qu'ils seront élus, doivent jurer qu'en aucun cas ils ne se mêleront de seigneurie ou de juridiction ou de justice et qu'en aucune manière ils ne la prendront ni ne se l'approprieront.

---

(1) A partir de cette ligne, le mot *causir* change un peu de sens. Les quatre prud'hommes ne sont plus seulement choisis, ils sont déjà élus.

6. Del sagramen de l'aministracio.

Item, lhi quausit e autregat, aishy cum es dich, dese que sarau causich, ces demora, a l'abat o a so loctenen jurarau e serau tegut jurar sobre los sanh avangelis los negocis de la dicha cuminaltat tractar, curar e far aprofechablamen e fielmen segon que poyrau.

7. De la pena en que so tegut lhi causit.

Item, lhi IIII causit devo penre los faihs que hom lor bayla en pena de dos marcz d'argen, l'u marc a l'abat e l'autre a la cuminaltat.

8. Can lhi IIII causit no o volo penre cum so causit autre IIII.

Item, si lhi IIII causit o cals que sia de lor no volia penre lo faih desus dich, adonc en aquel cas l'abas o sos loxtenens ol prior[s] devo causir, en

---

6. Du serment de bien administrer.

Item, les élus et accordés, comme il est dit, dès qu'ils seront élus, sans retard, jureront à l'abbé ou à son lieutenant et seront tenus de lui jurer sur les saints évangiles de traiter, surveiller et expédier les affaires de la dite communauté convenablement et fidellement, selon leur pouvoir.

7. De l'amende à laquelle les élus sont tenus.

Item, les 4 élus doivent accepter la charge qu'on leur baille, à peine de deux marcs d'argent, l'un pour l'abbé, l'autre pour la communauté.

8. Comment sont choisis quatre autres prud'hommes quand les 4 élus ne veulent accepter.

Item, si les 4 élus ou l'un quelconque d'entre eux ne voulait accepter la charge sus dite, alors en ce cas l'abbé ou son lieutenant ou le prieur doivent choisir, tout comme il

ayshi cum es desus dich. en lor bona cossiensa e e lor bona fieltat, d'aquels que remano ces (1), un autre o autres el loc d'aquel o d'aquels que [no] (2) volriau penre lo fayhs, o suplir lo comte dels quatre, e los IIII es tegutz autregar a la dicha cominaltat.

9. [Can] *devo pagar la pena.*

Item, si ses deve que degus caia e la pena, [e] per so cas no volia penre lo faihs desus dich, adonc l'abas o autre de so mandamen, de per la e ces demora e ces conoyshensa de causa, lo deu forsar apagar la pena a la cominaltat; o si l'abas no o volia far can ne seria requerit pels IIII causitz o per la cominaltat, adonc lhi IIII causit e autregat o costituit posco per semeihs apagar la dicha pena forsar e destrenger aquel que no volria penre lo dich faihs.

---

a été dit ci-dessus, en leur conscience et bonne foi, parmi ceux qui restent demeurant, un ou plusieurs autres en place de celui ou de ceux qui ne voudraient accepter la charge, ou bien compléter le compte de quatre ; et il est tenu d'accorder les quatre à la dite communauté.

9. *Quand ils doivent payer l'amende.*

Item, s'il arrive qu'aucun tombe sous (le coup de) l'amende et en ce cas ne veuille accepter la charge sus dite, alors l'abbé ou tout autre par son ordre, par ainsi et sans retard et sans examen de la chose, le doit obliger de payer l'amende à la commnnauté ; ou si l'abbé ne le voulait faire quand il en sera requis par les 4 élus ou par la communauté, alors les 4 élus, accordés ou constitués, peuvent eux-mêmes obliger et contraindre celui qui ne voudrait prendre la dite charge à payer la dite amende.

---

(1) Le mot, *ces*, *sans*, paraît employé ici dans un sens absolu, comme encore aujourd'hui dans le langage populaire. Ce serait alors un adverbe.

(2) Nous suppléons ce mot indispensable pour le sens de la phrase.

10. *Cora lhi XL podo causir los IIII.*

Item, si mosenher l'abas o sos locztenens ol priors, sil mostiers vacava, el loc e el dia desus dich non (*sic*) ero presens, o si ero presenh (*sic*) mas no volriau causir los IIII aishy cum es desus dich, adonc lhi XL prohomes desus dich costituisco e posco costituir dels XII que avion causitz IIII e la manieyra e e la pena desus dichas; en pero (1) lhi IIII en n'ayshi costituit pels XL prohomes tantos que l'abas o sos lo[cz]tenens al dich loc venra, el cas que seriau absenh aishi cum es desus dich, adonc se presento el dich mostier e a lor juro e la manieyra desus dicha.

11. *Cum devo far la talhada.*

Item, can als IIII causitz sera veiayre de far talhada o collecta als homes de la dicha viela (*sic*)

---

10. *Quand les 40 prud'hommes peuvent choisir les 4.*

Item, si messire l'abbé ou son lieutenant ou le prieur (si le monastère est vacant), au lieu et jour dessus dits, ne seront présents, ou s'ils seront présents mais ne voudraient choisir les 4 ainsi qu'il est dit ci-dessus, alors que les 40 prud'hommes dessus dits constituent et puissent constituer 4 des 12 que nous avons choisis, en la manière et sous les peines dessus dites; cependant les 4 ainsi constitués par les 40 prud'hommes, aussitôt que l'abbé ou son lieutenant viendra au dit jour, au cas où il seraient absents comme il a été dit ci-dessus, se présentent alors au dit monastère et leur prêtent serment en la manière dessus dite.

11. *Comment ils doivent faire la taille.*

Item, quand les 4 élus seront d'avis de faire la taille ou collecte parmi les hommes de la dite ville au profit de la

---

(1) Plus souvent *empero.*

al profiech de la cominaltat, no farau ni no la poyrau far ni igar ces lo bayle de l'abat o autra persona seglar, la cal deu baylar l'abas ces [mal] (1) vol, si lo bayles o la dicha persona so requerich pels IIII o per autre de lor part, e y volo esser a far e a igar la talha; o si esser no y volo, lhi IIII causit per se meihs farau e poyrau far e igar la talha.

12. Cum lo bayles elh IIII causit podo forsar pagar la talha.

Item, lhi IIII causit per se meihs o per autre o autres el dich bayles o sos sirvens can ne sera requeritz pels IIII o per autre e nom de lor, se i voi entendre e vacar, forso et posco forsar aquels que constratariau e serian (2) rebelles a pagar la talha.

---

communauté, ils ne la feront ni ne pourront faire et répartir sans le bailli de l'abbé ou autre personne séculière, laquelle l'abbé doit accorder sans mauvais vouloir, si le bailli ou la dite personne sont requis ainsi par les 4 élus ou par tout autre de leur parti ; ou s'ils ne veulent y être, les 4 élus feront par eux-mêmes et pourront faire et répartir la taille.

12. Comment le bailli et les 4 élus peuvent obliger à payer la taille.

Item, les 4 élus par eux-mêmes ou par un autre ou par plusieurs autres et le dit bailli ou son sergent, quand il en sera requis par les 4 ou par tout autre en leur nom, s'il y veut entendre et s'en occuper, obligent et peuvent obliger à payer la taille ceux qui s'y refuseraient et seraient rebelles.

---

(1) L'addition de ce mot nous paraît indispensable au sens.
(2) Le texte porte *seria*, avec un sigle abréviatif sur l'a.

13. De la pena d'aqzels que no volo pagar la talha.

Item, lo profiech o la pena que hom auria elevaria dels homes de la vila que seriau forsach apagar la dicha talha per prendemen de gatges o en autra manieyra pels dichs IIII o de lor partida [p]el dich bayle o sos sirvens, sia devisa e acumilada per igals partidas entre lor.

14. Coras lhi IIII causit podo forsar per semeihs apagar la talha.

Item, sil bayles per se meihs o per so sirven, requerit aishy com es desus dich, no y volia entendre, lhi davan dich IIII per semeihs o per autre o per autres apagar la talha posco forsar lor ; e en aquel cas la emenda e la pena dels enobediens a pagar la talha a lor e nom de la cuminaltat del tot apertenha.

---

13. De l'amende de ceux qui ne veulent payer la taille.

Item, que le gain et l'amende qu'on aura levée sur les hommes de la ville qui seraient contraints à payer la dite taille par retenue de gages ou de tout autre manière par les dits 4 élus ou de leur part, et par le dit bailli ou ses sergents, soit divisée et répartie entre eux par égales parts.

14. Quand les 4 élus peuvent par eux-mêmes contraindre à payer la taille.

Item, si le bailli n'y voulait entendre par lui-même ni par son sergent, de ce requis comme il a été dit ci-dessus, les 4 élus dessus dits peuvent par eux-mêmes ou par un autre ou par plusieurs autres, les contraindre à payer la taille ; et en ce cas l'amende et la peine pécuniaire de ceux qui refusent de payer la taille, leur appartiendra tout entière au nom de la communauté.

15. *De la mayo e de l'arca.*

Item, lhi IIII a curar, tractar e far los negocis de la cuminaltat aio e posco aver en la vila mayo e arca cuminal e sagel; del qual sagel tan solamen usarau e posco usar els cuminals negocis de la cuminaltat de la dicha viela (*siç*).

16. *En cal fieu deu esser la mayo.*

Item, la dicha mayo aio el fieu o el reyrefieu del mostier am la renda am la cal us autre hom privatz la tenria.

17. *Cum la mayo no pot esser sazida.*

Item, la dicha mayo cuminal mosenher l'abas o us autre per so nom o per so mandamen, se no per razo de la renda que no seria pagada o per autra drechura e eviden colpa de la cuminaltat, no posca sazir.

---

15. *De la maison et du coffre.*

Item, que les 4 élus pour surveiller, traiter et expédier les affaires de la communauté aient et puissent avoir en la ville maison et coffre communal et sceau ; duquel sceau ils n'useront et peuvent user que pour les affaires communes de la communauté de la dite ville.

16. *En quel fief doit être la maison.*

Item, (qu'ils) aient la dite maison en fief ou arrière-fief du monastère, moyennant la rente sous laquelle un autre particulier la tiendrait.

17. *Comment la maison ne peut être saisie.*

Item, que messire l'abbé ou tout autre en son nom ou par son ordre ne puisse saisir la dite maison communale, si ce n'est pour raison de non-paiement de la rente ou pour autre tort et faute manifeste de la communauté.

18. De l'avoansa de la mayo.

Item., la dicha arca el sagel lhi dich IIII o la cuminaltatz d'autre senhor non avora ni podia avorar.

19. Del bailamen de las claus.

Item, las claus de la vila lhi dich IIII per lor e per la cuminaltat de la vila en noel avenimen (1) de mosenhe[r] l'arsivesque de Biorjas (2) que sera per tems o a l'abat baylo, que el las bayle a l'arsivesque; e l'abas (3) las dichas claus, de-se que las aura agudas e cobradas de l'arsivesque, las reda ces demora, ansetz (4) que l'arsivesques s'en ane, als dich IIII per se e per la cuminaltat o aquel a cuy o comandarieu.

---

18. De l'aveu (à faire) de la maison.

Item, les dits 4 élus ou la communauté n'avouent ni ne peuvent avouer le dit coffre et le sceau à d'autre seigneur (que messire l'abbé).

19. De la remise des clefs.

Item, les dits 4 élus en leur nom et au nom de la communauté de la ville remettent les clefs de la ville à monseigneur l'archevêque de Bourges, quel qu'il soit, à chaque nouvelle visite, ou à l'abbé (du monastère) pour qu'il les remette à l'archevêque; et l'abbé dès qu'il aura eu et recouvré les dites clefs (des mains) de l'archevêque, il les rend sans retard, avant que l'archevêque s'en aille, aux dits 4 élus, lui en son nom, eux au nom de la communauté, ou à celui à qui ils commanderont (de les recevoir).

---

(1) La suite de la phrase et particulièrement le passage *ansetz que l'arsivesques s'en ane*, prouve que ce mot ne signifie pas avènement mais venue.

(2) Cette remise des clefs à l'archevêque de Bourges plutôt qu'à l'évêque de Limoges, dans le diocèse duquel se trouvait Beaulieu, s'explique par les droits de suzeraineté immédiate que les archevêques de Bourges exerçaient sur ce monastère fondé par saint Roil un de leurs prédécesseurs.

(3) Le texte porte *e el abas*. Le premier *e* est évidemment de trop.

(4) *Etz* qui est une autre forme de *e, et*, est ici une enclitique destinée à fortifier la valeur de l'idée représentée par *ans*.

20. *Que la bayla de las claus no merme lo drech de la cuminaltat.*

Item, per la bayla de las claus facha pels IIII a l'abat o per la reda facha per l'abat als IIII, al drech del IIII o de la cominaltat e de l'abat re no posca esser mermat ni cregut.

21. *Can paga hom del sagel.*

Item, disen e ordenan que per la non atrempada exactio que disia hom que era facha per razo del sagel de l'abat que per sagelar cadauna procuratio o letra contenen de say (1) la soma de XX lhieuras, no sia levat part (2) IIII deniers, e per las letras que conteno major summa o estimatio no sia levat part XII deniers.

---

20. *Que la remise des clefs ne diminue point le droit de la communauté.*

Item, que rien ne puisse être diminué ni ajouté au droit des 4 (élus) ou de la communauté et de l'abbé par la remise des clefs faite par les 4 à l'abbé ou par la reddition (des dites clefs) faite par l'abbé aux 4 (élus).

21. *Quand paie-t-on le (droit de) sceau.*

Item, disent et ordonnent que, pour la redevance non réduite que on disait être levée (tant) pour raison du sceau de l'abbé que pour sceller toute procuration ou acte contenant au-dessous de la somme de 20 livres, il ne soit levé au-dessus de 4 deniers, et pour les actes qui contiennent une plus grande somme et stipulation pécuniaire il ne soit levé au-dessus de 12 deniers.

---

(1) *De say* a littéralement le sens de *en deçà*.
(2) Préposition signifiant *au delà, au-dessus*.

22. De la basta del vi.

Item, per la basta (1) del vi el liech, que disia hom que era deguda per las exequias del mortz, disem que can lo covens sera a las exequias e sera requeritz, aia lo covens per la basta del vi III sols de la moneda corren e pel liech VIII sols; e can no y sera, o se i era e no i era requeritz, aia per la basta del vi XII deniers e per liech III sols.

23. Dels parroffias de la Capela.

Item, als parofias da la Capela (2) que au seboltura de anciana costuma el mostier volem que, salva la taxatio davan dicha el liech e la basta del vi, posco lo covens, can lhi playra, esser, (3).

---

22. De la charge de vin.

Item, pour la charge de vin et le lit qu'on disait être dus pour les obsèques des morts, nous disons que le couvent quand il sera aux obsèques sur invitation, doit avoir pour la charge de vin 3 sols de la monnaie courante et pour le lit 8 sols; mais quand il n'y sera pas, ou quand il y sera sans y être invité, il doit avoir pour la charge de vin 12 deniers et pour le lit 3 sols.

23. Des paroisses de la Chapelle.

Item, quant aux paroisses de la Chapelle qui ont d'ancienne coutume sépulture au monastère, nous voulons que le couvent puisse y être quand il lui plaira, réserve faite de la redevance dessus dite et du lit et de la charge de vin.

---

(1) Ce mot ne figure ni dans le *Dictionnaire* de Raynouard, ni dans le *Glossaire* de Bartsch. Mais le *Dictionnaire* d'Honnorat l'indique comme particulier au dialecte du Bas-Limousin, avec le sens de tombereau.

(2) Le *Cartulaire de Beaulieu* mentionne deux localités de ce nom concédées au monastère.

(3) *Y être*, c'est-à-dire se joindre aux paroissiens de La Chapelle, lors des inhumations.

24. De la pitansa.

Item, de la taula e de la pitansa laysham a la bona cossiensa e voluntat dels homes de la vila; e aysho entendem d'aquels que no so portat a la Capela, los cals laysham d'on que siau a lor costuma.

Item, aysho entendem d'aquels que no serau portat a la Capela, los cals d'on que siau los laysham a lor costuma.

25. De las polpras (1).

Item, de las polpras que serau mesas sobrels mortz disem que remanho al mostier, seno quel mortz las aia layshadas a certa usatge del mostier o de sa glieya parrofial, o en autra manieyra entre los heretiers del mort [sia dich] que remanho al mostier.

---

24. De la pitance.

Item, quant à la table et à la pitance, nous nous en remettons à la conscience et bonne volonté des hommes de la ville; nous entendons ainsi pour ceux qui ne sont portés à La Chapelle, parce que nous les laissons à leur coutume, d'où qu'ils soient.

Item, nous entendons ainsi pour ceux qui ne seront portés à La Chapelle, parce que nous les laissons à leur coutume, d'où qu'ils soient.

25. Des draps mortuaires.

Item, quant aux draps qui seront mis sur les morts, nous disons qu'ils doivent rester au monastère, à moins que le mort les ait légués pour quelque usage du monastère ou de son église paroissiale, ou à moins que [il ne soit réglé] entre les héritiers du mort qu'ils resteront au monastère.

26. Cum devo esser tegut e gardat lhi article e en cal pena.

Item, totas las davan dichas causas comandero lhi arbitre d'aquesta composicio tos temps e ces violensa esser gardadas e tegudas per l'abat el coven e per la vila sotz lo sagramen fach a lor e la pena promesa que es de miel lhieuras.

26. Comment et sous quelle peine les dits articles doivent être tenus et gardés.

Item, les arbitres de cette transaction ordonneront que toutes les choses susdites soient, en tout temps et sans violence, gardées et tenues par l'abbé et son couvent ainsi que par la ville sous le serment à eux fait et l'amende consentie, qui est de mille livres.

2. — Procès-verbal de l'assemblée des trois états du comté de la Marche et de la seigneurie de Combraille, convoqués à Guéret par Jean de Pompadour, chambellan du Roi, pour voter des fonds destinés à une levée de gens de pied. — 1486. Orig. parch.

Nous, Jehan de Pompadour, chevalier, seigneur dudit lieu, de Chenac, du Riz et de Lauriere, conseillier et chambellain du Roy nostre sire, et commissaire dud. seigneur en ceste partie, certiffions a tous ceulx qu'il appartiendra que, apres ce que nous avons receuez les lettres du Roy missives addressans aux gens des trois estatz de la conte de la Marche et a nous, desquelles la teneur s'ensuyt :

(*Note se référant à la page 288*) :
(1) Il ne s'agit plus du linceul entourant lo cadavre, mais du drap de couleur rouge que l'on étendait sur le cercueil.

De par le Roy.

Chiers et biens ames, vous savez comme puis naguieres, au moyen de noz lettres de commission addressans au seneschal de la Marche ou a son lieutenant, vous aves este assemblez affin d'aviser la maniere et fourme plus aisee de mectre sus aucun nombre de gens a pie, pour nous fortiffier et tenir nostre royaume et noz bons et loyaulx subgetz d'iceluy en paix et tranquillité, en quoy vous estes vous employez, et vous en savons bon gre. Et pour ce qu'il est besoingt y donner et mectre conclusion, nous envoyons par dela nostre ame et feal conseillier et chambellan, le seigneur de Pompadour, porteur de cestes, auquel nous avons charge vous dire et expouser nostre voulonte et intencion sur ce. Si vous prions et mandons que de ce qu'il vous en dira de par nous vous le veulhes croyre et y adjouster foy, aussi nous servir en...... .... chouses, comme toujours aves fait, et que en vous nous en avons nostre presente fiance, et vous nous feres tres agreable plaisir et service, lequel ne mectrons en obly, ains le recognoistrons en temps et lieu, en maniere qu'on s'en devra contanter. Donne au boys de Vincennes, le IIIe jour d'avril. Ainsi soubscript : CHARLES et PARENT. Et au dessus desd. lettres estoit escript : *A noz chiers et bien amez les gens des estatz de la seneschaucie de la Marche.*

S'ensuyt la teneur d'unes autres lettres dud. seigneur addressans aud. sieur de Pompadour, dont la teneur s'ensuit :

De par le Roy.

Nostre ame et feal, nous vous envoyons certains memoires et instructions, ensemble aucunes lettres missives addressans au senechal et a ceulx des estats de la seneschaucee de la Marche et pays de Combraille pour la matiere et ainsy que verres par lesd. instructions, et dont aves peu estre adverty. Et pour ce que la chouse touche fort le bien et seurete de nous et de nostre royaume, aussi comme desirons qu'elle sortisse son effect, voulons et vous mandons que incontinent et en dilligence et le plus tost que fere se pourra, et oultre les autres charges que avez de nous touchant ceste dite matiere, vous transportez es lieux et par devers les personnes que besoingt sera, et y faictes tiellement qu'elle soit .... et sortisse son effect, ainsi que le desirons et que en vous avons nostre perfaicte et entiere confiance, et vous nous feres service tres agreable. Donne au boys de Vincennes, le IIIᵉ jour d'avril. Ainsi signe : CHARLES et PARENT. Et au dessus desd. lettres estoit escript : *A nostre ame et feal conseillier et chambellan le sʳ de Pompadour.*

Et apres ce que les gens desd. trois estatz dud. pais et conte ont este mandez soy assembler au lieu et ville de Gueret par le garde et lieutenant du seneschal de la Marche, par vertu de certaines lettres missives du Roy nostre dit seigneur addressans aud. seneschal ou a son lieutenant, lesquelles avions envoyees aud. garde et rescript de fere le contenu d'icelles, auquel lieu et ville de Gueret nous sousmes (*sic*) transporte aujourduy, date de ces presentes, ou avons trouve assemblez les gens desd. trois estatz, ou estoient les gens et officiers de Monseigneur le conte de la Marche, scavoir est : les chancellier, garde, procureur general, tresorier et chastellains d'Ahun et de Gueret, l'abbe de Bonlieu, les gens de Messʳˢ.... Chauvigny, de Panthièvre et de Brion, le sieur de la Borne en personne, les seigneurs de Villejust et du Terrailh, les consulz de Gueret, d'Ahun et plusieurs autres, ausqueulx tous ensemble nous avons dit et remonstre bien au loing (*sic*) le bon vouloir et grande affection que le Roy, nostre dit seigneur, a de garder et deffendre son royaume et pouvre peuple de oppression et pilherie, et aussi de exaction indehue et obvier aux mauvais....

dampnees entreprinses que l'om pourroit par envie concepvoir contre luy et la chose publique de son royaume, tant en sondit royaume que dehors.... avecques l'aide et secours des gens desd. trois estatz de sond. royaume, et pour ce fere estoit besoing d'avoir des gens a pie, ainsi que par Messrs de son sang et de son grant conseil avoit este advise, comme nous leur avons plus amplement dit et declaire et remonstre par lesd. lettres missives du Roy, articles, instructions et memoires signees de sa main adressans a nous, lesquelles leur avons fait lire. Et apres ce que lesd. gens desd. trois estatz ont oy lesd. remonstrances et veu lesd. instructions et memoires, parle et convenu ensemble sur icelles, par eulx nous a este dit et respondu qu'ilz estoient, ont este, eulx et leurs predecesseurs, sont encores et ont delibere d'estre a tousjours maiz vrays obeissans au Roy nostre dit seigneur et a tout ce qu'il lui plaira a commander, comme ses vrais et obeissans subgets, et sont deliberez de fere le bon plaisir du Roy, selon le contenu desd. lettres, instructions et remonstrances, combien que led. pays et conte de la Marche soit tres fort charge et plus que tout aultre pays de ce royaume de pouvres petiz feuz et belugez, et est pais tres infertil et pouvre, auquiel.... pluseurs aultres grans afferes et neccessites; et pour ce nous ont prye et requis les gens desd. trois estats que le voulsissions dire et remonstrer au Roy nostred. seigneur, a Monseigneur de Beaujeu et aultres Messeigneurs de son sang et de son grant conseil, et de bailler terme et delay pour assembler aucuns personnages absens de lad. conte, tant pour les advertir du contenu esdites instructions, selon le vouloir du Roy et remonstrances faictes par nous, qui n'en avoient eu aucun mandement precedent; combien que le Roy par les lettres qu'il leur a envoyees le presuppousoit, que pour estre gens que iront pardevers led. seigneur, pour remonstrer avecques nous au Roy et a Messeigneurs de son sang et du grant conseil les grans afferes, pouvretes et necessites dud. pais, et rapporter sur le tout ce que sera le bon plaisir du Roy nostred. seigneur estre fait, et liberallement et de tres bon vouloir sera obey led. seigneur par les gens desd. trois estatz dud. pais et conte. A quoy nous, voyans la bonne obeissance des gens desd. estatz et conte, ensemble le bonvouloir qu'ilz ont en ce de accomplir le vouloir dud. seigneur, leur avons voluntiers octroye de remonstrer au Roy, a Monseigneur de Beaujeu et aultres seigneurs du sang et conseilh leur bon vouloir et obeissance, aussi les pouvretes et charges qu'ilz ont declairez plus amplement. En tesmoin de ce, nous avons signe ce present prouces de nostre seing manuel et fait signer par le greffier des........ le Roy esd. pais et conte de la Marche, et scelle de nostre scel, le xxv^e jour de may l'an mil cccc quatre vingtz et six.

Et lesd. jour......., que dessus, aud. lieu de Gueret, se sont comparuz par devant nous reverend pere en Dieu Monsr l'abbe de Bonlieu, le seigneur des Portes, ministre d'ostel de Monsr de Montpansier, et le lieutenant dud. pais de Combrailhe, par le pais et seigneurie de Combrailhe, ausquieulx avons fait les precedentes remonstrances et declaracions du vouloir du Roy et de sesd. instructions et memoires a nous envoyees que avions faictes aux gens desd. trois estats de la Marche, et lesquieulx en tout et par tout nous ont fait pareilhe et semblable responce comme ont fait les gens desd. trois estats de la Marche, et nous ont dict et declaire que led. pays est et sera vray obéissant aud. seigneur et a tout ce que sera son bon plaisir de fere ce qu'il est contenu esd. instructions et memoires, et esliront gens pour envoyer devers le Roy, pour fere les remonstrances des pouvretes et necessites dud. pais, tout ainsi et par la fourme et maniere que la feront ceulx desd. trois estats de la Marche.

Et apres nous sousmes informez avecques les esleuz dud. pais, ainsi que les instructions le pourtent, du nombre des feuz dud. pais, lesquieulx nous ont dit qu'il ne leur a este bonnement possible le recouvrer encore au vray, mais ilz......... feront dilligence de le savoir et l'envoyeront au Roy, et extiment a leur advis, peu plus peu moins, qu'il y a environ quatre mille feuz, que ungz que aultres, et la pluspart belugez.

Fait lesd. an, jour et lieu que dessus.

POMPADOUR.   Par commandement de Monseigneur de Pompadour, commissaire de par le Roy en ceste partie :

DE MARCILLAC.

(Collection de M. Clément Simon, de Tulle. Copie d'Auguste Bosvieux).

3. — **Procès-verbal de l'assemblée des trois états de la Basse-Marche convoqués au Dorat par Jean de Pompadour, chambellan du Roi. — 1486. Orig. parch.**

Nous, Jehan de Pompadour, chevalier, seigneur du lieu de Pompadour, Chenac, du Ris et de Laurière, conseiller du Roy [nostre seigneur] et commissaire en ceste partie, certiffions que empres ce que avons receu les lestres du dit seigneur a nous adressans et autres aux [gens des] trois estaz du pais de la Basse-Marche, avons mande les gens des trois estaz dud. païs eulx rendre au lieu du Dorat le segond jour [de juing pour] oyr ce que avions charge leur dire et remonstrer de par led. seigneur, en ensuivant la fourme et teneur de nosd. lectes, instructions et [memoires a nous] envoyees. Auquiel jour se sont comparuz et presentez par devant nous, ou fait comparoir et presenter, assavoir est : les lieutenant.... aud. païs de Monseigneur de Beaujeu, conte de la Marche, les sieurs de Maignac, Lussac, Brilhac, Montrochier, Availhe, Lis.... [Lu]chapt, Droucz, Villeflavard, Villechampaigne, le prieur [d']Entrefins et plusieurs d'autres d'eglise, tant nobles que des villes, ausquieulx [nous avons dit] et remonstre bien au long le bon et grant vouloir que le Roy a envers son peuple, le contenu de nosd. lectres et instructions tou[t suivant] la fourme contenue en icelles, lesquelles nous leur avons fait lire, affin qu'ilz ne puissent pretendre cause d'ignorance des chouses .... et remonstrees. Lesquelz tous ensemble, d'une voix et oppinion, nous ont fait dire et remonstrer par maistre Jehan Chardebeuf, lic[encié...], lieutenant dud. païs de la Basse-Marche, qu'ils avoient tousjours este bons et vraiz obeissans au Roy, et estoient deliberez luy obeir.... tant ce qu'estoit contenu esdictes instructions qu'en tout ce que luy plairoit leur commander, et pour faire remonstrance des charges dud. païs [ilz auroient] voulentiers envoye devers le Roy, si ne fut la grant pouvrete qu'ilz ont, suppliant tres humblement le Roy avoir de sa benigne grace regard [a la grande ?] multiplication des feuz qui a este faicte aud. païs puis aucun temps en ca, a cause des mortalitez et famines qui ont couru et courent [encor, lesquelles] ont apouvry led. païs ; que bonnement les quatre vingtz feuz dont la pluspart sont belugues, ne pourroient porter lad. charge. [Par quoy nous ont] fait prier et requerir, estans tous ensemble, que les chouses dessus dites et autres qu'ilz nous ont declaire bien au long, voulsissions [dire et remonstrer] au Roy et a Monseigneur de Beaujeu, leur seigneur naturel : ce que voulentiers leur avons accorde, veu la bonne obeissance qu'ilz ont.... grant et bon vouloir qu'ilz monstrent avoir deservir led. sieur. Et en tesmoing de ce, avons signe et fait signer ces presentes par [.... Gaudon], notaire royal, greffier desd. estaz. Le dit jour, segond de juing, l'an mil quatre cens quatre vingtz et six.

Pompadour.

Par commandement de mond. seigneur de Pompadour,

Gaudon.

(*Collection de M. Clément Simon, de Tulle.
Copie d'Auguste Bosvieux*).

4. — Avis au public de l'ostension du chef de saint Martial en l'année 1533.

Ce placard en parchemin mesure 0^m91^c sur 0^m63^c. La partie supérieure, sur une hauteur de 0^m40^c est occupée par les trois enluminures que nous indiquons plus loin. Les deux personnages sont d'un excellent dessin qui rappelle celui de la miniature du *Terrier des Pauvres à vêtir*, datée de 1535 (et non 1534 ni 1536 comme il est imprimé ailleurs). L'écriture du reste de la pièce est la gothique des manuscrits et ne mesure pas moins de quatre millimètres de hauteur.

Cette curieuse pièce appartient présentement à la Société archéologique de Limoges. Comme il n'en existe point de semblable dans le fonds St-Martial des Archives départementales, bien que l'ostension du chef de l'apôtre d'Aquitaine eut lieu tous les sept ans, nous sommes en droit de conclure que les fêtes de l'année 1533 eurent un caractère particulier de solennité (1). Nous en trouvons d'ailleurs l'explication dans le contenu même de cet Avis. Pour la première fois dans un document d'origine limousine, il y est question des Luthériens. Ils y sont même nommés côte à côte avec les Turcs. L'ostension des reliques de saint Martial devait avoir pour effet de faire rentrer les uns et les autres sous terre. C'est du moins ce que dit le placard........ *ut Lutheranos Turchasque conterat.*

Cet *Avis au public* donne en outre, sur la personne même de l'apôtre, d'amples indications empruntées probablement au même manuscrit que cet extrait de sa *Vie* qui fut inséré dans le premier registre du Consulat aux environs de l'année 1534 (p. 252 de l'édit. Ruben). Antérieurement à cette date, la bibliographie des publications du XVIe siècle relatives à saint Martial ne comprend, à notre connaissance, que les prétendues *Epistolæ* du même saint imprimées par Josse Bade en 1521. Le double emprunt que nous signalons doit donc être enregistré comme un acheminement à la mise au jour de la *Vie de saint Martial* du Pseudo-Aurélien, laquelle pourtant n'eut lieu qu'en 1566 (2).

Dépourvu de date finale et de signature, on ne saurait décider de l'authenticité de ce document par les règles ordinaires de la critique. Rédigé non en vue de la postérité, mais en vue du public de Limoges, pour une durée de quelques semaines, il tirait son autorité du lieu même où il était placardé : le portail principal de la basilique Saint-Martial, selon toute vraisemblance.

Cette pièce intéresse donc la diplomatique aussi bien

---

(1) Cf. *Reg. consulaires*, I.225 et 226.

(2) Il faut pourtant rappeler après 1534, les emprunts directs que firent à cette même source Jean Bouchet pour ses *Annales d'Aquitaine* (1537), les rédacteurs du *Bréviaire Limousin* de 1550 et Jean Dorat dans ses deux poèmes latins en l'honneur de saint Martial. (Voy. M Arbellot, *Dissert. sur l'apostolat de saint Martial.*)

que l'archéologie et l'histoire. N'est-il point singulier que, malgré tous ces titres, elle soit restée si longtemps dans l'oubli ?

Ici	Ici	Ici
Saint Martial debout en habits pontificaux avec croix et mitre	l'écu pontifical surmonté de la tiare sur deux clés en sautoir	Sainte Valérie debout portant sa tête entre ses mains

Ad laudem Dei omnipotentis ac sanctissime et individue Trinitatis gloriam et honorem. Universis Christi fidelibus presenti oraculo passim promulgatur quod sicut divina majestas in sua triumphanti gloria cunctos ejus ministros magnificat, altis decorat honoribus et celestis beatitudinis efficit possessores, sic alma militans ecclesia ejus vestigia prosequens et exemplo ducta laudabili gloriosissimos christiane fidei principes, fortissimos athletas in vera mundi lumina, qui prefatam ecclesiam suis sanctissimis disciplinis, salutaribus documentis eximiaque sanctitate, profugatis tenebris, illustrabunt, summis vocibus et laudibus precipuis solet venerari ut ab ea tanto propentius honorari se sentiant quanto ipsam præ ceteris illuminarunt. Ea igitur summopere considerantes, summi pontifices ut divinus honos refloreat in terris et odor gratissimus flores suavitat.................(1) hominum simul pascat et animum preciosissimum ac sacratissimum beatissimi Marcialis merito apostoli toto ....(2) fidelibus reverendum caput de septennio in septennium omnibus devote affluentibus per sua indulta palam ostendi, pia consideracione salubriter statuerunt ut ipse divinus Marcialis pro periclitantis ecclesie ac reipublice [salute] apud Deum intercedere dignetur ejusque piissimo interventu Deus omnipotens

---

(1 et 2) Il y a, à ces deux endroits, un trou dans le parchemin.

ecclesiam sanctam precioso sanguine fundatam ejusque ministros protegat et tuatur, christianissimum Francorum regem ejusque florentissimum regnum feliciter conservet, Lutheranos Turchasque (1) conterat et ad illam quam Christus predicavit pacem dissidentes reducat. Ipse enim beatissimus Marcialis innumeris assidue florens miraculis, que sincero mentis affectu ab eo implorantur vix devote deprecantibus denegat (2), estque humilitatis et pacis strenuus auctor de quo Christus (Mathei, XVIII) inquit : Quicunque se humiliaverit sicut parvulus iste, hic est major in regno celorum. In cujus adhuc vertice sacratissimorum Domini Jesu Christi digitorum eminent caracteres et visuntur vestigia. Hic est etiam de quo beatus Andreas (Johannis, VI), maxima tunc esuriente turba, dicebat Jesu : Est puer unus hic qui habet quinque panes ordeaceos et duos pisces. Et eleganter mistica recenset historia (cap. I, de sacra unctione) divum Marcialem a beato Petro, precipiente Domino, ad predicandum Gallis missum fuisse collegamque suum, qui ab hac luce jam migraverat, tactu baculi pastoralis, quem Petrus Marciali redeunti concessit, divinitus suscitasse. Et primus seminaria fidei in Galliis fructuose plantavit. Necnon salutares quatuor temporum indulgentias plenarie remissionis visitantibus ejus celeberrimum cenobium a Christo religiose impetravit, quas Petrus apostolorum princeps tandem confirmavit. Sunt vero plereque alie indulgentie, durante tempore ostentionis, que visitantibus conceduntur, quas Gregorius undecimus, Alexandre III, Lucius II, Eugenius III, Anastasius IIII et Adrianus V, romani pontifices, suis apostolicis literis ex pleni-

---

(1) Le texte porte *Turchasque Lutheranos*.
(2) Le texte porte *denegantur* avec les signes abréviatifs ordinaires.

tudine potestatis confirmarunt. Et pro salubriori fidei dilatatione et christiane religionis illustratione quatuor et decem celeberrimas archiflammeas atque cathedrales ecclesias, jactis fundamentis in Gallia aquitanica, ipse sumptuose extruxit.

Hujusce autem celebris et mirifice ostentionis diem quintam decimam proximi mensis aprilis, scilicet martis post pasche celebritatem anno Domini quingentesimo tricesimo tercio supra mille, qui est annus septimus ab ultima ostentione, horis cum solennitate solitis, in ejusdem divi Marcialis Lemovicensi insigni monasterio, in quo illud sanctissimum caput reverenter asservatur, usque ad secundam instantis Penthecostes solennitatis feriam, ex decreto ordinarunt.

Predicto autem tempore in prelibato celebratissimo (*sic*) cenobio, deputantur penitentiarii auctoritate summi pontificis, qui parem potestatem habent ac si penitentiarii pape in romana curia forent. †

5. — **Accord entre Claude Brachet, seigneur baron de Magnac en basse Marche, et les habitants de la dite ville, portant règlement des droits et devoirs de chaque partie. — 13 mars 1539 (nouv. st. 1540). Copie du XVII° siècle.**

Scachent tous que en droict en la cour du scel royal establi aux contratz ou (*sic*) conté de la basse Marche pour le roy nostre sire et par devant les jurés nottaires de la dicte cour soubz signés ont estés presentz et personnellement establis noble et puissant seigneur Monsieur Claude Brachet, baron de Maignac, seigneur du dict lieu, de Palvault et du Montheil, pour luy, ses hoirs et successeurs, seigneur[s] et baron[s] du dict Maignac, d'une part, — et maistre[s] Anthoine Chaud, Anthoine Thomas, Gilles de la Coste, Jean Dupoux, Jean Jammet, François Marrand, Micheau Dubrac, Legier Dubrac, Pierre Deperelles, Léonard Daulberoche, Louys Marrand le jeune, Pierre Perussaud et Anthoine de Peirusse, habitans de la dicte ville de Maignac, faisans la plus saine et grande partie des habitans d'iceluy Maignac, tant pour eux que autres manans et habitans en icelle dicte ville et leurs successeurs, d'autre part, — lesquelles parties, avec la stipulation l'une de l'autre, ont faict entre eux (*sic*) les pactes, accords et convenances que s'ensuivent :

Et premièrement, a esté accordé entre icelles dictes parties que si le corps des aucuns habitans de la dicte ville et fauxbourgtz (*sic*) de Maignac est condamné à mort ou banny, les meubles du dict condampné ou bany seront et appartiendront au dict sieur baron de Maignac.

Item, les dicts habitans sont et seront tenus de faire meudre (*sic*) leurs grains et cuire leurs pain[s] au moulin et four du dict sieur. Et conbien que par cy-devant ait esté accordé entre les predecesseurs de mon dict sieur et les predecesseurs des dicts manans et habitans que mon dict sieur seroit tenu tenir deux fourtz (*sic*) en la dicte ville et fauxbourgtz, ce néanmoins à l'advenir, s'il ne luy plaist et à ses successeurs, ne tienra que un fourt : et sera tenu le fournier faire cuire le pain blan et noir bien et duhement, en sorte qu'il ne soit guasté au dict fourt par le deffaud du dict fournier ; et au cas qu'il sera gasté, le dict fournier sera tenu des interestz, et aussi le meusnier de la perte qui se faira au dict moulin ; et en obsteront au serment des intéressés, pourveu que le meusnier pourra mesurer le blé à son moulin ; et auront les dicts meusnier et fournier les droictz par eux accoustumés lever au dict moulin et four.

Item, les dicts manans et habitans seront tenus suivre mon dict sieur ou son commis, chevalier ou escuyer, ayant de ce mandement exprès de mon dict seigneur ou [de] ses successeurs, en armes pour trois jours à leur depens en la guerre que le dict seigneur ou ses successeurs auroient ou pourroient avoir pour raison de sa dicte baronnie et concernation d'icelle.

Item, les dictz manans et habitans seront tenus taxer ou faire taxer par trois ou quatre personnes de la dicte ville et fauxbourgtz ad ce exentz, le prevost de mon dict sieur appellé, la somme de vingt-cinq livres tournois par un chascun an, entre les festes sainct Michel et nativité de Nostre-Seigneur; laquelle Monsieur faira lever sur chascun des dicts habitans cotisés selon la dite taxe. Et pourra [le dict sieur] contraindre les dictz hahabitans à payer chacun leur taulx par exécution et autres voies que de droict et raison.

Item, et en chascun des quatre cas, c'est à scavoir pour faire le voyage d'outre-mer, rachepter le dict sieur de la prinse des ennemis de France, marier sa filhe aisnée ou pour nouvelle chevallerie, les dicts manans et habitans feront taxer comme dessus semblable somme de vingt-cinq livres tournois, le dict prevost appellé; laquelle somme le dict sieur sera tenu faire lever comme dessus.

Item, et au cas que les dicts manans et habitans ne pourroient impetrer du roy nostre sire octroy de deniers communs nommés la riesve, le dict sieur pourra contraindre les dicts manans et habitans selons (*sic*) leurs facultés à reparer les murailles et fossés de la dicte ville. Et a le dict seigneur consanty et consent que les dicts manans et habitans puissent impetrer le dict octroy et en user perpetuellement, en ce que les dicts manans et habitans ne pourront deteriorer les murs et foussés (*sic*) et fortifications de la dicte ville par le commandement du dict sieur ni autrement. Et moiennant ce que dessus les dicts manans et habitans pourront vendre et aliéner, entre eux et autres que bon leurs (*sic*) semblera, vin et autres danrées que bon leurs semblera. Aussy pourront achepter, vendre et aliéner en la dicte baronnie choses nobles ou roturières, sans ce que le dict seigneur les puisse prendre par le prix ne demander aucun droit de lotz et vantes, honneur (1) ni droit d'investion, en ce que si les dictes choses qui s'acquerront sont tenues à hommage ou autre debvoir de mon dict sieur, les acquéreurs seront tenus faire et randre à mon dict sieur les dicts hommages et payer les autres debvoirs annuel[s], comme de raison. Et si les dicts habitans transportoient aucune[s] choses immeubles, sans moyen tenues (2) du dict sieur, à autres non manans et habitans de la dicte ville et fauxbourgts, mon dict sieur pourra prandre les dictes choses pour le pris (*sic*), ou se faire payer des dictes vantes et hommages, incontinant la dicte vandition faicte, et grace de retraict conventionnel finir, qui ne pourra estre que de deux ans; lesquels deux ans passés, pourra le dict sieur prandre les dictes choses vandues par droict de retenue ou les vantes et honneurs qui luy seront deutz (*sic*) pour cause des dites vanditions. Et au cas qu'il ne veudra (*sic*) prendre les dictes choses par puissance de fief pour les aproprier à luy et que le dict retraict conventionnel excesdatz (*sic*) les dicts deux ans, en icelluy cas les dicts habitans pourront retirer les dictes choses vandues en

---

(1) Les dix mots qui suivent *honneur* ont été ajoutés par une autre main, à la fin de la pièce, avec renvoi.

(2) C'est-à-dire *tenues immédiatement.*

payant le droict de vantes, après les dicts deux premiers ans du dict retraict conventionnel passés, sans prejudice toutesfois des droictz de retraict linagier et sans prejudice des droictz de fief et fondalité qui de present appartiennent et à l'advenir pourroient appartenir en (*sic*) aucuns des dicts habitans et manans. Et si les dictes aliénations estoient faictes à main morte par les dicts manans et habitans, mon dict sieur pourra user de ses droicts comme de droict.

Item, les dicts manans et habitans pourront chasser à chiens, harbaleste et hacbute et autres engins en la dicte baronnie, hors les bois et gareines (*sic*) de mon dit sieur, pescher en la rivière, reservé depuis la teste du pré des Chenaux appartenans à Micheau Dubrac jusques au pont du gué, et faire et tenir et lever dommaines, estangtz et pescherie à Chevallet.

Item, les dicts habitans ne seront tenus comparoir es assises du dict sieur sinon au dedans la dicte ville et fauxbourgts, au semitière (*sic*) et en la sengne (?) fors que en temps de pestillence ou autre grande necessité.

Item, ne pourra le dict sieur (1) demander aux dicts manans et habitans autres debvoirs, subjestions ne servitudes reservé ses cens, rantes, disme accoutumés et emendes (*sic*) esquelles ilz seront condampnés par les officiers du dict seigneur. Et ne pourra icelluy seigneur imposer debvoirs sur les dommaines et heritages des dicts manans et habitans.

Item, seront tenus les dicts manans et habitans. qui ont bestes dont ilz se servent aux bastz, charrier, mener et conduire au bout du pont de

---

(1) Les six mots qui suivent *sieur* ont été ajoutés par une autre main, à la fin de la pièce, avec renvoi.

l'estangt du chastel du dit Maignac, chascun an a chascun (*sic*) vigille de Nativité Nostre Seigneur, chascun une somme ou charge de bois prinse au bois de Bourneis et payer la dicte vigille de Noel les vantes (1) accoustumées estre payées pour la vandition des marchandises accoustumés (*sic*) a payer vantes.

Item, mon dict sieur a cogneu et confessé les privilesges et acords dessus mantionnés avoir esté de tous temps et ancieneté observés, usités et gardés entre luy, ses predescesseurs et les dicts manans et leurs predecesseurs; et a voulu et veuct que d'iceux dicts privilèges, immunités et accords dessus dictz et de chascun d'iceux, les dictz manans et habitans de la dicte ville et fauxbourgtz de Maignac et leurs successeurs jouissent et usent doresnavant perpetuellement; et iceux a promis et promet tenir de point en point sans enfraindre.

Lesquels accords et previleges (*sic*) dessus dictz ont estés (*sic*) approuvés, faicts et accordés entre les dictes parties moiennant le pris et somme de cent-cinquante livres que le dict sieur et baron de Maignac a cogneu et confessé et par les presentes cognoist et confesse avoir heu et receu des dicts manans et habitans. Et d'icelle somme les a quités et quite, promettant jamais aucune chose n'en demander.

Lesquelz accords et toutes et chascune les choses susdictes icelluy dict sieur de Maignac pour luy et ses successeurs sieur[s] du dict Maignac, et les desus dicts y nommés habitans du dict Maignac et fauxbourgtz et leurs successeurs ont promis et juré aux sainctz Dieu evangilles (*sic*), le livre touché, respectivement tenir, garder et

---

(1) C'est-à-dire le droit de lods et ventes.

accomplir perpetuellement de point en point sans enfraindre, et ad ce sont respectivement obligés les ungs aux autres, avec les dits hoirs et successeurs, en tous et chascuns leurs biens meubles et immeubles, presentz et futurs quelconque[s], dont et à quoy faire et tenir de leurs consentement et volonté et à leur requeste ilz ont esté jugés et condampnés par les dicts jurés nottaires de la dicte cour soubz signés; à la jurisdiction de laquelle cour ilz se sont soumis et supposés avec tous et chascuns leur[s] dictz biens, ainsi que le tout les dictz nottaires ont relaté par ces presentes signée[s] de leurs sainctz (sic) manuelz. A la relation desquelz nous garde du dict scel adjoustant foy plainière, iceluy scel en tesmoins (sic) de verité à ces dictes presentes avons mis et aposé.

Donné et faict et passé en la dite ville de Maignac, le treizième jour de mars mil cinq cens trante neuf. *Ainsin signé :* RAMPION et NEIMON, nottaire avec le dit Rampion.

L'original est par devers moy.

(*Pièce aux mains de M. Roy, secrétaire de la mairie de Magnac-Laval*).

6. — **Transaction entre le seigneur de Magnac et les habitants de la dite ville, réglant à nouveau les droits et devoirs des parties tels qu'ils avaient été stipulés par l'acte du 3 mars 1539. — 1727. Acte notarié sur parchemin.**

Pardevan les notaires roiaux sousignés établis aux comté et sénéchaussée de la basse Marche ont été présans et duement établis en droit très haut et puissant seigneur messire **Guy André**, comte de Laval, marquis de Laval-Lezay, Laplesse et Magnac, premier baron de la Marche, comte de la Bijotière, et Fontaine-Chalendrais, seigneur de Neuville et autres places, mestre de camp d'un régiment de son nom, chevallier de l'ordre militaire de St-Louis, demeurant ordinairement en son hôtel à Paris, rue et paroisse de St-Jacques du haut pas, étant de présent en son château de Magnac, au dit ressort de la basse Marche, d'une part, — maîtres Simon Mitraud et Léonard Rabilhac, avocas, tant en leurs noms comme habitans de la ville de Magnac que comme sindics fondés de procurations généralle et spécialle des bourgeois et habitans de la dite ville de Magnac et fauxbourgs d'icelle, nommés et choisis à l'effet des présantes par acte d'assemblée publique faitte pardevan M. le sénéchal du marquisat du dit Magnac en la forme ordinaire, en datte du quatre du présant mois, duement controllé à Magnac par Poiron, signé des dits bourgeois et habitans, des dits procureurs [et] de Vételay, sénéchal, lequel (1) demeure en original annexé et attaché aux présantes ; maitre François Gitton, avocat, François Aubugeois, avocat, Joseph Chadenier, Jean et François Dubrac, avocas, Jean Beaugay sieur de Beaupré, François Rabilhac de Pontaillé, Vincent Dubrac de Villaudrant, Jean et André Laroque, médecins, Claude Mitraud, marchand, Jean Michelet, marchand, Joseph Lestert, avocat, Simon Mitraud des Landes, avocat, Antoine Pertat et Joseph Beliot aussy avocas, Pierre Vigier, notaire, Pontian et Jean Beslot, Joseph Delacoste, Louis Delacoste, bourgeois, et autres sousignés, tous demeurans en la dite ville de Magnac, principaux bourgeois et habitans d'icelle et de ses fauxbourgs et en faisans la majeure partie, d'autre part.

---

(1) Le texte porte *laquelle*.

Disans que le 3 mars de l'an 1539 (1), il auroit été passé pardevan Nesmond et Rampion, notaires roiaux, un acte en forme de transaction entre messire Claude Brachet, chevallier, seigneur baron de Magnac, et les principaux habitans de la dite ville de Magnac et ses fauxbourgs qui contient l'établissement ou reconnaissance de plusieurs devoirs et redevances dues par les dits habitans au dit seigneur et divers privilèges et exemtions accordées ou confirmées par le dit seigneur aux dits habitans, une copie duquel acte signée des dits Nesmond et Rampion demeure aussy annexée et attachée aux présantes pour y avoir recours quand besoin sera ; et d'autant qu'il se seroit mu plusieurs questions et procès au sujet de l'exécution du dit acte entre les seigneurs du dit Magnac et les dits habitans en différens tems et en divers tribunaux, dont les uns auroiet (sic) été décidés et les autres [sont] encore indécis et pendans dans la cour de parlement de Paris ; pour, toutes lesquelles prétentions respectives des parties réglées, terminer tous les dits procès et obvier à ceux qui pouroint (sic) naitre dans la suitte, il se seroit fait, comme a esté dit cy-dessus, une assemblée de la dite ville, dans laquelle il auroit été convenu que les dits sindics élus par la dite assemblée pour représenter tous les dits bourgeois et habitans représenteroint à leur dit seigneur comte de Laval l'acte du dit jour 3 mars 1539, luy expliqueroint leurs autres drois et prétentions et ensuitte le prieroint de voulloir bien faire un règlement pour terminer tous les dits procès et prévenir ceux qui pouroint naitre entre luy, ses successeurs et les dits bourgeois et habitans ; ce qu'aiant exécutté, le dit

---

(1) Nouv. st. 1549, voy. la pièce précédente.

seigneur les aiant entendus [et] fait examiner toutes lëurs demandes et prétentions, l'acte du dit jour 3 mars 1539 et toutes les contestations mues à l'occasion d'icelluy voullant donner des marques aux bourgeois et habitans de sa dite ville et fauxbourgs de Magnac de l'amitié qu'il leur porte et combien il désire traitter favorablement ses dits hommes, vassaux et sujets, il est convenu avec eux de ce qui suit, qui est :

Que le dit seigneur veut et consent que les dits bourgeois et habitans de sa ville et fauxbourgs de Magnac soint, en conformitté de l'acte du dit jour 3 mars 1539 et arrest confirmatif d'icellui du 14 may 1549, maintenus et gardés dans l'exemtion et immunité de tous les drois de lots et ventes, prélations et retenue féodalle à eux accordés par le dit acte et confirmés par le dit arrest dans toute l'étandue de la dite ancienne baronnie de Magnac, première baronnie de la Marche, à présant érigée en marquisat, ainsy qu'elle se consistoit et auroit été adjugée par décret au seigneur de Neuville représenté par le seigneur comte de Laval en l'année 1545, et que, sans avoir égard à l'arrest du 26 septembre 1703 rendu contradictoirement entre haute et puissante dame Marie-Françoise de Salagnac-Fénelon-Monbron, mère du dit seigneur comte de Laval, et les habitans de la dite ville de Magnac qui leur fait deffense de chasser dans l'étandue de la dite ancienne baronnie, les habitans de la ditte ville et fauxbourgs chassent à l'avenir, dans les tems permis, à toutes chasses permises par les ordonnances roiaux, dans tout le pais, à prendre le chemin par lequel on vient du bourg de Villefavard à Magnac, à main gauche, icelluy suivant jusqu'au dessus du village des Echalliers où joint un autre chemin tendant du village des Feites en la ville du Dorat et icelluy suivant toujours à gauche jusqu'à l'endroit où il est croisé par le grand chemin de Droux à Magnac, icelluy suivant, laissant les bois de Droux et de Tibardrie à la droite jusqu'à la hauteur du village de **Lage** (1) où il sera planté un poteau ; du dit poteau suivant une petite route jusqu'au chemin de Faie à Magnac où l'on trouve le taillis des Hamelins appellé des Chauds, dépendant du village de Lavalette où il sera planté un poteau, et de là toujours à gauche par une petite route le long du dit taillis jusqu'à l'entrée des landes de Lavalette, du costé du village où il sera mis un autre poteau ; et en tirant d'icelluy et suivant un chemin qui traverse la dite lande jusqu'où on trouve le grand chemin de Magnac à Bellac où il sera planté un poteau, et de là toujours à gauche par le chemin qui conduit au carrefour du village de Vaurat où il sera planté un autre poteau, et d'icelluy par le chemin qui tend en la ville de Magnac toujours à gauche ; puis en sortant du dit Magnac par le fauxbourg des rues de Beaulieu en suivant le chemin de la Trimouille qui passe à la Croix-Marrand, aux sables de la Gervaudie, au gué de Lavaud jusqu'à la croisée du petit Monteil où l'on trouve le chemin des soldats, du Dorat à St-Benoist, toujours à gauche, et icelluy suivant aussy à gauche jusqu'à la croisée (2) de Bosbatou ; et de là suivant le dit chemin jusqu'à l'endroit où on trouve un chemin qui est à la droite appelé des Toupiniers (3) et icelluy suivant jusqu'au village de la Châtre ;

---

(1) Ou mieux L'*Age*.

(2) C'est-à-dire le carrefour.

(3) Cette dénomination trahirait l'existence, dans les environs de Magnac-Laval, d'une agglomération de potiers comme on en a constaté plusieurs aux environs de Magnac-Bourg, arrondissement de Saint-Yrieix.

du dit village à celluy de Villeux, de Villeux à Bronzeau, de Bronzeau au village des Chiers en suivant le chemin de Maillat jusqu'à l'extrémitté du dit marquisat, quoique le dit terrrain ne dépende en antier (sic) de la dite ancienne baronnie, — sans jamais pouvoir les y inquiétter, [luy] ny ses successeurs. Et quant au surplus de tout le terrain dépendant de la dite ancienne baronnie, les dits bourgeois et habitans ne pourront y chasser en nulle manière que ce soit, sous les peines et amandes portées par les ordonnances roiaux rendues sur le fait des chasses. A l'effet de quoy ils se déportent de toutes les concessions qui leurs (sic) auroint été accordées par l'acte du dit jour 3 mars 1539, et se soumettent en ce regard (1) à l'arrest du dit jour 26 septembre 1703, à l'exception néamoins (sic) de ceux qui sont propriétaires de fiefs ou qui pourront en acquérir à l'avenir dans le dit canton réservé par le dit seigneur; desquels fiefs ils jouiront aux honneurs et privilèges de chasse et autres accordés aux fiefs par les ordonnances.

Et pour prévenir tous les cas qui pouroint ariver au sujet de la chasse, il est aussy convenu que si les dits habitans en chassant dans le canton qui leur est permis, cy-dessus désigné, levoint des lièvres avec leurs chiens courants ou bassets et qu'ils passassent sur le canton réservé par le dit seigneur, ils pouront les y suivre sans fraude (sans pouvoir tirer dessus du fusil), à l'exception des bois, forests, parcs et garennes du dit seigneur; ou si les dits lièvres [y] entroint, ils seront tenus de rompre leurs chiens.

---

(1) Ou, comme nous disons aujourd'hui : *à cet égard*.

Et au regard de la pesche continueront les dits habitants d'avoir la liberté de pescher aux pesches permises par les dites ordonnances seullement dans toute l'étandue de la rivière de Bran appartenante au dit seigneur, à l'exception du cours d'icelle depuis les roues du moulin d'Aubroche jusqu'à celles du moulin de la Roche et des autres écluses du dit seigneur, où ils ne pourront pescher sous les peines et amandes portées par les dites ordonnances; consantant néamoins (sic) le dit seigneur que les dits habitants puissent pescher à la ligne seullement dans les écluses à luy appartenantes dans le cours de la dite rivière hors de la susdite réserve.

Et quoique de tems immémorial les moulins banaux du dit seigneur, auxquels les dits habitans sont sujets d'aller moudre leurs grains et obligés de les porter et d'aller chercher leurs farines, aient été au point quarré, nonobstant que par la réformation de la coutume de Poitou, dans le ressort de laquelle ils sont situés, il soit dit que tous les moulins situés dans l'étandue du dit ressort seront mis au point rond, au moien de laquelle possession et de ce qu'ils étoint au point quarré lors de la passation de l'acte de l'an 1539, ledit seigneur prétendit n'être tenu de réformer ses moulins, en considération néamoins de la présante transaction et de ce qu'on s'est remis à luy pour en régler les conditions, il a bien voullu faire remettre ses moulins au point rond et s'engager de les y entretenir à l'avenir, conformément à la dite coutume de Poitou. Et quant aux rentes nobles dont quelques-uns des dits habitants auroint consantis l'imposition sur leurs maisons ou domaines au préjudice que le dit seigneur ne peut imposer nouveaux devoirs sur leurs dites maisons et domaines, elles demeureront dues et paiables au dit seigneur; mais en cas de vente des dits biens aux habitans de la dite ville et fauxbourgs, elles ne porteront contre eux aucun proffit de fief, ne paieront lots et ventes ny ne seront sujettes à retrait féodal, conformément à l'acte du dit jour, 3 mars 1539, le tout sans préjudice aux droits féodaux appartenans au dit seigneur dans les fiefs de Puymartin, le Soullier et autres acquis par les prédécesseurs du dit seigneur ou à acquérir dans l'étandue du marquisat qui n'étoint pas unis à la dite baronnie en la dite année 1539; dans lesquels fiefs particuliers le dit seigneur jouira de tous droits féodaux et seigneuriaux. Et où les dits habitants auroint acquis et acquéreroint quelques biens, ils seront sujets aux droits de lots et ventes, retenue féodalle et tous autres droits féodaux, sans préjudice aussy au dit seigneur de tous ses droits féodaux, sans aucune distinction ny exception contre les étrangers qui acquéreroint des dits habitans. Et à l'égard des rentes nobles que le dit seigneur et ses prédécesseurs se sont retenues en concédant emplacement et nouvelles terres dans les fossés de la dite ville ou ailleurs, non-seulement elles demeureront de nature de nobles, mais encore elles apporteront tout proffit de fief, lots et vante et droits de retenue féodalle contre les dits habitans qui pouroint les acquérir dans la suitte.

Seront les dits bourgeois et habitans, ainsy qu'il est dit par l'acte du dit jour, 3 mars 1539, tenus de faire imposer annuellement et à perpétuitté par trois ou quatre d'entre eux, en présence du juge du dit seigneur et autres des officiers de justice sur tous eux, entre la feste de saint Michel et celle de la nativité de Nostre-Seigneur, la taille ou redevance de la somme de vingt-cinq livres, et d'en remettre le roole (*sic*) qui en sera fait au receveur du dit seigneur pour s'en faire paier de chacuns des dits habitans, suivant qu'ils y seront cottisés, qui pourrait les contraindre au paiement de chacun leurs tolz (1) par exécution et autres voies de droit; laquelle taille ou redevance de vingt-cinq livres sera encore paiable en la forme que dessus en chacuns des quatre cas exprimés par l'acte du dit jour, 3 mars 1539, qui sont : le voiage d'outre-mer du dit seigneur, le rachat de sa personne étant pris par les énemis (sic) de la France, le mariage de sa fille aînée et pour nouvelle chevallerie. Ceux des dits habitans qui tiennent chevaux de bats et voiture[s] et les faisants (2) commerce de marchandise paieront aussy à perpétuitté, suivant le dit acte, à la recette du dit seigneur, la veille de Noël, les devoirs accoutumés qui consistent, pour ceux qui ont des chevaux de bast sic, à mener une charge de cheval de bois de la forest de Bourneix au château de Magnac, ou trois solz pour ycelle, au choix et option du dit seigneur; et par les faisans commerce en deux deniers pour chaque marchandise dont ils commercent; le tout paiable à la manière accoutumée.

Et au surplus, demeure l'acte du dit jour 3 mars 1539 dans sa force et valleur pour être exécutté suivant sa forme et teneur dans toutes les clauses et conditions qui n'ont été réglées, modérées, augmentées ou modiffiées par ces présantes, à l'exception néamoins du rétablissement et entretien des murs, tours, portes et fossés de la dite ville, à quoy le dit seigneur ne pourra contraindre les dits habitans, dont il les décharge par exprès pour ce qui le concerne seullement. Et au moien

---

(1) Corr. *taux.*

(2) Contrairement à ses habitudes orthographiques, le scribe a écrit *faisants* et non *faisans.*

de ce que dessus les dits procès demeurent éteins et finis, tous dépans (même ceux adjugés par sentence ou arrest taxés ou non taxés, ainsy que tous les arrérages de la dite taille ou redevance tant annuelle qu'aux dits quatre cas dus jusqu'à ce jour au dit seigneur) réglés et modérés à la somme de neuf cens quatre-vint livres; de laquelle le dit seigneur a bien voullu faire don et remise aux dits habitans en faveur des présantes, et promis ne leur en demander jamais aucune chose. Et tout ce que dessus les dites parties et chacunne d'elles l'ont ainsy voullu, consanty, stipulé et acccepté, promis tenir et ne venir jamais au contraire à peine de tous dépans, dommages et intérestz, sous l'expresse obligation et hypothèque de tous leurs biens mobiliers et immobiliers, présans et futurs, jugées et condamnées à ce de leur consantement par les notaires roiaux sousignés avec lesquels elles ont toutes signé.

Fait et passé au dit château de Magnac, au dit ressort de la basse Marche, avant midy, le 26 mars 1727 (1). Et ont le dit seigneur et le dit Rabilhac, l'un des dits procureurs, paraffé toutes les pages du présent acte ainsy signé : Guy André de Laval; Mitraud, avocat sindic; Rabilhac, avocat sindic; Dubrac de Villaudrant; C. Mitraud, Dubrac du Fraisse; Chadeunier, avocat; Delacote de Rochequérant; Mitraud, Vigier, Rodier, Beslot, Rabilhac de Pontaillé, Dubrac, avocat; Beliot, avocat; Michellet, marchand; Pertat, avocat; Gillon, avocat; Beaugay de Beaupré, Demoussac, Bonnet, Mitraud, marchand; Frichon, Aubugeois, avocat; Delacote, Duseux, Mitraud-Deslandes, avocat; Delacote de Lavaut-Blois, Laroque, Beslot, avocat; Laroque, Poiron, Lestert, avocat; Dela-

---

(1) Toute la date est en lettres.

vaud, notaire roial héréditaire, et Poujaud, notaire roial qui a l'original controllé à Dompière par Ducressat, le 6 avril 1727.

<table>
<tr><td>Delavaud,
Notaire royal héréditaire.</td><td>Poujaud,
Notaire royal.
J'ay l'original.</td></tr>
</table>

(*Pièce aux mains de M. Roy, secrétaire de la mairie à Magnac-Laval*).

7. — Relation de la fête du 14 juillet 1790 à Limoges.

Le même jour (14 juillet 1790) à 5 heures du matin, on tira à Limoges une salve de canon pour annoncer au public la cérémonie du serment civique, que devaient prêter le même jour la maréchaussée et le régiment de Royal-Navarre, conformément au décret de l'Assemblée nationale sanctionné par le Roy.

A 8 heures, les tambours de la Garde nationale battirent le rappel et un autre à 9 heures. A 11 heures, on se rendit sur la place Tourny, où se trouva la municipalité qui devait recevoir le serment. Et les troupes de ligne le prêtèrent en sa présence et en celle de la Garde nationale et du public, après la messe qui fut célébrée sur l'*Autel de la Patrie* dressé, comme nous l'avons dit, sur cette place, par le P. Cazes, jacobin, aumônier suppléant de la Garde nationale. Tout se passa fort tranquillement, mais la pluie étant tombée toute la matinée, à peine trouva-t'on le temps de célébrer la messe, à cause des fréquentes ondées qui se succédaient presque sans interruption et continuèrent ainsi le reste de la journée.

Sur les 6 heures du soir, on fit dans les rues une *promenade d'union* semblable aux précédentes et, à l'entrée de la nuit, l'illumination générale ordonnée par la police fut faite, mais fort dérangée par le vent et la pluie.

J'oubliais de dire qu'on vit paraître pendant la cérémonie deux personnages inconnus sur la place Tourny, en habits uniformes de la Garde nationale de Paris, qu'on dit être un émissaire de M. de La Fayette et un de la commune de Paris. D'autres ont dit que c'étaient deux aides-de-camp de M. de La Fayette.

A midi on tira le canon en signe d'union à la confédération générale du royaume qui se faisait ce jour-là à Paris.

Parmi les spectateurs étaient mêlés plusieurs ecclésiastiques.

En même temps la Garde nationale de la Cité, après avoir entendu la messe aux Carmes déchaussés, célébrée par le P. Raymond, petit-carme, son aumônier, vint prêter le serment civique devant un autel qui avait été dressé exprès sur la grande place de la Cité, devant le mur de la cour de l'abbaye des Allois, et le soir il y eut illumination générale dans toute la Cité.

On en fit autant à St-Christophe lez Limoges.

Le peuple chôma de lui-même ce jour-là; mais le mauvais temps et la misère l'empêchèrent de se livrer à la joie, quoique la Société des Amis de la Constitution eut fait faire le matin une distribution de pain aux pauvres les plus nécessiteux et qu'on eut répandu le bruit qu'ils étaient dispensés de travailler ce jour-là.

J'oubliais de dire qu'une troupe de paysans armés, tant des Orances que des paroisses circonvoisines, étaient venus pour participer à la cérémonie.

(*Extrait des Annales limousines de l'abbé Legros, p. 427 et 428. Manuscrits du Grand Séminaire de Limoges.*)

CHRONIQUES

DE LA CONFRÉRIE DU S^t. SACREMENT

DE LIMOGES

1560-1631

Les trois courtes relations que nous publions ci-après sont si bien indépendantes l'une de l'autre, elles ont si peu la prétention de se poursuivre et de se compléter mutuellement que nous ne pouvons guère y voir tout le fruit que l'on devait espérer de la résolution prise par les bailes de la confrairie, « de mettre par escript et mémoire les accidens de leur année » d'exercice. Il serait donc peu exact de parler d'une chronique des confrères du St-Sacrement. Nous avons seulement trois chroniques très distinctes, répondant plus ou moins à l'idée primitive.

La première, de beaucoup la plus longue, eut pour occasion le dérangement introduit dans la fortune mobilière de la confrérie par l'édit royal de 1562 qui décrétait l'aliénation des joyaux d'église. La procédure suivie par les représentants du roi pour mener l'opération à bonne fin, les démarches tentées par les bailes pour recouvrer leurs joyaux, nous sont racontées en détail. Sur ce premier thème le chroniqueur brode tout naturellement le récit des troubles provoqués dans diverses villes de France par le massacre de Vassy, la tentative des huguenots d'établir le culte réformé à Limoges, et, en punition de ce, la guerre, la famine, la peste, toutes les plaies d'Egypte en un mot, s'abattant soudainement sur notre malheureuse province.

La lecture de cette première chronique révèle un auteur si crédule dans ses affirmations, si hostile dans ses senti-

ments, qu'on se prend de défiance à son égard. Est-il véridique dans son récit? Est-il de bonne foi dans ses imputations?
— La réponse à cette double question n'est possible qu'à la condition de contrôler soigneusement par d'autres témoignages contemporains, en particulier par celui des *Registres consulaires*, chacune des assertions de notre auteur et de les passer au crible d'une critique minutieuse, pour arriver à discerner nettement ce que l'on en peut retenir au profit de l'histoire des années 1560-1564 dans notre région.

Hâtons-nous de le dire, le résultat de cet examen n'est point trop défavorable au chroniqueur, et l'apport qu'il nous fait de quelques faits ignorés n'est nullement à dédaigner, pour si petit qu'il soit.

Ce chroniqueur ne s'est malheureusement pas nommé. Mais on reconnaît aisément, à première lecture, qu'il est le même pour chacun des exercices 1562-63 et 1563-64. Or, les quatre bailes laïques ayant été changés chaque fois, on ne saurait attribuer à l'un ou l'autre la rédaction des deux parties de cette première chronique. On est ainsi conduit à la mettre tout entière sous le nom du prêtre Jean Albin, qui reste en fonctions pendant ces deux années (1), non point sans doute comme secrétaire de la confrérie, rôle peu compatible avec son caractère, mais comme baile ecclésiastique. Il rédigea sa chronique à deux reprises, puis la fit transcrire par quelque scribe chargé d'enregistrer les recettes et les dépenses. Ainsi s'explique pour nous le fait que l'écriture est partout très visiblement de la même main que les articles de « mises et recettes ».

La deuxième chronique, qui laisse subsister entre elle et la précédente une lacune de douze années, est d'ailleurs fort courte. Elle ne fait que confirmer ce que nous savions déjà de quelques évènements de l'année 1576, grâce aux *Registres consulaires* et aux *Annales françaises* de Limoges.

---

(1) Voyez le manuscrit, folio 39 et ss.

L'auteur pourait bien être Pierre Mouret, notaire royal, l'un des cinq bailes en charge de l'année 1575-76. Mais la preuve directe fera sans doute toujours défaut, puisqu'il n'y a point trace de signatures à la suite du compte-rendu de ces bailes.

La troisième et dernière chronique que nous ayons pu recueillir dans le registre de la confrairie du St-Sacrement, nous transporte sans transition à l'année 1631. C'est une relation assez développée de la fameuse peste qui sévit alors à Limoges et suscita d'autres récits contemporains. Le ton oratoire de cette chronique, l'emphase de quelques passages, la boursoufflure des mots rendent probable que l'auteur est l'un des deux avocats qui étaient bailes de la confrérie en l'année 1630-31 : Pierre Alesme *alias* d'Alesme et Jean La Treilhe. Nous nous prononcerions volontiers pour le premier, qui était d'une famille où l'on cultivait les lettres. (Voyez la *Biographie limousine,* au nom).

La plus grande partie de ces trois chroniques a déjà paru par courts fragments, quelquefois en note, dans diverses publications locales que nous indiquerons en leur lieu. Il nous a paru qu'elles méritaient l'honneur d'une reproduction intégrale et suivie, au même titre et de la même manière que toute autre chronique locale.

Le contenu du registre de la confrairie du St-Sacrement, d'où nous avons tiré ces chroniques, a été décrit sommairement par M. Antoine Thomas dans son *Inventaire sommaire des Archives communales de Limoges*, sous l'article GG. 204. C'est un manuscrit à miniatures d'une valeur sans égale pour la connaissance de quelques usages ecclésiastiques et des produits de l'art industriel dans notre ville entre 1551 et 1703.

PREMIERE CHRONIQUE.

De quelques événements des années 1560-1564 à Limoges.

(F° 39 v° du ms. Cf. A. Leymarie, *Limousin historique*, p. 9.)

Par ce qu'il est de coustume ancienne, comme appert par les livres ou papiers anciens de la dicte frairie, que les bayles mettent par escript et memoire les accidens, mesmement ceulx qui portent perte a la dicte frairie (1), qu'adviennent en leur année, vous plaira noter qu'en nostre année [1562] (2), plusieurs ayans layssé la foy de nostre saincte mere l'Eglise romaine et catholique, se perforcans de forger et fere a leur poste (3), fantesie et cerveau depravé une nouvelle foy et religion pleine de toute liberté charnelle et impieté, s'appellans fideles de l'eglise reformée, mais nommés par les bons chrestiens Huguenaulx, prindrent les armes contre le roy Charles neufiesme (4), estans lors de l'eage de unze ans, nouvellement couronné, et esmeurent grandz troubles et seditions par toute la France et principallement ez bonnes villes (5), et se sai-

---

(1) Ce membre de phrase est écrit en marge, avec renvoi.

(2) Et non 1565, comme indique M. A. Leymarie. Cette relation suit en effet immédiatement le compte des bailes « pour cette année commensant le premier dimenche de l'advent 1561 et finissant a mesme jour 1564 ». Cf. d'ailleurs les *Annales françaises de Limoges*, p. 343.

(3) C'est-à-dire « à leur manière, à leur gré, à leur fantaisie. » *Dictionnaire de l'Académie*, édit. de 1691.

(4) Conséquence du massacre de Vassy, 1 mars 1562.

(5) Les villes de bourgeoisie relevant directement du roi, par opposition aux villes moins importantes qui étaient encore sous la suzeraineté des seigneurs.

sirent et prindrent par trahison plusieurs villes comme Orleans, Rouand, Lyon, Poitiers, Angiers, Bourges, Tours, Amboise, Montoubant, Angoulesme et plusieurs aultres lieux, aydés de leurs compaignons nouveaulx religieux, estans dans les villes, qui leur bailloyent le moyen pour y entrer, chassans (1) ors des dictes villes et de leurs monasteres, religions (2) et maisons et faisans mille oultraiges a tous ecclesiastiques tant religieulx que religieuses, prestres, chanoines et aultres gens d'eglise, pillans et ravissans tous leurs biens, mettans par terre et faisant (3), brusler plusieurs de leurs meubles et maisons; non content de ce, aux ungs couppoyent le bout des doigts sacrés et la courronne de leur teste avec dagues et cousteau[s] en fert chault, aux aultres couppoyent les aureilhes et le nez, les aultres pendoyent, aux aultres tyroyent de l'arquebouse comme a ung blanc (4), et faisans mille autres villenyes et cruaultés ou ils estoyent les plus fortz (5), rompans et brisans tous images, croix, aultelz, fons baptismales, et faisans leur

---

(1) Le régime de ce verbe est *tous ecclésiastique*..... construit au datif par suite du second verbe.

(2) C'est-à-dire ordres monastiques, au sens de *religio* dans le latin du moyen âge.

(3) Partout ailleurs le scribe orthographie *faisans*.

(4) C'est-à-dire une cible.

(5) Ces excès sont dignes des routiers du XV° siècle ou de ceux du temps de la Ligue. Ils pourraient bien être controuvés (sinon par exception) en 1562, à la suite d'une longue période de paix intérieure et de prospérité qui avait déjà adouci les mœurs.
La chronique du Consulat de Limoges ne souffle mot de ces violences à cette date. Il est donc probable que le chroniqueur de la confrairie enregistre ici des bruits reposant sur des faits survenus au loin, mais grossis et exagerés de bouche en bouche. Peut-être aussi a-t-il puisé directement à ce factum du frère Claude auquel il renvoie lui-même. Nous n'avons pu faire la vérification. Mais elle sera possible à d'autres et justifiera sans doute notre conjecture. Dans ce dernier cas, c'est l'autorité de ce dernier écrit qu'il faudrait connaître pour apprécier l'authenticité des faits rapportés.

ordure dans icelles et sur les aultelz (1), prenans et ravissans des eglises toutes reliques d'or, d'argent et de cuyvre ; et d'icelles de cuyvre ou leton, ensemble des candelabres et cloches firent fere de l'artillerie, et de celles d'or et d'argent de la monoye ; le tout pour fere guerre au jeune roy, faisans brusler les ossemens et corps des sainctz, comme a Lyon sainct Yrenée, a Poitiers sainct Hillaire, etc ; et des chappes et chasubles en firent chauses, perpoinctz (*sic*) et aultres acoustremens; des nappes, surpelitz, aubes et autre linge des eglises en firent des lincieulx, chemises et torchemains pour leur service. Et ce que ne pouvoit servir pour eulx, comme livres, vitres, chieres, bancz et aultres choses estans dans les eglises et maisons ecclesiastiques, brisoyent ou faisoyent brusler : et que pis est et horrible d'entendre ont rompu, brisé, mis soubz les piedz et arquebousé le tres venerable et tres sainct sacrement du tres pretieulx corps et sang de nostre sauveur et redempteur Jesu Christ en plusieurs églises (2).

Et quant est a la present ville [de Limoges], plusieurs jeunes gens et jeunes enfans des riches maisons de la dicte ville, estans ensorcellés et empastés de la dicte religion nouvellement forgée par quelques foriens (3), ayant gaigné et seduict

---

(1) La *Chronique* de l'Anonyme de St-Léonard (p. 262 de nos *Chartes et Chroniques*), rapporte un fait semblable survenu à St-Léonard vers 1568. Le Père Dupuy également, à la date de 1551, dans son *Estat de l'église du Périgord* (1629, p. 177), et il ajoute que l'on soupçonna de cette vilenie « certains ecclésiastiques et chanoines infectez du calvinisme ». Singuliers ecclésiastiques, singuliers calvinistes.

(2) Toute cette seconde moitié du paragraphe, depuis *Et se saisirent et prindrent par trahison plusieurs villes.....* a été omis par M. A. Leymarie, qui a considéré sans doute que les faits relatés ne concernent point le Limousin

(3) C'est-à-dire par des étrangers. Le chroniqueur ne sait rien du mouvement réformateur dont Lefèvre d'Etaples et l'évêque de Meaux Briçonnet furent les fauteurs dès 1512-1520.

par quelques aulmosnes qu'ilz faisoyent plusieurs pouvres gens et estans renforcés de plusieurs vagabons, gens de mauvaise vie et escume de la dicte ville, firent plusieurs assemblées et presches ou bresches (1) en armes par les meytairies et loges des vignes (2) de la dicte ville [1560] (3); puys apres dans des maisons particulieres dans la dicte ville. En appres prindrent et se saysirent de l'eglise Ste-Valerie (4), ou ilz firent fere plusieurs presches a leur fantesie par je ne scay quelz ministres de leur nouvelle religion (5), partie desquelz avoyent esté bapteleurs et joué plusieurs badineries dans la dicte ville (6); lesquelz par leur beau parler et doulces parolles corrumpans plusieurs passaiges de la saincte escripture, les interpretans a leur fantesie ou plus tost follie, et ne volans recepvoir autre chose que ce qu'est expressement porté par icelle (7), se formalisans presque totallement sur les abbutz de quelzques ecclesiastiques (8), au reste donnans toute liberté

---

(1) Le chroniqueur affectionne ces jeux de mots. Voyez plus loin : *nouveaulx religieulx ou plus tost seditieulx*.

(2) Cette expression, qui se retrouve encore plus loin, permet de combler un blanc que les éditeurs des *Registres consulaires* ont laissé subsister, II, 263, ligne 15.

(3) En août 1560, d'après le *Registre consulaire*, II, 203.

(4) Ou plutôt St-Cessadre, non loin du *Square des Emailleurs* actuel. (*Annales françaises de Limoges*, p. 343). C'est seulement en octobre 1561 que les Huguenots occupèrent Ste-Valérie. Voyez plus loin, p. 326.

(5) Ces ministres s'appelaient Lafontaine et Brunet Pelaeus du Parc. Du premier nous ne savons rien. Le second était neveu du célèbre Mathurin Cordier et avait d'abord exercé les fonctions pastorales à Pully près Lausanne. Voy. la *France protestante*, 2º édition, au nom.

(6) Les *Annales françaises* de Limoges, si mal disposées à l'égard des novateurs, ne disent rien de ceci.

(7) Tel était bien en effet l'une des prétentions de ces rénovateurs : combattre la tradition orale du moyen âge par la lettre des écritures.

(8) Quelques années plus tôt, en 1555, Christophe Marsupin, vicaire général du diocèse de Limoges, avait été condamné au bûcher pour crime de sodomie. Les prêtres concubinaires foisonnaient alors, comme nous l'avons prouvé ailleurs. Il y avait donc quelque chose de plus que les « abus de quelques ecclésiastiques, » dont parle négligemment notre chroniqueur.

charnelle et de mal fere, seduyrent et attirarent plusieurs gens simples en la foy a leur religion nouvellement songée (1), tellement que le nombre s'augmenta de plusieurs qui auparavant n'avoyent vescu selon leur estat et sans fere tort a leur prochain. Car ne sceurent gaigner a leur religion faicte a la poste ung homme, pour dire Voyla ung homme de bien qui a vescu honnestement selon son estat toute sa vie (2). Et lors voyant leur nombre augmenté, commencarent petit a petit rompre et briser les croix et images de hors la ville, estans par les chemins ; puys apres desroubarent de nuict et rompirent quelques images des rues de la dicte ville (3) ; et aussi prindrent de nuict l'ymage Nostre-Dame estans en la place St-Michel (4), et le (*sic*) portarent au pilloire (*sic*) de la dicte ville et luy coupparent la teste (5), que fust cause de grand tumulte dans la dicte ville (6). Et non contens de ce, allans de pis en pis,

---

(1) *Nouvellement forgée...*, *nouvellement songée*, expressions fréquentes dans cette chronique. Il suffit, pour en apprécier la valeur, de rappeler que l'*Institution chrétienne* de Calvin, publiée en 1535, souleva parmi les théologiens de la Sorbonne autre chose que du dédain.

(2) A en croire notre chroniqueur, l'église réformée de Limoges serait donc sortie en 1560 d'un ramassis de gens sans aveu. A cela l'histoire répond que la tentative de fonder à Limoges une église réformée date de 1550 ; que Jean Reymond Merlin y publia en 1558 un *Catéchisme* extrait de celui de Genève ; que la même année le libraire Richard Lanouaille imprima un *Nouveau testament* en français ; qu'en 1555, Guillaume du Dongnon fut brûlé comme calviniste sur la place des Bancs ; qu'en 1551, le libraire Paul Berton fut condamné au fouet pour avoir vendu des livres reputés hérétiques, et qu'en 1542 l'évêque de Limoges prenait nettement position contre les « novateurs » de son diocèse. — Telles sont en réalité les origines historiques de cette église, justifiées par les documents du temps.

(3) En novembre 1560 d'après le *Registre consulaire*, II, 206.

(4) En juillet 1560, *ibid.* 202.

(5) Le *Registre consulaire* (II. 202) dit seulement que l'image fut rompue, froissée et jetée par terre. Mais la *Chronique* de l'Anonyme de St-Léonard, p. 262, et les *Annales françaises de Limoges*, p. 342, confirment le dire de notre chroniqueur.

(6) Toute cette fin de phrase depuis *et aussi prindrent de nuict....* a été omise par M. A. Leymarie.

allarent a l'eglise Sainct-Cessadre (1) pres la dicte ville, ou ilz rompirent, brisarent et mirent soubz les piedz le tres sainct sacrement de l'aultel (2) ; le tout voyant ou scaichant Messieurs de la justice sans en fere auculne punition (3). Davantaige taschoyent de toutes leurs forces et moyens de trahir et fere prandre la ville par leurs compaignons nouveaulx religieulx ou plus tost seditieulx, qui courroyent et brigandoyent par la France assemblés en armes jusques a dix ou douze mille et plus, faisans plusieurs voleries et meschansetés. Mais [par] la grace Dieu (4) et prieres de nostre patron Monsieur Sainct Marcial que aussi la pollice des bons cytoiens et mesmement par la deffence du moyen populaire, la ville fust preservee de toutes machinations, conjurations et trahisons des dicts nouveaulx religieulx. Car les dicts bons cytoyens se mirent en armes et fermarent toutes les portes de la ville, fors une seule, chacun jour, a la garde de laquelle y avoit troys ou quatre cantons en armes, chacun jour et aultant de nuict, sur les murs et tours de la dicte ville pour fere le guet (5), sans [compter] (6) beaucoup d'estrangiers et aultres puyssans hommes de la ville qui estoyent aux gaiges de la

---

(1) Ou plutôt Ste-Valérie en octobre 1561, d'après le *Registre consulaire*, II, 223. Voyez ci-dessus l'erreur inverse, page 324.

(2) Il n'y a point trace de ces excès dans le *Registre consulaire*, II, 228, qui dit seulement que les Huguenots faisaient dans cette église « quelques presches et assamblées, ne la voulant delaisser et s'en dessaisir. »

(3) Le Présidial avait cependant rigoureusement sévi contre les protestants durant les années précédentes. Mais il y a des présomptions pour croire qu'il comptait en 1561 plus d'un protestant parmi ses membres. L'influence de ceux-ci expliquerait l'inertie dont s'indigne notre chroniqueur.

(4) C'est à tort que M. A. Leymarie a imprimé *la grâce de Dieu*. Dans la langue du moyen âge, quand le nom déterminé est un nom de personne, il se met en apposition : *les chevaliers le roy, la feste Dieu, la maison Dieu*.

(5) Dès le mois d'avril 1562. *Registre consulaire*, II, 237.

(6) L'addition de ce mot nous paraît indispensable pour le sens.

dicte ville. Et aussi priarent et firent venir dans la ville Monsieur le gouverneur de Lymousin (1) avec plusieurs nobles (2), gens de biens (sic) du pays, pour ayder a garder la ville, et ce avec grandz fraiz. Et tindrent ainsi les portes fermées avec armes despuys quinze jours ou environ apres Pasques [1562] jusques a vandanges qu'ilz en ouvrirent deux chacun jour.

(3) Et plusieurs aultres choses se firent tant en la present année [1562] que precedente, tant aussi en la present ville que par toute la France, lesquelles nous obmectons d'escripre plus amplement, craignans prolixité, que aussi esperans que les chroniqueurs n'oblieront d'escripre amplement les choses susdictes et aultres dignes de memoire, ausquelz vous renvoyons et a ung petit livre intitulé *Discours du saccagement des églises catholiques par les heretiques anciens et nouveaux calvinistes en l'an 1562* par F[rère] Claude de Saintes. A Paris, ches Claude Fremy, rue St-Jacques, a l'enseigne Sainct Martin. Nous n'eussions esté si prolixes si n'est qu'esperons que cecy pourra servir à la instruction et consolation des bons fideles que seront de la dicte frairie a l'advenir et au temps de la grande persecution de l'Eglise, alors que l'Entechrist regnera: *Erit enim tunc tribulatio magna qualis non fuit ab initio mundi usque modo neque fiet*, comme dit Sainct Mathieu au 24ᵉ chapitre, — scaichans que leurs bons peres anciens et gens de bien ont devant eulx soffert beaucoup de tribulations. Priant Dieu par sa grand misericorde de garder

---

(1) C'etait François de Pontbriant, sgr. de Montréal.
(2) Le *Registre consulaire* parle aussi (II, 237) d'étrangers et de gentilshommes enrôlés pour la défense de la ville.
(3) Tout ce qui suit a été omis par M. A. Leymarie dans son édition de cette chronique.

a l'advenir tant la present ville que toute la France de telz et autres inconvenians, si c'est a sa gloire et honneur et a nostre salut.

(F° 40 v° du ms. Inédit).

Item, parce que ceulz de la dicte nouvelle sedition (1) faysoient plusieurs voleries dans les eglises par la France, comme dit est, et voyans les troubles qu'estoyent dans la présent ville, fismes assambler les plus apparens de la parroisse (2), ung jour de dimenche, pour demander conseil. Et estans assamblés, fust advisé qu'il seroit bon pour quelque temps, affin d'eviter tout dangier, de transporter les joyaulx de la dicte eglise en quelque maison seure et secrette. Ce que fismes. Et par ce fismes acoustrer et netoyer un reliquere de cuyvre donné pour reposer le *Corpus Domini* durant les octaves de la feste Dieu [1562], qui cousta X sols.

(F° 41 v° du ms. Inédit).

Premièrement, vous plaira noter que au commencement de nostre dicte année (3), incontinent apres que ceulx de la nouvelle religion furent las et en grand partie vaincus de la grand guerre (4), (que fut le premier fruict ou fleau qu'a porté la dicte nouvelle religion en France), qu'ilsz

---

(1) Réminiscence du jeu de mots que nous avons relevé plus haut : *les nouveaulx religieulx ou plus tost séditieulx.*

(2) La paroisse de l'église St-Pierre-du-Queyroix, à laquelle se rattachait la confrérie du Saint-Sacrement, d'après l'indication portée sur le premier feuillet du registre.

(3) En novembre [1562], est-il dit plus loin. Il s'agit en effet de l'année de gestion des bailes « commençant le premier dimanche de l'Advent 1562 et finissant à mesme jour 1563. »

(4) Allusion probable à la défaite des troupes huguenotes à Dreux, 19 décembre 1562, défaite qui est le dernier épisode de la première guerre civile.

faisoyent au jeune roy Charles neufiesme, comme est contenu au commencement des comptes de noz derniers predecesseurs, survint ung segond fleau de Dieu [nov. 1562]. Car combien a la verité il n'estoit de famine (1), toutesfois (chose admirable et aultresfois non entendue en la present ville), le bled s'encherit si fort que la (sic) seigle valut et monta a quatre livres cinq soubz (sic) le septier, et le froment a cent soubz (sic); voyre l'esminal du son monta a trente soubz (sic) et plus, dont plusieurs souffrirent beaucoup. Et sans l'aide des gens de bien de la present ville et mesmement de quelques bonnes dames que bailharent une grand partie de leurs bagues et joyaulx et aultres choses pour secourir les pouvres, que aussi sans l'aide des frayries de la ville (2), — une chacune desquelles selon leur revenu bailloit une certaine somme et le roy d'une chacune frayrie au lieu de fere un banquet et tenir la feste (sans laysser toutesfois le divin service) estoit taxé par Messieurs de la justice a certaine somme applicable a la nourriture des pouvres (3), — sans l'ayde que dit est desquelles choses plusieurs fussont mors de faim, comme en mourut plusieurs en beaucoup d'aultres villes et lieux en France. Et selon la commune opinion, ce que fust bailhé en six ou sept mois pour l'honneur et amour de Dieu aux pouvres par les gens de bien de la present ville (4) montoit a plus de vingt cinq ou

---

(1) Le *Registre consulaire* (II, 255) dit au contraire que la famine régnait depuis l'année précédente, non-seulement en Limousin mais encore dans les provinces environnantes.

(2) Les véritables combattants du fléau furent les consuls qui, à la suite d'une réunion des notables provoquée par eux, envoyèrent acheter du blé en Auvergne jusqu'à concurrence de 10000 ll. pour en approvisionner la ville. *Registre consulaire*, II, 255.

(3) Ces explosions de la charité publique n'étaient pas rares à Limoges. Nous avons signalé celles de 1614, 1672, 1730 dans notre étude sur les *Institutions charitables dans l'ancien diocèse de Limoges*. On en retrouvera probablement d'autres

(4) Le ms. porte *villoit*, ce qui ne peut être qu'une inadvertance de plume provoquée par *montoit*.

trente mille livres. Laquelle susdicte cherté commença despuys novembre [1562] (1) et dura jusques a la St Jehan [1563] que la (*sic*) seigle se rabaissa a cinquante soubz (*sic*) ou environ. Le peuple se commencant a resjouyr a cause que (la grâce Dieu) les bledz estoyent beaux et [en] asses grand quantité et commencans a moyssonner, soudain Dieu envoya et visita la present ville du tiers fleau qu'est la peste (2), laquelle fust si vehemente qu'elle causa tous les habitans de la ville qui heurent moyen se retirer ailheurs d'abandonner la ville ; laquelle dura despuys le commencement de juilhet jusques a Noel [1563] que les habitants commencarent a se retirer et retourner en la present ville ; que fut la cause que gardasmes les clefz et levasmes les droitz de la dicte frayrie le mieulx qu'il nous fut possible jusques a la feste de la purification Nostre-Dame [2 fév. 1564] (3), par ce aussi que deux des bayles que nous avions esleuz, comme est d'ancienneté, le jour de la feste Dieu [1563], scavoir sires Christofle Tarneau et Raymon Boyer, moururent durant le dict temps de peste; au lieu desquelz furent par nous et noz successeurs ensemble esleuz sires Jehan Crozier et Laurent Mouret ; et les aultres deux, scavoir sires Anthoine du Boys et Pierre Boulhon n'estoyent encore retournés dans la dicte ville. De laquelle peste tant en la present ville, cité, faulxbourgs, loges des vignes (4) que Aixe, Solompnhac, St-Junien, St-

---

(1) Le *Registre consulaire* (II, 255), prétend que le renchérissement des grains ne se produisit que sur la fin de janvier 1563.

(2) Cf. le *Registre consulaire*, II, 258 et 262.

(3) Cette simple mention prouve que cette chronique a été rédigée au moins deux mois, peut-être même cinq ou six mois après la cloture de l'exercice qu'elle vise. Ainsi s'expliquent les confusions de date que nous avons relevées précédemment.

(4) Sur cette expression voyez plus haut, page 324, note 2.

Yrieys et aultres lieux ou s'estoyent retirés les habitans de la present ville, en mourut des dicts habitans de la present ville et de la cité et faulx bourgs a six ou sept mille personnes et plus, selon la commune opinion (1). Et non seulement en la dicte année ou precedente la peste fust en la present ville et lieux susdicts, mais aussi presque par tout le present pays de Lymosin, et que plus est, presque par toute la France et principallement ez bonnes villes comme Paris, Orleans, Rouant, Lyon, Bourdeaux, Poictiers et plusieurs aultres villes ou on avoit exercé publiquement la dicte nouvelle religion ou opinion (2), chose assez patente et evidente que Dieu donne a cognoistre qu'il a en hayne et horreur icelle dicte nouvelle religion ou plus tost sedition mesmement, car despuis troys ou quatre ans en ca qu'icelle nouvelle religion a esté semée en France (3), nostre Seigneur n'a cessé de nous affliger tant par guerre, famine que peste, comme dit est, l'ung desquelz fleaux jamais Dieu n'envoye qu'il ne soit grandement offencé et irrité par le peuple. Et chose admirable et notable, a Orleans ou estoit la principalle eglise de la dicte religion nouvellement forgée, a esté le temps qu'ilz ont heu tout ensemble la guerre, peste et famine (ou pour le moins grand cherté qu'est espece de famine), comme plusieurs gens de bien et dignes de foy ont dict et escript, et que d'Orleans est sorty

---

(1) Le *Registre consulaire* dit 5000 à 6000 personnes « sans y comprendre la cité. »

(2) Pour que cette affirmation eut toute la valeur que veut lui donner le chroniqueur, il faudrait prouver que la peste sévit sans exception dans toutes les villes où le culte réformé était exercé, et qu'elle épargna les autres. Mais le chroniqueur n'a pas tant de critique. Il écrit *ad œdificandum*.

(3) En réalité les origines de la réforme française remontent à 1512-1520, comme nous l'avons dit plus haut. Mais le chroniqueur n'entend sans doute parler, comme un peu plus loin, que de l'établissement du culte public en 1559.

toute l'infection qu'a esté ces deux dernieres annécs en France. Et selon la commune opinion, qu'est veritable, despuys troys ou quatre ans qu'icelle nouvelle religion a commencé estre publiquement exercée en France, il est mort en la dicte France tant par guerre, famine que peste plus de troys cens mille personnes (1). Et voila partye du beau fruict que porte incelle (*sic*) dicte nouvelle religion en France. Nous n'eussions estés si prolixes a escripre ce que dessus, mais esperons que pourra servir a l'advenir aux gens de bien de la dicte frayrie et aussi pour vous fere entendre que n'avons peu fere valoir et tenir les droictz de la ditcte frayrie comme heussions faict sans les susdicts accidens.

(F° 42 v° du ms. Cf. les Annales françaises de Limoges dites de 1638, p. 544, note 2).

En premier lieu, vous plaira d'entendre que le roy, au commencement de nostre dicte année (2), voyant que ceulx de la dicte religion nouvellement forgée pilloyent et volloyent tous les joyaulx qu'ilz pouvoyent des eglises et luy en faisoyent guerre, que aussi pour subvenir aux fraiz de la grand guerre qu'il avoit heu et avoit contre ceulx de la dicte nouvelle sedition (3), par eedict (*sic*) general, il commanda de prandre et fondre les joyaulx tant d'or que d'argent des eglises de France. Quoy scaichant Messieurs les consulz et habitans de la present ville mirent

---

(1) Le chroniqueur eut certainement été bien embarrassé de justifier ce chiffre dont l'exagération est manifeste.

(2) Par conséquent à partir du 27 novembre 1562 au plustôt (Voy. plus haut page 321, note 2). Les indications qui suivent se rapportent cependant à la fin de l'exercice des précédents bailes.

(3) Cf. plus haut, page 328, note 1.

telle diligence qu'il[s] obtindrent lettres du roy (1) pour prandre et fere fondre tous les joyaulx des eglises de la present ville, pour se rambourcer des grandz fraiz qu'ilz avoyent faictz a la garde de la dicte ville contre ceulx de la dicte nouvelle religion (2), comme est contenu aux comptes de noz derniers predecesseurs ; suyvant lesquelles lettres du roy les joyaulx d'or et d'argent tant de St-Marcial, St-Pierre, St-Michel que aussi mesme des couvens et aultres eglises pres la dicte ville furent prins par Monsieur le gouverneur de Lymosin (3), assistant (4) les gens de la justice avec les consulz de la present ville, pour rembourcer, comme dit est, ceulx qui avoyent forny argent pour la garde de la dicte ville (5). Quant est des joyaulx de St-Etienne, Messieurs les chanoines mirent en faict qu'ilz les avoyent vanduz pour souldoyer et payer ceulx qui avoyent gardé leur dicte eglise. Et par ce furent prins tous les joyaulx de la dicte frayrie, excepté le grand joyau d'argent douré, les calices et la grand croix d'argent que le dict sieur gouverneur layssa par quelques remonstrances et requestes que nous luy fismes. Aussi nous layssa les deux tilz (6) couvers de feuilhe d'argent, par ce que n'estoyent de grand valeur.

---

(1) Sous la date du 24 novembre 1562, d'après le *Registre consulaire*, II, 249.

(2) Les consuls de Limoges fort habilement font ainsi tourner au profit direct des finances communales un édit général, destiné à subvenir aux besoins du trésor royal.

(3) M. de Pontbriant sgr. de Montréal.

(4) Ou comme nous dirions aujourd'hui, *assisté des gens....* C'est bien le gouverneur militaire qui est chargé de l'opération. Les magistrats du Présidial et les consuls de la ville sont là à titre de témoins.

(5) Le *Registre consulaire* (II, 249 et 250) confirme plus en détail le récit de notre chroniqueur en ce qui concerne les joyaux de St-Marcial, mais il ne dit rien, par contre, de Messieurs de St-Etienne dont l'église, il est vrai, était hors de la juridiction des consuls.

(6) Ducange enregistre le mot *Tille* avec le sens de bardeau, douve.

Touchant les aultres joyaulx de la dicte frayrie, le dict sieur gouverneur les fist pourter en la maison de consulat et les fit crier et delivrer au plus offrant et dernier encherisseur. Nous, voyans que ceulx qui les avoyent achaptés les voloyent fere fondre et qu'il se perdroit beaucoup, et considerans principallement que l'honneur de Dieu en seroit diminué, d'aultant que les dicts joyaulx servent presque journellement pour plus honorablement fere et celebrer le divin et saint service et sacrifice, fismes plusieurs diligences et requestes aux principaulx et plus aysés de la parroisse [St-Pierre] (1), qu'il fust leur bon plaisir de prester de l'argent a la dicte frayrie pour rechapter (sic) et garder de fondre les dicts joyaulx, leur promectant de bailher les dicts joyaulx en gaige jusques ad ce qu'ilz seroyent entierement rambourcés; mais ne trouvasmes personne qui voulcist (sic) prester argent, sinon le sire Marcial Verthamont qui liberallement presta pour ung an sans profit (2) la somme de seize-vingtz-cinq livres (3) unze soubz (sic) huict deniers qu'estoyent montés et vandus les deux chandaliers d'argent, pour rechapter (sic) et garder de fondre les dicts chandaliers; en ce que nous fist obliger ung chacun de nous bayles susdictz pour le tout a luy randre la dicte somme dans ung an. Aussi le sire Francoys Martin (4), de bon cueur, nous presta pour ung an sans profit la somme de sept-vingtz dix livres (5) pour rechapter les encessiers (sic) d'argent, canettes d'argent et deux paix d'esmailh enchas-

---

(1) Voy. plus haut, page 528, note 2.
(2) C'est-à-dire sans exiger d'intérêts
(3) Par conséquent 325 ll., qui en feraient bien aujourd'hui 1200.
(4) Il est qualifié de chaugeur, c-à-d. banquier, au f° 49 du registre.
(5) Par conséquent 150 ll. qui en feraient bien aujourd'hui 600.

sées d'argent, vandus et montans a la dicte somme; les quelz encessiers, canettes et paix luy layssasmes en gaige pour son argent. Touchant les deux anges d'argent, les quatre cornetz aussi d'argent et une navete a tenir encens, avec ung culier et une chaynete y attachée, le tout d'argent, Jehan Vidaud les ayans achaptés les fist fondre, nonobstant que l'heussions prié de ne les fondre, luy promectant en brief le rambourcer. Le dangier de peste passé par la grace Dieu et nous estans de retour en la present ville [1], les susdicts sieurs Verthamont et Martin demandarent estre rambourcés, comme leur avions promis, de leur dict argent qu'ilz avoyent presté liberalement et sans aulcun profit pour ung an, lequel estoit passé; aultrement [dirent] qu'ilz se pourverroyent comme de raison. Lors nous, bayles susdicts, avec les bayles par nous esleuz alasmes fere plusieurs requestes aux plus riches et aysés de la present paroisse, qu'il fust leur plaisir de prester a la dicte frayrie pour quelque temps de l'argent pour contenter les dicts sieurs Verthamond et Martin, affin qu'on ne fust contrainct de fondre les dicts chandaliers et encessiers pour les contenter et poyer (sic), et qu'on bailheroit les dicts chandaliers et encessiers en gaige a ceulx qui presteroyent argent jusques a entière satisfaction; mais ne trouvasmes personne qui voulsist fere comme les dicts sieurs Verthamond et Martin. Quoy voyant, nous tous ensemble, appres avoir faict plusieurs aultres diligences de trouver moyen de garder de fondre les dicts chandaliers et encessiers, nous retirasmes au sire Jehan Romanet, recepveur et lors seul fabriqueur de la dicte eglise [St-Pierre], le priant de nous ayder et fere part de l'argent

---

(1) Aux environs de Noel 1563, comme il est dit plus haut, page 330.

provenu de l'ymage du crucifix d'argent qui soloit estre sur le hault de l'entrée du cheur (*sic*) de la dicte eglise, lequel il avoit faict fondre. Mais [le dict Romanet] nous fist responce que de l'argent provenu du dict crucifix il en avoit poyé (*sic*) quelque argent que devoit la dicte fabrique (1), despuys que les cloches furent faictes (2), et qu'il falloit qu'il fust rambourcé de plusieurs choses et deniers que avoit despuys fourny pour la dicte fabrique. Toutesfois nous dict qu'il avoit ung bourdon d'argent appartenant a la frayrie de la Mi-aougst, lequel [il] offroit de bailher, comme de faict il bailha (3); lequel bourdon, ensemble le bourdon d'argent appartenant a nostre dicte frayrie, poisans (*sic*) tous deux ensemble dix marcz dix-sept deniers, furent fondus et vanduz au pris de xiiii ll. x sols le marc, montans a la somme de vii^{xx} vi ll. vii sols.

Nous, susdicts bayles, avec noz successeurs voyans que n'avions asses d'argent pour poyer (*sic*) les dicts Verthamond et Martin, allasmes par toutes les bonnes et aysées maisons de la present parroisse, leur remonstrans que sans leur ayde on seroit contrainct de fondre les dicts chandaliers et encessiers pour rambourcer les dicts sieurs Verthamon et Martin, les priant de fere leur devoir. En faisant laquelle queste receumes et amassasmes comme s'ensuyt :

---

(1) De ce passage résulte clairement que les fabriciens de St-Pierre, après s'être vus dépouiller de quelques joyaux par le gouverneur militaire au profit des consuls, s'avisèrent de vendre eux-mêmes ceux qui leur restaient, entre autres le principal crucifix de leur église, pour payer de vieilles dettes.

(2) On sait, par la date subsistante, que la façade de l'église St-Pierre-du-Queyroix fut refaite en 1534. C'est peut-être aussi la date de la fonte des cloches dont il est ici parlé.

(3) Singulier marché. Du consentement des confrères de la Mi-août personne n'a cure !

Jehan Disnematin............		XII s.
Joseph Rougeyron........		XXIIII s.
Pierre Demons.............		VII s. VI d.
Pierre Decordes............		XII s.
La vesve Marcial Douhet....		XVIII s.
La vesve Pierre Mauple....	V ll.	II s.
La vesve Françoys Senon..	V ll.	II s.
Leonard Boulhon..........		VI s.
Jehan Vignon.............		VI s.
La vesve Marcial Decordes.	V ll.	II s.
La vesve Jaques Boutaud...		II s. VI d.
Audois Boudin............		XXXVI s.
La Merciere..............		X s.
Aymery Guybert, essayeur.		V s.
La vesve Jehan Colin......		IX s.
Guilhem Poylevé..........		IIII s.
Jehan Romanet............		XXIIII s.
Psaulmet Gregoire.........		XII s.
L'eritiere Françoys Senon..	II ll.	VIII s.
La vesve Lazare Martin....		XII s.
Jehan Vidaud..............		XXXVI s.
La vesve François Vidaud..		XXXVI s.
Monsieur le recepveur Dubois	IIII ll.	V s.
Monsieur le recepveur Boyol		XXXVI s.
Jehan Boulhet.............		XII s. VI d.
Leonard Mousnier.........		VI s.
Jehan Colomb.............		XXIIII s.
Monsieur l'esleu Benoist....		XXIIII s.
Leonard Michel..........		X s.
Jehan Rougeyron.........		XXIIII s.
Marcial Mailhot...........		V s.
Loys Benoist.............		XII s.
Marcial Maledent..........	II ll.	X s.
Jehan Maledent...........	IIII ll.	
Monsieur de Champsac et Dame Narde Penicailhe.	VII ll.	XIII s.
Pierre Cybot.............		XII s.
A reporter........	LIX ll.	IX s. VI d.

Report............	LIX ll. IX s. VI d.
Jehan Decordes le jeune...	XXIIII s.
Le greffier Romanet.......	XII s.
M. le recepveur Romanet..	II ll. X s.

Montans le tout a la somme de LXIIII ll. V s. VI d. (1).

Voyans derechef que n'avions encore asses argent pour poyer (sic) les dicts Verthamond et Martin, nous retirasmes au dict Jean Vidaud, le priant qu'il fust son plaisir de prester argent a la dicte frayrie pour parachever de poyer les dicts Verthamond et Martin. Lequel nous presta cent livres pour ung an sans profit, en ce que nous bayles susdicts et noz successeurs par nous esleuz tous ensemble luy fismes une cedule, le promectant payer (2) dans ung an; aussi luy layssames ung des dicts chandaliers d'argent en gaige [déc. 1563 ou janv. 1564] (3).

---

(1) A ces premiers souscripteurs il faut ajouter le suivant qui figure dans le compte de l'exercice 1563-64 (f° 44 v°) : « *Plus, avons receu de Mons. le curé de la dicte esglize de St-Pierre pour ayder à rachapter les joyaulx qu'estoient en gaige, V ll.* »

(2) Partout ailleurs le ms. porte *poyer*.

(3) Les sentiments divers qui agitent nos ancêtres du XVIe siècle dans ce trafic des joyaux d'église méritent d'être précisés. Les confrères du St-Sacrement sont en somme les seuls qui éprouvent quelques scrupules à laisser fondre ces objets sacrés. Jehan Vidaud n'en a aucuns ; le gouverneur militaire, les magistrats du Présidial, les consuls de Limoges, les fabriciens de St-Pierre non plus. Ils ne voient que le profit pécuniaire qui doit résulter de l'opération. Les sieurs Verthamond et Martin représentent un sentiment moyen. Ils prêtent quelques cents livres en renonçant aux intérêts, mais en prenant leurs précautions pour rentrer à brève échéance dans leurs déboursés. C'est du reste ce qui eut lieu. (Voyez les comptes des exercices 1563-64, 1564-65, etc., dans le registre de la confrairie). Les plus désintéressés sont encore ces quarante souscripteurs dont l'effort de générosité n'aboutit pourtant à remettre aux mains des bailes, sans espoir de retour, que la somme dérisoire de 64 ll. 5 sols 6 deniers. — A remarquer qu'aucun des souscripteurs ne donne une somme ronde. Il semble vraiment qu'ils se soient débarrassés du collecteur en versant entre ses mains telle quelle toute la menue monnaie de leur bourse.

La première guerre civile avait cependant pris fin avec l'édit d'Amboise (19 mars 1563) et la seconde n'éclata qu'en 1567. La souscription appartient donc à une époque de calme et de sécurité très réels.

DEUXIÈME CHRONIQUE

De quelques évènements de l'année 1576 à Limoges.

(F° 73 r° et v° du ms. Inédit).

[1576]. Quand (sic) aux rentes deues a la dicte frerie, n'avons poursuivy ne pressé les debiteurs d'icelles d'en fere payement, veue la combustion des maisons estantz aux faulxbourgs de Boucherie (1), sur lesquelles sont deues principallement les dictes rentes, tant pour n'affliger davantaige les emphiteotes que aussy pour ne les desgouther (sic) a rediffier leurs maisons subjectes a la dicte rente, et que telle incende on dict proceder des habitantz de la ville a ce contrainctz pour expeller touteffois et mettre en fuite les adversaires (2) qui avoient conspiré surprendre la present ville (3); ce que vous plaira prendre pour descharge en nostre endroict.

Et de tant que Messieurs les doyen, chanoine et chappitre de l'esglize de Limoges n'estant asseurés en la cyté s'estoient retirés dans la dicte ville [de Limoges] et faisoient le service divin en la dicte esglize St-Pierre, le continuant jusques a la fin du mois de may [1576] que l'édit de pacification fust publié (4), et que apres les curé et prestres deservantz en la dicte esglize ne vacquoient, comme ilz avoient accoustumé fere auparavant, a servir en la dicte esglize, estans

---

(1) Nous ne connaissons pas d'autre mention de cet incendie. Le *Registre consulaire* n'en dit mot.

(2) C'était Gilbert de Lévis, sieur de Ventadour, gouverneur du Limousin.

(3) Cf. le *Registre consulaire*, II, 405-408, et les *Annales françaises de Limoges*, p. 357-358.

(4) La Paix de Monsieur, du 6 mai 1576.

suscités par des bourgeois, marchans et cytoyens de la dicte paroisse de fere establir ung ordre (?) et reglement en forme de la dicte esglize, — par advis des fabriqueurs et autres suz nommés fust advisé de fere lever les distributions qui ce (*sic*) font pour les ames du purgatoire par deux hommes laiz ; dont fust passé extraict par M⁰ François Albin. Et oultre ce, fismes ung cayer de remonstrances (1) qui furent baillées par les mains des fabricqueurs de la present esglize a Monsieur le curé pour le communiquer aux prestres de la communauté et en fere responce et resoluttion, ce qu'ilz n'ont faict despuis.

TROISIÈME CHRONIQUE

« Pestilence notable en l'année 1631. »

(F⁰⁵ 192-193 du ms. Cf. A. Leymarie, *Limousin Historique*, I, 35, et le tome III, des *Registres consulaires de Limoges*, p. 270 et ss.)

Nous escripvons aux siècles a venir et inserons dans ce papier comme sur colonnes de la Syrie, qu'aux environs de mars de l'année 1631, noz pechés estant parvenus a leur comble et ayant excedé la mesure de ceux de nos peres, Dieu espia quasi toute l'Europe occidentale par ce genre de maladie, qui ne pardonna pas mesme jadis au temple de la déesse Crotone (c'est la peste), qui ravagea hostilement noz foyers, noz maisons et noz familles, et fist un funeste charnier de noz concitoyens, au nombre de vingt mille, par bon calcul et denombrement politique, a nombrer dez le commencement de mars jusques au declin du mois de septembre suivant, et du signe torride

---

(1) Il s'agit des doléances à présenter aux Etats généraux de Blois qui se réunirent le 6 décembre 1576. Cf. le *Registre consulaire*, II, 115, où il est fait mention des cahiers du Limousin.

de la canicule. Que si Dieu n'eust arresté la tuerie de l'ange devastateur qui alloit fondre dessus Juda, possible serions-nous reduictz, comme Sodome et Gomorre, sans rejetons d'hommes et sans semence, ensevelis dedans noz ruines. Deplorable estoit l'image de ceste fameuse ville, lors qu'on portoit ses vieillards sur une marre (1), sans respect et sans pompe, dans un charnier que la prevoiance magistrale et consulaire avoit fait enfouir au lieu et cemetière de St-Cessateur, vulgairement St-Cesssadre. La, noz matrones et noz vierges, insolemment traictées et sans pudeur entassées pesle-mesle par noz corbeaux, vrays laniers. La, tes Helenes en beauté, o Lymoges. La, tes Porties, tes Lucreces en chasteté, pour, de ce charnier, un jour, comme du champ d'Ezechiel, reprendre leurs carcasses. Souviens toi, posterité, qu'un jour, de cet auguste parterre et charnier de St-Cessadre, comme du tombeau de Clearchus, sortiront tout autant de lauriers d'une verdure toffue, pour avoir si glorieusement et chrestiennement laissé leur vie dans l'enceinte de leurs murs et dans ceste desolation publique qui fust comme la tonsure et rasure du genre humaine La loi civique de certains peuples condamnoit a l'amende et privoit du droict de bourgeoisie (chez Hérodote, dans sa Melpomene) ceux qui, dans une occasion publique, desertoient leurs murs et leur patrie. Mais, o glorieuses et fortunées ames, vivés dans le tombeau puisque vous vivés dans le sejour de l'eternité et que voz noms soient proclamés après la mort, puisqu'ilz sont dejà escrips dans l'empyree. La Hierusalem inferieure desormais vous decernera des honneurs funebres et annuels.

---

(1) Sorte de brancard.

Est de faict que la maladie contagieuse ayant bailhé trèves dez la fin de septembre [1630], et au point que les causes superieures et naturelles balhoient de la terreur a toute la province, le vingt deuxiesme de febvrier de l'année suivante, fust indicte procession generale avec convocation des ordres religieux ; et des lors *Stetit Phinees et cessavit quassatio*, et en suitte, le lendemain, de la part de Monseigneur le reverendissime evesque Francois de la Fayette, un service general pour les ames de ceux qui gisent incognus et inglorieux dans le sepulchre, envelopés dans cette commune ruine. Or ce qui adjoustoit a noz malheurs, c'est que Lymoges, ville riche de deux siècles, peuplée de tant d'hommes, incontinent après Pasques fut desertée de la pluspart, sans respect aulcun de noz saincts tutelaires et de l'ostention jubilaire. Vray est que la closture de nos saincts, le mardy de la Penthecoste, en attira bonne partie des villages circonvoisins, nonobstant les communes apprehensions du mal. Et ce fust des lors qu'on ne trouva plus Lymoges dedans Lymoges ; ce fust des lors que noz temples furent fermés comme celuy de Janus a Rome, nos autels erigés en raze campagne comme ceux des sacrificateurs du Soleil, et le culte du grand Dieu transferé en villettes et bourgades, comme lors des Hebreux soubz leur bon roy Sedechias, auquel on creva les yeux, si que nous pouvions dire avec ceste troupe luxueuse tournant la teste vers noz murs : « Nous nous sommes assis sur le bord des fleuves en Babylone ; là, nous avons pleuré, nous ressouvenant de toy, Sion, et ceux qui conduisoient la trouppe captive nous pressoient de leur chanter des hymnes et des airs de Sion. »

L'eglise parrochiale de St-Pierre et celle de St-Michel-des-Lyons seulles subsistèrent dans le danger, faisant actuellement le service et d'un bon nombre de prebtres, partie desquels s'en estoient fuis a la campagne et partie (desquels la memoire est en benediction) demeurerent dans le conflict et trouverent leur tombeau dans ceste desolation publique. M' Simon Fournier et M' Léonard Falot, prebtres d'icelle (1) s'exposerent volontairement comme victimes pour le publict, et rendirent de bons offices a venerable M' M'e Balthazard de Douhet, prevost des Seychères et curé de St-Pierre pour lors a Paris, en qualité de vicaires et pour la direction des sacrements. La maison de santé, ainsi appelée par antiphrase, et les huttes estoient à la Maison-Dieu plus pestiferées d'elles mesmes que la peste mesme. Noz casuettes et cabanes des vignes formilloient de pestiferés, et chasque vigne servoit de parterre sacré et de cemetière a ses hosptes. Le grand cemetière de St-Paul, qui avoit servi de charnier a noz peres en cas semblable et lors des grandes mortalités, fust empesché par M'' les reverends peres Feuillans (2)............................

O temps! o mœurs! que la sepulture soit contestée de ces temps si religieux parmi tous peuples et nations. Telle doncques fust l'image, et telle fust la playe de nostre pauvre ville en l'année 1631, plus formidable que les playes de l'Egipte, avec ses fleuves de sang, avec ses ranes et locustes; année qui avoit esté precedée par cinq ou six années de disette et de sterilité, qui furent comme les vaches maigres de Pharaon, en crouppe desquelles suivit la pestilence. Noz anales en fairont foy aux siècles à venir, et les

---

(1) Et membres de la confrérie, comme il est dit plus loin.
(2) Suivent dix lignes qui ont été ensuite biffées avec soin par l'auteur.

archives de la maison de ville ne le confirmeront que trop à la posterité (1).

Est donc qu'en la dicte année 1631, estant baylles et confréres de la frairie du Corps de Dieu en l'eglise de St-Pierre Mrs M^{res} Jean de Petiot sieur de Talhiac, Jean de la Treilhe advocat, Pierre Alesme aussy advocat, Marcial Hardy bourgeois, et iceux continués pour l'année suivante 1632, a faulte de personnes pour procéder a l'eslection et nomination d'autres, ont deposité (sic) et donné en garde a Mrs M^{res} Simon Fournier et Léonard Falot prebtres, en qualité et a tiltre de sacristains, le thresor par estat et conformement a leur inventaire........, pour icelui rendre et represanter toutes fois et quantes solidairement.

---

(1) y a en effet dans le *Registre consulaire* III, 270, une relation de cette épidémie de 1634. On en trouve une autre dans les *Annales françaises* de Limoges, p. 400, et dans les *Mémoires manuscrits* de Pierre Mesnagier.

I. — TABLE ANALYTIQUE DES MATIÈRES

A

Abbayes (Suppression des), 45, 54, 97.
Abjurations, 137, 141, 142, 166, 167, 174, 202, 210 et ss., 226, 242, 250, 321, 324.
Agriculteurs, 119.
Agriculture, 6, 35, 53.
Aide aux quatre cas, 302, 314.
Aliénation des biens d'église, 332 et ss.
Ames du purgatoire, 340.
Amis de la constitution (Société des). 317.
Anniversaire (Fondation d'), 255.
Apothicaires, 64, 130 et ss.
Archer, 285.
Archevêques, 255, 261, 262.
Archives, 344.
Armuriers, 104.
Arpentements, 15, 55, 56.
Arrondissements (Demande d'), 57.
Assemblée de paroisse, 328.
Assemblée de ville, 307.
Assises tenues dans un cimetière, 301.
Assistance publique, 36, 329.
Attributions des présidiaux augmentées, 8, 50, 65, 96.
Aubergistes et cabaretiers, 94.
Aumônier militaire, 316, 317.
Autel de la Patrie, 316.
Avocats en parlement, 131, 133.
Avocats, 30, 65, 307, 315, 344.
Avocats (Stage et honoraires des), 8, 33, 47, 48, 113.

B

Banalité (Droits de), 10.
Basta de vi, 287.
Batards et enfants exposés, 11.
Bénéfices ecclésiastiques, 117.
Bénitier de cuivre, 261.
Biens ecclésiastiques (Aliénation des), 45.
Biens-fonds, 35.
Bois et forêts, 124, 200, 305.
Bonnet vert des banqueroutiers, 30.
Bouchon servant d'enseigne, 96.
Boues (Enlèvement des), 118.
Boulangers, 80.
Bourgeois (Communauté des), 55.
Bureaux de contrôle, 71.

C

Caisse de Poissy et de Sceaux, 25.
Camerarius, 255.
Cardinaux, 258.
Certificat de bonne conduite, 223.
Certificat de protestantisme, 144.
Chambrelans, 89.
Chambre syndicale des libraires-imprimeurs, 76.
Chanoines de St-Etienne, 256 et ss., 333, 339.
Chapitre de chanoinesses, 125.
Chasse (Droit de), 301, 309.
Chaudronniers, 99.
Chirurgiens, 64, 129 et ss., 161.
Chroniques, 321 et ss.
Cimetières de Limoges, 341, 342.
Cimetières protestants, 137, 155, 158, 160, 165, 183, 198.
Clergé (Richesses du), 61, 67, 70, 98.

Cloche (Usage de la), 137, 219.
Cloutiers, 102.
Code civil, 7, 32.
Code criminel, 7, 32, 48, 114.
Coffre d'archives, 284.
Collège de Limoges, 60, 125, 224, 227, 260.
Collège des médecins de Limoges, 34, 97.
Colporteurs, 28.
Comes Lemovicensis, 263.
Commencement de l'année, 266.
Commerce de Limoges, 26, 76, 89, 90, 116.
Commissaires enquêteurs, 190.
Commissaires séquestres tués par des seigneurs, 68.
Compétitions épiscopales, 271 et ss.
Conflit de préséance, 145.
Confrérie de la Mi-aout, 336.
Confrérie de St-Etienne, 259.
Confrérie du St-Sacrement ou du Corps de Dieu, 321 et ss. 344.
Confréries non dénommées, 329.
Confrérie de la Visitation, 261, 262.
Conseil concédé aux accusés, 7, 33, 114.
Constitution politique (Demandes d'une), 3.
Consuls de Limoges, 256, 260, 261, 332, 341.
Contestations au sujet des temples, 148 et ss., 180 et ss., 188, 190 et ss., 196, 219, 241 et ss.
Corbeaux = Croquemorts, 341.
Cordonniers, 83.
Corvée (Suppression de la), 26.
Cour ordinaire de Limoges, 260.
Cours d'attribution et tribunaux d'exception, 7, 8, 33, 46, 49, 96, 113, 123.

Coutume de Poitou, 312.
Croisée = carrefour, 310.
Curés (Amélioration du sort des), 12, 24, 70, 97, 117.
Cures (Arrondissement des), 12, 97, 117.

D

Délibération de notables, 161.
Dialecte limousin (Formes du), 275.
Dîme (Perception de la), 54, 118.
Directeurs des vingtièmes (Suppression des), 57.
Dispense de travail, 317.
Distribution de pain, 317.
Docteurs en droit, 144.
Docteurs en médecine, 132, 133, 134, 140, 239.
Doléances, 3 à 125, 340.
Docteur en théologie, 165.
Domaine du roi, 10, 31.
Douanes (Abolition des), 12, 25, 28, 47, 77, 89.
Drogues (Commerce des), 64.
Droguets, 92.
Droguistes, 64.
Droits de contrôle, 17, 18, 23, 27, 31, 35, 40-44, 58, 65, 72, 78, 112.
Droits domaniaux, 10, 23, 96.
Droits féodaux, 302, 309 et ss.
Droits de franc-fief, 19, 22, 31, 36, 43, 60, 122.
Droits honorifiques (Maintien des), 122.
Droits sur les amidons, 95.
Droits sur les cuirs, 93, 95, 106.
Droits de guet, 10.
Droits de marque, 77.
Droits sur le papier, 76, 95, 106.
Droits de substitution, 42.
Duces Aquitaniæ, 263, 265.

E

Eaux et forêts (Juridiction des), 25.
Ecclesia archiflammea, 300.

Ecclésiastiques faisant commerce, 89.
Ecole militaire (Demande d'), 125.
Ecole protestante, 199.
Ecoles de droit (Réforme des), 9.
Education publique, 14, 60.
Egalité des trois ordres devant l'impôt, 6, 16, 22, 30, 34, 45, 57, 62, 65, 67, 69, 76, 77, 83, 88, 90, 96, 98, 103, 105, 121.
Election (Officiers de l'), 15.
Emplois militaires ouverts à tous, 13, 25, 46, 122.
Emulation ruinée, 93, 99.
Enseignes, 248, 327.
Enterrements catholiques, 287.
Enterrements protestants, 187 et ss., 195 et ss., 242.
Entrepôts de blé, 81.
Entrepreneurs, charpentiers, charrons, sabotiers et maçons (Communauté des), 107.
Eperonniers, couteliers, armuriers et vitriers (Communauté des), 104.
Epices, 8, 46.
Evêques étrangers, 171, 255.
Evêques de Limoges, 224, 256, 259, 265, 266, 270 et ss.
Etats généraux (Demandes d'), 4, 35, 109.
Etats provinciaux (Demandes d'), 4, 17, 22, 26, 30, 35, 47, 55, 56, 62, 75, 77, 94, 100, 109, 123, 126.
Etats provinciaux de Guyenne, 5, 26, 109, 124, 289 et ss, 284 et ss.

F

Factum contre les huguenots, 327.
Falsification des drogues, 92.
Famine, 329.
Fermeture des temples, 177, 208, 212.

Fermiers généraux (Suppression des), 47.
Feux belugués c'est-à-dire répartis par hameaux, 294, 295.
Fisc (Tracasseries du), 11, 20, 24, 42, 52, 57, 72, 78, 79, 86, 94, 100, 107.
Fondations pieuses, 255, 256, 257, 259, 260, 261, 270.
Fontaines de St-Martial, 266.
Fortunes scandaleuses, étonnantes, 47, 101, 106.
Fossés et murailles (Entretien des), 303, 314.
Frais de justice, 35, 46, 50, 60.

G

Gabelles, 8, 47, 84, 96.
Gain de survie, 18, 42.
Gantiers, 136.
Garde nationale, 316, 317.
Gouverneur de Limoges, 264, 327, 333.
Gouverneur de Turenne, 131, 217.
Grands jours de Poitiers, 184.
Gratuité des fonctions curiales, 117.
Guerres en Limousin, 257, 339.
Guet, 326.

H

Halle aux cuirs, 84.
Haras du Limousin, 10.
Hérétiques (De l'horreur des), 251, 331.
Horlogers, 78.
Hospice, hôpital, 225, 227, 235.
Huissiers (ministère des), 17, 70.
Hypothèques, 58.

I

Illuminations, 316.
Images des saints, 322, 325.
Impiétés, 323, 325, 326.
Impôts (établissement et répartition des), 5, 15, 16, 22,

23, 30, 34, 52, 53, 61, 84, 95, 99, 110, 121.
Imprimeurs-libraires, 75.
Incendie, 339.
Infirmitas, 262.
Inscription, 262.
Intendants, commissaires départis, 40, 47, 53, 81, 100, 113.
Invectives atroces et scandaleuses des avocats, 65.
Investiture du droit de justice, 256.

J

Juridiction consulaire, 8, 25, 26, 27, 28, 52, 65, 96, 116.
Juridictions seigneuriales à abolir, 9, 33, 46, 50, 73.
Justice (Réforme de la), 7, 33, 35, 100, 112, 123.
Jardiniers, 118.
Jésuites, 218, 223 et ss.
Jeux de mots, 324 et ss.
Jura episcopatus, 272.
Juramentum prestitum, 272, 279.
Jurandes (Suppression des), 97.

L

Livret des huguenots, 243.
Logement des troupes, 62, 83.
Loges des vignes, 324, 330, 343.
Luxe des abbés commendataires, 55.
Luxe (Impôt sur le), 24, 11,
Leona lapidea, 262.
Lettres de cachet, 24.
Lettres de change, 28.
Lettres royaux, 290.
Liberté individuelle, 14, 24, 33, 113, 114.
Liberté de la presse, 13, 33.
Librata, 258.

M

Maires et échevins (Election. des), 65, 97.
Maison de santé, 343.
Maison de ville, 284, 344.

Maître de poste, 140.
Maitrises (Honoraires des), 84, 89.
Marchands forains, 29, 89.
Marché et halle au blé de Limoges, 80, 82, 83, 84, 85, 88, 90, 126.
Maréchaux, 98.
Mariage (Consentement des parents au), 115.
Marque des cuirs, 20, 83.
Marre, sorte de brancard, 341.
Médecins. *Voy*. Collège *et* Docteurs.
Menuisiers, 88.
Misère publique, 291, 294, 295, 329.
Missel limousin, 270.
Missions ecclésiastiques, 224 et ss., 242 et ss.
Monnaie (Officiers de la), 22.
Moulins banaux au point rond et au point carré, 312.
Moulins à blé, à papier, à porcelaine, etc., 82, 83, 301.

N

Nobles faisant commerce, 69.
Nobles (Oppression des vassaux par les), 69.
Nobles (Privilèges exorbitants des), 69.
Notaire (Qualités exigibles du), 38.
Notaire (Rôle du parfait), 37.
Notaires (Multiplicité des offices de), 40.
Notaire (Stage et examens du futur), 39.
Notaires, 130 et ss., 147, 164, 165, 182, 238, 260, 306, 315, 316.
Nouveaux convertis, 138 et ss., 165, 168 et ss., 207, 229.
Nouveaux nobles, 56.

O

Octrois, 24, 62.
Operarius monetæ, 258.
Orfèvres, 77, 129, 132.

Ornements d'église, 257, 270, 323, 328, 332 et ss.
Ostensions, 298, 300, 342.

P

Papier timbré différemment dans chaque généralité, 72.
Parlement tenu à Limoges, 266.
Parlement, cour souveraine ou conseil supérieur à Limoges (Demandes d'un). 8, 23, 47, 51, 76, 77, 89, 112.
Pasteur, ministre de la parole, etc., 130 et ss., 143, 168 et ss., 180, 181, 201, 203 et ss., 213, 217, 231, 235, 324.
Pauvres secourus, 329.
Patissiers, 61, 63.
Paysans en armes, 317.
Pêche (droit de), 301, 312.
Pêcheries, 301.
Pénitenciers, 300.
Pensions de faveur, 12.
Perruquiers, 90.
Pestes, 331, 340.
Pilloire = Pilori, 325.
Pitance, 288.
Pluralité des bénéfices, 12, 24.
Pluviale de velvet, 270.
Polpras = Draps mortuaires, 288.
Pont de Limoges, 265.
Prêches à Limoges, 321.
Présidial (Officiers du), 3, 326, 329, 333.
Prévarications, 35, 38.
Privilèges (vente des), 92.
Privilèges de Limoges, 266.
Procédures, 8, 29, 32, 33, 46, 48, 68, 100, 112, 114, 115.
Procès-verbaux de non catholicité, 165, 167.
Processions, 342.
Procureurs (Communauté des), 48.
Promenade d'union, 316.
Prud'hommes de Beaulieu, 276 et ss.

Q

Question (Suppression de la), 7.
Quêtes à domicile, 335, 336.
Réfugiés en Angleterre, 168, 169, 173, 178.

R

Régents, précepteurs, maîtres d'école, 132, 133, 170.
Relieurs, 105.
Reliques brulées, 323.
Remise des clefs, 285, 286.
Rentes féodales, 67.
Rentes nobles, 313.
Résidence (Obligation de la), 12.
Rivalité entre gens de métiers différents, 85, 89, 90, 102, 104.
Roulage, 29.

S

Salves de canon, 316, 317.
Savetiers, 85.
Scandales ecclésiastiques, 217, 218, 324.
Sceau communal, 284, 286.
Scholarum magisterium, 260.
Séditions et violences des huguenots, 321 et ss.
Sel semé en signe de malédiction, 266.
Sénéchal du Limousin, 256, 258, 264.
Sénéchal de Magnac, 307.
Sepulcrum Sti Marcialis, 265.
Serment civique, 316, 317.
Serment (Suppression du), 7.
Serruriers, 89.
Sièges de Limoges, 265, 266, 339.
Société philanthropique, 116.
Sœurs grises, 64.
Solidarités, 21, 53, 65, 67, 97, 101.
Souscriptions publiques, 329, 337.
Surcharge d'impôts sur le Limousin, 6, 15, 22, 53, 56, 66, 124.
Synodes provinciaux, 150, 156, 180, 181, 217.

T

Tabac (culture du), 31, 112.
Taille à répartir et à payer, 281, 282, 283, 202, 313.
Tailleurs, 86.
Tanneurs, 93.
Tapissiers, 208 et ss., 215, 216.
Taxe d'industrie, 57, 64, 85, 86, 87, 90, 93, 95, 99, 101.
Taxe du pain, 80, 83, 91.
Teinturiers, 91.
Témoignage erroné rendu par des vieillards, 270.
Témoins en justice, 114, 115.
Temples protestants, 136, 199, 202.
Templum Sti Marcialis, 262.
Testaments protestants, 143, 158, 159, 164, 234.
Thesaurarius, 255.
Tiers-Etat de Limoges, 125.
Tilz, sorte de bardeaux, 333.
Toupiniers = potiers, 310.
Tour de France, 164.
Traites foraines, 96.
Tribunal des fermes, 11.
Tutelles, 115.

V

Vénalité des charges, 8, 33, 46, 74.
Verrier (Gentilhomme), 133.
Vêtements sacerdotaux, 257, 270.
Vicecomes de Monbas, 259.
Vicecomites Lemovicenses, 264.

II. — TABLE DES NOMS DE PERSONNES

A

Adrianus V, 299.
Ænobius, 263.
Aggericus episcopus, 265.
Aimar de Segur, 264.
Aimericus Cati, episcopus, 270.
Aine (d'), intendant de Limoges, 81.
Alain d'Albret, 264.
Alban (François d'), 240
Albert, ex-consul, 228.
Albin (François), 340.
Alesme (Pierre), 344.
Alexander III, 299.
Allemand, 242.
Amadieu (Jehan et Jeanne), 132, 135, 136.
Anastasius IV, 299.
Andreas (beatus), 299.
Anglais, 241.
Angolerius, 263.
Antéchrist (l'), 327.
Antoine de Bourbon, 264.
Archimbaud (Charles), 201.
Aredius (sanctus), 263, 265.
Ariens, arianisme, 265.
Artus Britanniæ, 264.
Aubri, 249, 250.
Aubugeois (François), 307, 315.
Audinet, ex-consul, 228.
Augustini (abbas Sti), 262, 271.
Availhe (d'), 295.
Avarix roi, 266.

B

Bac, 132.
Baignol, 75.
Barbou, 77.
Bardon (Bartholomé), lieutenant, 240.....
Baize *alias* Beze, abbé et baron, 237, 238.
Balezy (Pierre), 93.
Balthazar (Judith), 142.
Baniars (Ysabeau de), 130.
Barbat (Jean), 131.
Barbat (Marie), *alias* de Barbat, 130, 131, 132, 135, 160.
Bareau (Antoine), 133.
Barraband (Benjamin), 186.
Barton (François), 262, 273.
Barton (Jean), chantre, 262.
Basset, notaire, 234.
Basteyroux (Géraud), 138.
Bastide, 242, 244, 245.
Bastier, 163.
Batete, 84.
Batut, 228.
Baudes (Antoine), 133.
Baudet, 79.
Bayle (Annet), 238.
Baysselance, 135, pasteur.
Beaubreuil, 243, 244, 247.
Beauffinet *alias* Boffinet, notaire, 182, 202, 212.
Beaufort, 228.
Beaugay de Beaupré, 307, 315.
Beaujeu (de), 292, 295, 296.
Beaupoil (Daniel), évêque, 141.
Beaupois, 84.
Beauregard, lieutenant, 219.
Beliot (Joseph), avocat, 307, 315.
Bellet, *alias* Blet (comte de), 197, 195.
Benoist (.....), 248, 337.
Benoist (Loys), 337.
Bergier, 180.
Bernage (de), intendant de Limoges, 179.
Bernardins, 97.
Bernardus Bartonis, miles, 259.
Bernardus Sulpicii, domicellus, 256.

Bertrand (Jean, André et Michel), 182, 204, 205.
Bertrandye (Jeanne), 139.
Beslot, avocat, 315.
Beslot (Pontian), 307.
Besons, *alias* Bezon (de), intendant de Bordeaux, 170, 179.
Betul (de), 131.
Beury (Claire), 132.
Beyssein (Marye), 138.
Beyssenc, greffier, 140, 164.
Blanc (Gabriel), 215.
Blanchier (Jean), 145, 164.
Blesensis comes, 264.
Boisse, 14.
Bonnet, 315.
Bonnetaud, 84.
Boneval (Fulcaud de), évêque, 273.
Bonnin de Fraixeix, 14.
Bonavalle (Bernardus de), episcopus, 270.
Bonavalle (domini de), 270.
Bordas, 84.
Borne (de la), 291.
Bos (Henry et Pierre), 138.
Bosbaton, 316.
Bost (Annet du), 232.
Botin (Martial), notaire, 260.
Boudet (Jehanne et Lucie de), 129, 131, 132.
Boudin (A.), 337.
Bouillon (duc de), 146, 151, 154, 157, 161, 219, 220, 221, 226, 228.
Bouillon (duchesse de), 221.
Bouleys (Louys), 237.
Boulhet (Jean), 337.
Boulhon (Pierre), 330.
Boulhon (Léonard), 337.
Boult (Noëlle), conseiller, 204.
Bourdat, *alias* Bourdat (David), pasteur, 130, 131, 132, 135, 160.
Bourdat (Judith), 159, 160.
Bourdonaye (de la), 171.
Bourlhioux (Guilhen), 131, 159.
Bourlhoux (Pierre), 141, 167, 168.

Bourlhoux de Lavaur, 161.
Boutaud (Jacques), 337.
Boutin, pasteur, 136.
Boyer (Raymond), 330.
Boyol (.....), 337.
Boyol (Symon), 266.
Boys (Ant. du), 330.
Bracenac, 228.
Brachet (Claude), 300, 308.
Brachet (Jean), chantre, 260.
Braquerie, 228.
Brel, procureur syndic, 228.
Bretons, 266.
Bret, (Françoise de), 264.
Brion (de), 291.
Briscet, 84.
Bronzeau, 311.
Brousseaud (Mathurin), 107.
Broussettes (Marie), 132.
Brugeaud, 231.
Brume, 228.
Buisson (Marie), 235.

C

Cacatte, 97.
Caffoulen (François), 132.
Calvin, 223, 225.
Cancès, clerc, 228.
Canus, ex-consul, 228.
Carmes, 241.
Carolus VI, 271.
Carolus Calvus, 263.
Célérier (Anthoine), 186.
Célérier (Hélie), 183.
Célérier (Isaac), 183.
Célérier (Jean), 183, 187.
Ceyrac, curé, 139, 166.
Chabrol, 84.
Chadenier (Joseph), avocat, 307, 315.
Chadirac, 132, 134.
Chadirac, évêque, 220.
Chains (Marie de), 136.
Chambon (.....), 135, 139.
Chambon (Anthoinette), 164.
Chambon (Bernard), 130.
Chambon (Jacques), 134.
Chambon (Janeton), 142.
Chambon (Jehan), 129, 132, 133, 139, 140.
Chambon (Jehanne de), 130.
Chamet (Anne de), 129, 137.

Chamet (Gaspard), 143, 144.
Chamet (Jean), 135, 139.
Chameyrac (Samuel), 129, 131, 133.
Champagne (Pierre), 104.
Champsac (M. de), 337.
Chantegril, *alias* Chantegreil (Gaspard), 134, 161, 163.
Charabail, *alias* Charabailhz, 230, 231.
Chardebeuf (Jehan), 295.
Charles le Chauve, 266.
Charles le Simple, 266.
Charles VIII, 290, 291.
Charles IX, 321, 329.
Charlonnie (de la), 242
Charles Borromée (saint), 252.
Chartreux, 97.
Chaseaux (Jean de), tapissier, 215.
Chassaniade, 135.
Chastaniac, 247, 248, 249, 250.
Chaud (Anthoine), 301.
Chazal, ancien premier consul, 228.
Chayne (Hélie), 137.
Chazaux *alias* Deschazaux (Pierre des), tapissier, 209, 210, 211, 212, 213, 214.
Chemin (Etienne), 186.
Chenac, 289, 294.
Chenaux, 304.
Chevallet, 304.
Chiers, 311.
Chièze, 228.
Chilpéric, 266.
Chouniac, clerc, 233, 234.
Civadier, jésuite, 229.
Claravaux (Antoine), tapissier, 216.
Claravaux (Pierre), tapissier, 215.
Claude (Frère), de Saintes, 227.
Clavières (de), médecin, 219.
Clearchus, 341.
Clotarius, 263.
Colin (Jean), 337.
Colomb (Jean), 337.

Combade, 232.
Combalesson (Guilhen), 138.
Combe (Jacques de la), 186.
Combe (Louis de la), notaire royal, 183.
Combe (Pierre de la), 199.
Combort (marquis de), 231, 232.
Constans (Antoinette de), 130.
Constantinus, 263.
Cornet, 273.
Coste, ex-consul, 228.
Coste (Gilles de la), 301.
Costebadie (Jean de), pasteur, 168, 169, 170, 171, 172 et ss.
Costebadie (Jeanne de), 168, 169, 172, 173, 174 et ss.
Costebadie (Lucie de), 168, 169, 172, 174, 175 et ss.
Costebadie (Marie de), 175
Costebadie (Pierre de), 175, 178.
Cottard, 210, 211, 212, 214.
Coudert, consul, 228.
Coullaud (Léonard), 204, 206.
Coulloudon (Jean), 186, 198, 204, 205, 209.
Coulon, 228.
Coutry (dame de), 172.
Couturon (Elie), 94.
Craugi (Antoine), 137.
Creil (de), intendant, 202, 206, 207, 208.
Creil-Bournezeau (de), marquis, 209, 210, 211, 212, 214.
Croisier, 245.
Crozier (Jehan), 330.
Cybot (Pierre), 337.

D

Daian (Marie), 140.
Daluy (Jacques), 141.
Daluy, vicaire, 142.
Daniel, 265.
Daniel, 249.
Dannet, 235.
Darche, notaire, 147.
Darche (François), 140.
Darches (Guilhen), 139.
Darde, 84.

Darriet, 231.
Daulberoche (Léonard), 301.
Dauratensis abbas, 259.
David, 84, 242.
Dayoulx (Anthoyne), fauconnier, 234.
Debeaune, 14.
Decordes, lieutenant général, 239.
Decordes (Jean, Martial et Pierre), 337, 338.
Decoste, 228.
Defau, pasteur, 180.
Degrasset, 164.
Degriel (Anne), 178.
Delacoste (Joseph et Louis), 307.
Delacôte de Lavaud-Blois, 315.
Delacôte de Rocheguérant, 315.
Delagane (Jeanne), 131.
Delaurant, 84.
Delavaud, notaire, 316.
Delavaud (Jacques), 199.
Delmas de Testut, curé, 142.
Deloménie de Labastide, 33.
Demasdelbos, 135, 145, 164.
Demondet, 135, 136.
Demons (Pierre), 337.
Demonteils (Elie), 215.
Demonthel (Pierre), 216.
Demoussac, 315.
Depelrau, 159.
Deperelles (Pierre), 301.
Deschaunie (Pierre), 173. *Voyez* Eschaunie.
Deschazaux, 202. *Voyez* Chazaux (des).
Devaux (Charles), 236.
Deverrière, écuyer, 228.
Deyma (Jacques), chirurgien 90, 91.
Deymarre (Marie-Françoise), 140.
Disnemandi (Jean), 261.
Disnemandi (Martial), 261.
Disnematin (Jean), 337.
Domnolenus, 263.
Dongour (Antoinette), 137.
Donet, 245.

Dosmard, vicecomes, 264.
Douhet (Baltazar de), 343.
Douhet (Martial), 337.
Dramon, 263.
Dubac (Jean), 132, 133.
Dubac (Pierre), 131.
Dubatut de la Roche, pasteur, 133.
Dubois (.....), 249, 337.
Dubrac (.....), avocat, 315.
Dubrac (François), 307.
Dubrac (Jean), avocat, 307.
Dubrac (Legier), 301.
Dubrac (Micheau), 301, 304.
Dubrac du Fraisse, 315.
Dubrac de Villaudrant, 307, 315.
Ducham, ex-consul, 228.
Ducharlat, 175.
Duchayne, 164.
Duchier (Léonnard), 201.
Ducressat, 316.
Dufaure (....), 141, 144, 163, 173, 228.
Dufaure (Abraham), 134.
Dufaure (Anne), 133.
Dufaure (Antoinette), 133.
Dufaure (Gérauld), 132, 133, 134.
Dufaure (Jean), 133.
Dufaure (Jeanne), 141.
Dufaure (Marguerite), 130.
Dufaure (Pierre), 140, 143, 161.
Dufaure (Thoinette), 142.
Dufaure de Chadiot, 142.
Dugua, consul, 228.
Duguaytrouin, 122.
Dujour, 84.
Dulaurans, notaire royal, 164, 165.
Dulaurans (Pierre), 130.
Dulaurens (Gérauld), apothicaire, 134.
Dulaurens. *Voyez* Laurens (du).
Dumandre, 175.
Dumas (Jean), 261.
Dumontel, 216.
Dunetton (Anne), 133.
Dupeyrau (Guilhaunette), 145.

Dupoux (Jean), 301.
Dupré, 228.
Dupuy (.....), 228.
Dupuy (Jean), 132.
Duratius, pro consul, 263.
Durfort (Anthoine), 159.
Durfort (Jean et Jeanne), 129, 130, 131.
Durieu (Loys et Jean), 131, 132, 175.
Dusser (Antoine), 161.
Dusser (Jacques), juge, 143, 144, 145.
Dusser (Jeanetton), 140.
Dutreil (Pierre), 242.
Dutreix, 83.
Duvert, 244.
Duvigier, 158.

E

Ebolus, Eble, 263, 266.
Echaupre, 33.
Ecochius, episcopus, 265.
Emard (Estienne), 84.
Eschaunie (Anne), 173.
Eschaunie, *alias* Déchaunie (Jeanne), 168, 169, 173, 174 et ss. Voyez Deschaunie.
Espagnols, 132, 241.
Estangs (baron des), 246, 247.
Eudo, Eudes, 263, 266.
Eugenius III, 299.
Eustachius Bidonis, abbas, 261.
Ezéchiel, 341.

F

Fabert, général, 122.
Fabert (Claude), prêtre, 225.
Fale (S.), 273.
Falot (Léonard), 343, 344.
Farfal (Pierre), 146.
Farges, 228.
Fauchier (Pierre), 239.
Faure (.......), 84, 182.
Faure (Bernard), 137.
Faure (Françoize), 138.
Faure (Jean), chancelier, 266.
Faure (Jean), 129, 130.
Faure (J. du), 219.
Faure (Thomas), 84.
Faye (Jacques de la), 209.

Fayette (de la), évêque, 224.
Fayette (de la), général, 317.
Femy (Hierosme), laquais, 236.
Ferrier, greffier, 229.
Ferrières de Sauvebeuf, (Charles de), 234, 238.
Feuillans, 97, 343.
Filliol (Jean), 140.
Finet J.-B., 84.
Flaumon (Antoine), 135.
Florentin, prêtre, 228.
Florentin, consul, 228.
Florentinus abbas cardinalis, 251.
Fournaud, 75.
Fournier, 48.
Fournier (Simon), 343, 344.
Foy (Dames de la). 170, 173.
François de Sales (Saint), 251.
Françoize (la), servante, 236.
Fremy (Claude), libraire, 327.
Frichon, 315.
Fulcot de Lors, 263.
Fulgence (frère), gardien des recollets, 142.

G

Gaillard, consul, 228.
Galichier (Helie), 261.
Gallus Avenallianus, 263.
Garat, 33.
Garibal, 249, 250.
Gasquet, 162.
Gaudon, 296.
Gay (.....), 130.
Gay (Paul), 261.
Gazes, 316.
Geanty, 84.
Gerald. comte, 266.
Geraldus de Rossillon, 263.
Germain, 84.
Germain (Gabrielle de), 129, 131, 133.
Germain sr. de Pradeaux, 133.
Gillon, avocat, 315.
Gimel (Etienne), 224.
Gimelle (Elizabeth), 141.
Gitton (François), avocat, 307.
Glandier (Hélène de), 129.
Gondet (Elme), 209.

Gontran, 266.
Gorsas, 84.
Gorse, 249.
Goths, 265.
Goudin, 241, 242, 243.
Goullaud (Léonard), 202.
Graffel, 163.
Graffet (Abdon), 137.
Graffeuil (Abraham), 161.
Graffeulh (Antoine), 137.
Graffeuilhe (Gaspard), 147, 161.
Graffeuilhe del Fraysse, 161, 163, 164.
Grail, 175.
Grasset (......), 164.
Grasset (Gaspart), 130.
Grasset (Izaac), 160.
Grasset (Jean), 159.
Grasset (Loys), 131.
Graud, 245, 246.
Grégoire (Psaulmet), 337.
Gregorius, XI, 256, 299.
Greilh (de), 219, *Voyez* Degriel.
Grellerie (Anthoine), 167.
Grellerye, procureur, 168.
Grenaud (Baptiste), 84.
Grenier (Pierre), 104.
Griffo, 263.
Grilhon (de), 170.
Guibert (Aimeric), 337.
Guibert (Etienne), 256, note, 262, 265.
Guibert (Martial), 258.
Guido I, II, etc, 264.
Guillaume, comte, 266.
Guillaume de Bret, 264.
Guillaume Tête d'étoupe, 264, 266.
Guillelmus pius, 263.
Guillelmus Barthonis, abbas, 259.
Guillet (Léonard), 104.
Guinaud-Dupré, 33.
Guntran, 263.
Guy André, comte de Laval, 306, 315.
Guy de Bret, 264.
Guy de Malemort, 264.

H
Hardy (Michel), 344.
Hautefort (M. d'), 228.
Helias, 266.
Henri d'Albret, 264.
Henri IV, 264.
Hérodote, 341.
Hierle (La), 164.
Hilaria, 263.
Hilarius (Sanctus), 265, 323.
Hippolitte (frère), recolet, 142.
Hospital (Catherine), 135.
Hospital (François), 129, 132.
Huet (Jean), 236.
Hugo de Maignaco, episcopus, 270, 271.
Hugo de Petrabufferia, 260.
Hugo de Rofinhaco, episcopus, 271.
Huguenots, 241 et ss., 321.
Hunaud, Hunoldus, 263.

I
Innocentius VI, 255.
Isle-Adam (P. de l'), évêque, 273.

J
Jacob (Jean-Antoine), pasteur, 203, 204, 205, 206, 209, 213.
Jacobus Viaudi, episcopus, 271.
Jalasson (Françoise), *alias* Jallasson, 210, 211.
Jamenet (Jean), 301.
Jamet, 181.
Janus, 342.
Jarrige (Jeanne), 134, 138.
Jarrige (Toinette), 140.
Jean (Fête de Saint), 330.
Jean de Bret ou d'Albret, 264.
Jean de Bretaigne, 264.
Jeanne d'Albret, 264.
Jésus-Christ, 143, 235, 323.
Joannes, episcopus Lemovicensis, 256.
Joannes *et* Joanna vicecomes *et* vicecomitissa, 264.
Joannes Bartonis II, episcopus, 272.
Joannes Bartonis III, episcopus, 273.

Joannes de Croso episcopus, 270.
Joannes de Montfort, 264.
Joannes de Peyrato, canonicus, 259.
Joannes de Peyrato, electus, 259.
Joannes Raymundi, canonicus, 255.
Jocundus, 263, 265.
Joussin de Sauvaignat, 240.
Jouviond (Jean), capellanus, 262.
Jouviond (Albert), abbas, 262.
Jouviond (Jacques), archiepiscopus, 261.
Jouviond (Jean), abbé, 262.
Jouviond (Michel), chantre, 261.
Judicis (Jean), 261.
Juge de Laborie, 14.
Juge St-Martin, 14.
Junius Agricola, 263.
Junius Syllanus, 263.
Jurieux, pasteur, 181.

L

Laborie (.....), 245.
Laborie (G.), 219.
Laborie de Chantegreil, 164.
Labroe (François), 130.
Labroue (Jean), 133.
Labrousse (.....), 164.
Labrousse, chirurgien, 166.
Labrousse (Gabrielle), 131, 132.
Labrousse (Gaspard), 136.
Labrousse (Henry), 138.
Labrousse (Jacques), 130. 132.
Labrousse (Jean), 134, 167, 168.
Labrousse (Marie), 140.
Labrousse (Pierre), 130.
Lachau (David), 130, 131, 132, 133, 141.
Lachau (Pierre), docteur en médecine, 140.
Lacombette, 164.
Lacoste (Pierre), 129.
Lacroix (d^{elle}), 244.
Lagane (Pierre), 130, 132.

Lagrange, prêtre, 228.
Laguorce, 250.
Laguyne (Jacques), chirurgien, 161, 164.
Lajourdanie (M. de), 243.
Lallier (Toussaint), garde de la prévosté, 208, 209.
Lamarque, 171.
Lamarthonie (de), évêque, 224.
Lamy (Jean), avocat, 260.
Lamy (Léonard), *Leonardus Amici*, notaire et greffier, 260, 261.
Lamy de Lachapelle, 14.
Lamye (Marie), 236.
Landy 84.
Lanthonie (Françoise de), 130, 131.
Laplaud-Godet, 84.
Laporte, 138.
Laribe (Alexandre, 142.
Larode, écuyer, 228.
Laroque, avocat, 315.
Laroque (André), médecin, 307.
Laroque (Jean), médecin, 307.
Laserre, écuyer, 228.
Lassambre de la Baume, 204.
Latrémouillère (Jean), 130.
Laumond, ex-consul, 228.
Laurans, notaire royal, 144. *Voyez*. Dulaurans.
Laurans de Puylagarde, 131.
Lavabre, pasteur, 136.
Lavadour (J), 219, 220.
Laymarie, vicaire, 228.
Leichosier, 244.
Lejeune (le Père), 245, 247, 248.
Lenoir de Lavergne, 14.
Léonarde (La), servante, 236.
Leschaussier, 244, 245.
Lestert (Joseph), avocat, 307, 315.
Leucades, 263.
Leymarie (de), 164.
Leymarie (Anne), 134.
Leymarie (Antoine), 163.
Leymarie (Seraphin), recolet, 142.

Lombard, greffier, 202. 205.
Longour (Jehan), 130, 175.
Lopsis, 263, 265.
Lorride, avocat, 179, 187, 195.
Lostange, 245.
Louis le Débonnaire, 266.
Louis (saint), 307.
Louis XIII, 264.
Louis XIV. 176, 202.
Louvain (Claudius de), 273.
Lucius II, 299.
Lucius Capreolus, 263.
Lutherani, 299.

M

Mabire, 228.
Magistry, lieutenant et assesseur, 182.
Magnac (marquis de), 248.
Mailhot, 229.
Mailhot (Martial), 337.
Maleden, 247, 248.
Malledent (M. et J.), 337.
Malet (Michel), 132.
Manoir, avocat, 198.
Manot, 247.
Marc (Julien), 30.
Marchandon, 244.
Marcialis (sanctus, beatus, beatissimus, divus, divinus, apostolus, patronus), 298, 299, 300, 326.
Marcillac (de), 294.
Margareta de Burgundia, 264.
Maria vicecomitissa, 264.
Marquon, pasteur, 136.
Marrand (François), 301.
Marrand (Louys), 301.
Mars (Charles de), pasteur, 230 et ss.
Martellus, 265.
Martin, (.....), 241, 244, 245, 246, 247 et ss.
Martin (François), 334 et ss.
Martin (Lazare), 337.
Martin (Léonard), 237, 238, 239.
Martin (Saint), thaumaturge, 251.
Martin (Saint), 327.
artini (abbas sancti), 262.

Martinus V, 271, 272.
Martret (Magdaleine de), 131.
Masjambost, 241, 242.
Masmouret, 243, 246.
Massin Guiral, 228.
Massoulié, prêtre, 228.
Massouly, 219.
Matheyron, 198.
Mathieu (Saint), 327.
Mauple (Pierre), 337.
Maurice de la Tour, 220.
Maury, 119.
Maxime, 252.
Meillars (M. de), 241, 242.
Menouvrier, 204.
Mercier (.....), 242, 243, 245.
Mercier (François), 198, 203, 213.
Mercier (Martial), 180.
Mercière (La), 337.
Merle (Antoine), 161, 162, 163.
Merlin, 241.
Messonnier (Gabriel), 215, 216.
Meynard (Antoine) conseiller et médecin, 239,
Meynard de l'Estrade, 228.
Meynard de Laguerenne, consul, 228.
Michel (fête de saint), 302, 313.
Michel (Léonard), 337.
Michelet (Jean), 307, 315.
Michelet (Roque) 236.
Milon de Touvans, 240.
Mitraud (Claude), avocat, 307, 315.
Mitraud des Landes, avocat, 307.
Molceau, 132.
Mondet (Antoine), 164.
Mondet (Gérauld), 134.
Mondet (Guilhaume), 132.
Mondet (Jean), 136, 141, 164, 165.
Mondet (Jehanne), 130, 142.
Mondet (Libéral), 130.
Mondet (Marie), 137.
Montdigous, 164.
Montaudon, 33.
Monteil, 310.

Monteil (Jean du), 199.
Montescot (Bernard), 132, 133.
Montet (Jacques du), 211.
Montmorency (Ph. de), évêque, 273.
Montpansier (de), 293.
Montrochier (de), 295.
Morély, Mourelly, pasteur, 156, 180, 181.
Morelly (Antoine), 134.
Morelly (David), 147.
Morelly (Françoise de), 130.
Morelly (Gabriel), 130, 131, 134, 144.
Morelly (Henry), 132.
Montbas (vicecomes de), 259.
Mouret (Gautier), 84.
Mouret (Gérard du), directeur des biens des religionnaires, 229, 230.
Mouret (Laurent), 330.
Mousnier (Léonard), 337.
Murailhac (Jacques), 165, 166.
Murailhac (Jeanne), 141.
Muraillac (Marie), 165, 166.
Murat, 134.
Muret de Pagnac, 14.
Murulhac (....), 144, 164.
Murulhac (Antoine), 136.
Murulhac (Gaspard), 131.
Murulhac (Jacques), 136.
Murullat (Jean), 129, 133, 135.

N

Navarre (régiment de royal), 316.
Navierres, 14.
Nazarenus archiepiscopus, 272.
Nazariensis archiepiscopus, 262.
Necker, 98.
Nègre (de), 219.
Neïmon, Nesmond, 306, 308.
Neoment = Noménoé, 266.
Neuville, 307, 309.
Nicolaus cardinalis, 256, 258.
Normands, 266.
Notre-Dame, 325, 330.

O

Olivier, 264.
Ornezac (d'), pasteur, 218.

P

Pagès (François), 134, 164.
Panthièvre (de), 291.
Parabère (de), 153.
Pardaillan (de), 154, 157.
Pardoux, clerc, 233.
Parent, 290, 291.
Paret, 228.
Pasquier, 174.
Pecconnet fils, 14, 33.
Pecconet du Chatenet, 14.
Peirusse (Anthoine de), 301.
Pellot (Claude), 147, 153, 158.
Penicailhe (Narde), 337.
Perer, 84.
Peret (Bernard), 63.
Pertat (Antoine), avocat, 307, 315.
Perussaud (Pierre), 301.
Petiot (J. de), 344.
Pétiniaud (Simon), 30.
Petronille, reine, 266.
Petrus (sanctus), 299.
Petrus cardinalis, 258.
Petrus Bartonis, abbas, 261.
Petrus de Montebruno, episcopus, 271, 272.
Petrus Placentis, domicellus, 257.
Petrus de Valete, dit lo Pape, 262.
Petrus Martelli, 258.
Peux (David), 215, 216.
Peux (Jean), 215, 216.
Peux (Pierre), 215, 216.
Peyrau (Anthoine), 135, 158.
Peyrau (Catherine), 158, 159.
Peyrau (Jeanne), 159.
Peyre, 134, 216,
Peyrissac, écuyer, 228.
Peyron (Antoine), 145.
Peyton, ex-consul, 228.
Pezeaud (Denis), 103.
Pichonot, 84.
Pierrebuffière (Charles de), marquis, 230, 231, 232, 234.
Pierrebuffière (Marguerite de), 234, 237, 239.

Pipinus, 265.
Pharaon, 251, 343.
Phélypeaux, 176.
Philippus Bartonis, domicellus, 259.
Pochard (Jean), curé, 261.
Poillevé, 246, 247.
Poiron, 307, 315.
Pommeilye (de Teuyat), 239.
Pommereu (de), 187, 189, 193, 195, 199.
Pompadour (Jean de), 289, 291, 294, 296.
Portal (du), 140.
Portes (des), 293.
Pouchier, 248.
Ponjaud, notaire, 316.
Poulinier (Jean), 237.
Poylevé (G.), 337.
Pradeaux (de), et Pradeau, 169, 174, 178.
Pradel (Antoine), 140.
Pradel (Pierre), 130, 131, 138, 142.
Pradel de la Fransonie, 143, 144.
Pradel de las Vialettes, 146, 147.
Prie (Renatus de), episcopus, 273.
Prouge (de), 237.
Prugnié (Jean), 198.
Ptolemeus, 265.
Puech (Jean), 141.
Puech (Marie), 140.
Puyfages (Antoinette), 132.
Puymartin, 313.

Q

Queyssac, 228.
Quilliet, 104.

R

Rabichon (Gilles), 198.
Rabilhac, avocat, 315.
Rabilhac de Fontaillé, 307, 315.
Raby du Sirieix, 14.
Raimond de St-Gilles, 266.
Rampion, 306, 308.
Ramnulphus de Perucia, episcopus, 271.
Rancort, 164.

Raymond (le Père), 317.
Rechignevoisin de Guron, evêque, 150.
Redondet, 200.
Reilhac (Marc), 232.
Reniac (Jeanne de), 131.
Richard cœur de lion, 265.
Richard (Louise de), 131.
Richemont (Comes de), 264.
Ricon (Jehan), 231.
Rigal (Louise), 133.
Rioupeyroux, écuyer, 228.
Rivière, ex-consul, 228.
Robertus, 263.
Robichon (Pierre), 186.
Roche (....), 84, 228.
Rodier, 315.
Rodolphe, roi, 266.
Rogerius, 263.
Rogier (Anne de), 134.
Romanet (Jean), 335 et ss.
Romefort, 171.
Roques, 228.
Rose, marchand, 174.
Rouffie (Etienne).
Rougeyron (Joseph et Jean), 337.
Rouillac, 247.
Roulhac, 14.
Roussel (....), 138.
Roussel (Pierre), 186.
Rousset (Albert), 216.
Rousset (Jean), 215.
Ruaud (Stephanus), consul, 256.
Ruben, 14, 246.
Rubin de Vialeix, conseiller, 205.
Rusticus, episcopus, 265.

S

Sabinæ (cardinalis sanctæ), 273.
Sabinus, 263.
Sabius, 263.
St-Alban (Anthoine de), 236, 240.
St-Aulaire (M. de), évêque, 141.
St-Santin (de), curé, 228.
Salagnac-Fénelon-Monbron (Marie-Françoise de), 309.

Salesse-Dusser, 164.
Sandars, conseiller.
Savary (de), 14.
Savignac (de), 248, 250.
Scellarier (Françoys), 145. *Voyez* Cellerier.
Sedéchias, roi, 342.
Seiglière (Pierre de la), 199.
Senobrun, 263.
Senon (François), 337.
Sergius Galba, 263.
Serre (Bernard), 137.
Sers (Pierre), 130.
Simon, recolet, 142.
Soulignac, 33.
Soustres de la Combette, docteur, 163.
Stephani (confratria beati), 259.
Stephanus, dux, 263.
Suère (Jean), 133.
Suica, 263.
Symon (le Père), 245.

T

Talabot, 33.
Talandier, 33.
Tanchon-Delage, 33.
Tarneau (Christophe), 330
Teilhet (Jehan), diacre, 145.
Terradon, notaire, 182.
Terrailh, 291.
Terrier, 228.
Testut, ex-consul, 228.
Testut (Jean), 131.
Testut (Mathieu), docteur, 161.
Theobaldus, comes, 264.
Théodebert, 266.
Thoariensis canonicus, 259.
Tholosanus archiepiscopus, 255.
Thomas (Authoine), 301.
Thomas de Roos, miles, 256.
Thoumas, bourgeois, 61.
Tissier, 84.
Tixier de Lannouneix, 203. 213.
Treilhard (le Père Félicien), 141, 142.
Treilhe (J. de la), 344.
Trémollière (Jean la), 130.
Tricot (Jean), 210.
Tronche, 228.
Turchæ, 299.
Turenne, capitaine, 228.
Turenne de Fulgueyroux, 228.
Turgot, 53, 125.

U

Ulixbonensis episcopus, 255.

V

Vaifer, 262, 263.
Valens, imperator, 265.
Valentinus, imperator, 265.
Valrivière, consul, 228.
Vassiniac (Gédéon de), 131.
Vaurat, 310.
Vaurette (Jean), 130, 140, 141, 144, 145.
Vaurette (Jeanne), 139, 140.
Vaurette (Marguerite de), 138.
Vayssière, 228.
Veilhers, 228.
Veillans, 138, 142.
Veisset (Gaspart), 129.
Ventah (Anne de), 129.
Ventah (Jehanne de), 130.
Vergne (Antoine), procureur, 161, 164.
Verthamond (Martial), 334 et ss.
Veru (Anne), 137.
Votelay, sénéchal, 307.
Veyssière (de), 228.
Vialettes (sieur de las), 146, 147.
Vidaud (Jean et François), 335, 337, 338.
Vigier, curé, 228, 229.
Vigier (du), 147, 148, 154,
Vigier (Pierre), notaire, 307, 315.
Vigouroux, maître d'école, 170.
Vignaud (Jean), 103.
Vignaud (Léonard), 104.
Vignaud (Martial), 103.
Vignaud (Pierre), 104.
Villebost (Aimeric), 261.
Villechenoux, 84.
Villemonteix, 241, 242, 246.
Visigoths, 266.
Yrénée (Saint), 323.
Yrieix (fête de Saint), 232.

III — TABLE DES NOMS DE LIEUX

A

Ahun, bourg, 291.
Aixe, 330.
Annonaî, 76.
Agen, 171.
Agénois, 169.
Agia-Cati, village, 270.
Allois (Les), 317.
Amboise, 322.
Angers, 322.
Angleterre, 168, 169, 266.
Angoulesme, 250, 266, 322.
Aquitania, 256, 263, 265. *Voyez* Guyenne.
Arènes de Limoges (temple des religionnaires aux), 244, 245.
Argentat, 129, 131, 135, 136, 137, 138, 141, 142 et ss.
Aubusson, 179, 180, 181, 182, 183, 184 et ss. 247, 248. *Voyez* Busson.
Auvergne, 76, 134, 266.
Avignon, 76, 258.
Aygueperce, 238, 239.

B

Babylone, 342.
Bassignac-le-Bas, 228.
Bat (faubourg de), 199.
Beaulieu, 173, 174, 217, 219, 220, 223, 228, 229, 310. *Voyez* Belloc.
Bellac, Belac, 51, 243, 310.
Belloc = Beaulieu en bas Limousin, 276 et ss.
Belmon en Périgord, 177.
Berry, 15, 198.
Bijotière (la) fief, 306.
Biorjas = Bourges, 285.
Biturigæ, 256.
Boulieu, 291, 293.

Bordeaux, *alias* Bourdeaux, 8, 51, 60, 124, 145, 143, 151, 152, 158, 178, 241, 261, 331.
Boucherie, faubourg, 339.
Bourbonnois, 198.
Bourges, 266, 322. *Voyez* Biorjas *et* Biturigæ.
Bourgogne, 57.
Bourneis (bois de), 305.
Bran, rivière, 312.
Brantholium 264.
Brilhac, 295.
Bruyères (les), 200.
Busson = Aubusson, 248.

C

Cahors, 266.
Capela (la), 287, 288.
Carennac, 151.
Cesarensis *vel* Cesenanensis archiepiscopus, 261.
Charenton, 235.
Chastillon, 180.
Chastre (Forêt de), 200.
Chateauneuf-la-Forêt, *alias* Chastauneuf, Chasteuneuf, 230 et ss.
Châtre (la), 310.
Chauvigny, 291.
Chénerailles, 200.
Claux (les), 140.
Cluny (ordre de), 97.
Combe aux Eyroux, 231.
Combe de las Revardieras 232.
Combesande (Temple de), 201, 202, 203, 205, 208, 213, 214.
Combort, 234.
Combraille, 289, 290, 293.
Confolens, 245, 246.
Coulonges, 131.
Croix-Marrand, 310.

D

Dauphiné, 5, 26, 30, 47, 55, 75, 123, 126.
Deffens, fief, 259.
Dompière, 316.
Dorat, 262, 294, 309, 310.
Droux, 295, 310.

E

Echalliers, village, 309.
Entrefins, prieuré, 295.
Erlangen (Bavière), 216.

F

Fain, fief, 259.
Fauliet, 169, 174, 175.
Flex, 190.
Fontaine-Chalendrais, 306.
Fougieiras, lieu-dit, 260.
France, 175, 203, 302, 314, etc.
Francum Allodium, 259.
Fraysse, 164.
Fresseingeas, 236.

G

Gallia, 299.
Gallia aquitanica, 300.
Garennes, 236.
Genève, 76, 203.
Gergeau, 180.
Gien, 181.
Gourseyrol, village, 231.
Grandmont, 97, 125, 126.
Guéret, 181, 182, 190, 202, 204, 289, 291, 293.
Guyenne *ou* Guienne, 5, 26, 62, 94, 109, 124, 148, 216, 217, 266. *Voyez* Aquitania.

H

Hamelins (les), pré, 310.

I

Insula (castrum de), 270, 272, 273.
Isle-Jourdain, 243.

J

Janaliaco (Burgus de), 256.

L

Lachapelle-aux-Saints, 224.
Lage, village, 310.
Languedoc, 57.
Laplesse, fief, 306.
Laurière, fief, 289, 294.
Laval-Lezay, fief, 306.
Lavaud, gué, 310.
Lavalette, village, 310.

Lectoure, 225.
Lemovica, metropolis, 263.
Lemovicensis alta patria, 259.
Leyge, village, 139.
Limóges, 15, 22, 23, 25, 28, 30, 34, 36, 40, 51, 52, 55, 60, 61, 62, 63, 64, 66, 76, 77, 80, 85 et ss.
Limousin, Limouzin, Limosin, 4, 5, 6, 15, 16, 17, 22, 23, 25, 26, 30, 41, 47, 50, 52, 54, 56, 57, 62, 75 et ss.
Lindois, 249, 250.
Liourdes, 142.
Londres, 178.
Lubignat, fief, 259.
Luchapt, 295.
Lussac, 295.
Lyon, 322, 323, 331.

M

Magnac, Maignac, (auj. Magnac-Laval), 295, 300, 301, 305, 310, 314, 315.
Maillat, village, 311.
Marche, province, 15, 21, 56, 65, 97, 182, 184, 185, 190, 191, 202, 204, 289, 290, 291, et ss, 300, 306, 307, 315.
Marchedieu, village, 200.
Meyssac, 131.
Milan, 253.
Mimatensis episcopatus, 271.
Miremont, 156.
Montaulban, 218, 322.
Montflanquin, 216, 217.
Montheil, fief, 300.
Montpellier, 181.
Moulins, 199, 206, 207, 209, 212.

N

Nailhac, fief, 259.
Nantes, 178, 179, 190 et ss.
Navarre, 203.
Nérac, 150, 153, 156, 190.
Nueil (auj. Nieul), 243.

O

Oradour, 249, 250.
Orances (les), 317.
Orléans, 322, 331.

P

Palvault, fief, 300.
Paris, 8, 175, 183, 192, 193,

203. 204, 223, 241, 248, 272, 327, 331.
Périgord, 15, 56. 177,
Petit-Beny (le), 232.
Petrabufferia = Pierrebuffière, 266.
Peyrat, 234.
Pierrebuffière, 235, 236, 239, 240.
Pierre-Ferrade, 266.
Poissy, 25.
Poitiers, 76, 192, 322, 323, 331.
Poitou, 15, 56, 312.
Pompadour, 246, 247.
Pontbreton, fief, 234.
Porcharia, 270.
Port-David, 147.
Pré-Vigier, 198.

R

Ratiastum, 265.
Reignie (la), lieu-dit, 260
Rilhac, 224.
Rivensis episcopatus, 271.
Riz, 289, 294.
Roche (la), 312.
Roche au Guot, 265.
Rochechouart, Rochoir, 241, 242, 243, 244, 245, 246, 247 et ss.
Rochelle (la), 220.
Rochetaillade, 200.
Rome, 342.
Roncevallis, 263.
Rouen, 230, 322, 331.

S

St-Amand, 180.
St-Benoit, 222, 310.
St-Cessadre, église, 326, 341.
St-Christophe lez Limoges, 317.
St-Etienne, église, 333.
St-Geneys-ô-Merle, 139.
St-Géniés, paroisse, 261.
St-Jacques, rue, 307, 327.
Sti Josephi altare, 259.
St-Junien, 243, 245, 330.
Sti Marcialis ecclesia, 262.
Sti Martialis monasterium, 270, 333.
St-Martial (hôpital de), 242.
Sti Marcialis refectorium, 271.
Sti Marcialis sepulcrum, 265.
Sti Martialis templum, 262.
St-Maurice, église 242, 243, 244, 247, 249, 250.

St-Michel, église et place, 250, 325, 331, 342.
Sti Michaelis monasterium, 265.
Sti Pauli monasterium, 265.
Sti Petri de Quadrivio ecclesia, 262, 333 et ss., 339, 342, 343, 344.
St-Pierre, abbaye, 226.
Sti Ursini Bituricensis ecclesia, 256.
Ste-Valerie (Porte et église de), 261, 324.
St-Yrieix, Sanctus Aredius, 51, 270, 331.
Saintes, 327.
Salesse (La), 161.
Schwabach en Franconie, 215
Segur, 265.
Seiglière, village, 199, 200.
Seychères (Les), 343.
Solignac, 530.
Soullier, fief, 313.
Souterraine (La), 182, 190.
Suessicnensis episcopatus, 273.

T

Thonnains, *alias* Tonins, 168, 169, 170, 173, 174 et ss.
Tibardrie, 310.
Toulouse, 8, 266.
Tourny, place, 316, 317.
Tours, 322.
Trape, (monastère de la), 97.
Treignac, 243, 246.
Trèves, 252.
Trimouille (La), bourg, 310.
Tulle, 141, 148, 149, 150, 223, 224, 227, 240.
Turenne, 131, 136, 148, 151, 162, 220, 226.

V

Vallia = Galles, 256.
Vantadour, 150.
Vicq, parrosise, 260.
Vigenna = la Vienne, rivière, 272.
Vigerie *et* Vegeyrie (la), bourg, 136, 140.
Villechampaigne, 295.
Villefavard, Villefavard, 295, 309.
Villejust, 291.
Villeux, 311.
Vincennes, 290, 291.

TABLE SYNOPTIQUE

DOLÉANCES DES CORPORATIONS & CORPS CONSTITUÉS DE LIMOGES

Pages.

I.	Doléances	des magistrats du Présidial..........	3
II.	—	des officiers de l'Election............	15
III.	—	des officiers de la Monnaie..........	22
IV.	—	des juges-consuls de Limoges........	25
V.	—	des avocats de Limoges.............	30
VI.	—	du collège royal des médecins.......	34
VII.	—	des notaires royaux.................	36
VIII.	—	des procureurs au présidial..........	48
IX.	—	des bourgeois.......................	55
X.	—	des maîtres pâtissiers...............	61
X bis.	—	des maîtres pâtissiers...............	63
XI.	—	des maîtres apothicaires............	64
XII.	—	des huissiers.......................	66
XIII.	—	des imprimeurs-libraires............	75
XIV.	—	des orfèvres........................	77
XV.	—	des horlogers.......................	78
XVI.	—	des maîtres boulangers.............	81
XVII.	—	des maîtres cordonniers............	83
XVIII.	—	des maîtres savetiers...............	85
XIX.	—	des maîtres tailleurs................	86
XX.	—	des maîtres menuisiers.............	88
XXI.	—	des maîtres serruriers..............	89
XXII.	—	des maîtres perruquiers............	90
XXIII.	—	des maîtres teinturiers.............	91
XXIV.	—	des maîtres tanneurs...............	93
XXV.	—	des aubergistes, hoteliers et cabaretiers	94
XXVI.	—	des maréchaux.....................	98
XXVII.	—	des chaudroniers...................	99
XXVIII.	—	des cloutiers	102
XXIX.	—	des éperonniers, couteliers, armuriers et vitriers........................	104
XXX.	—	des relieurs........................	105
XXXI.	—	des charpentiers, charrons, sabotiers et maçons...........................	107
XXXII.	—	des jardiniers......................	118
XXXIII.	—	des agriculteurs....................	119
XXXIV.	—	du Tiers-Etat de Limoges...........	125

DOCUMENTS RELATIFS AUX ÉGLISES RÉFORMÉES DE LA MARCHE & DU LIMOUSIN

ARGENTAT

1. — Extraits du registre baptistaire de l'église réformée d'Argentat. — 1613-1637................ 129
2. — Extraits des registres baptistaires protestants sur feuilles volantes. — 1635-1682.......... 134
3. — Extraits des registres de la paroisse catholique d'Argentat. — 1610-1731.................. 136

Pages.

4. — Donation d'une rente de 27 ll. faite par sire Pierre Dufaure, marchand, pour servir à la pension du pasteur d'Argentat. — 1615....... 143
5. — Attestation de protestantisme délivrée à Jean Vaurette par le juge d'Argentat. — 1641...... 144
6. — Procès-verbal constatant un conflit de préséance entre les consuls catholiques et les consuls protestants d'Argentat. — 1654............... 145
7. — Partage d'avis intervenu entre MM. Pelot et du Vigier, commissaires pour l'exécution de l'édit de Nantes, au sujet de l'exercice de la religion prétendue réformée au dit lieu d'Argentat. — 1665........................... 147
8. — Testament d'Antoine Peyrau, bourgeois d'Argentat. — 1672........................ 158
9. — Testament de Judith Bourdat, fille de David Bourdat et veuve de Jean Grasset, en faveur de son fils. — 1680....................... 159
10. — Délibération des notables d'Argentat, repoussant une requête du syndic des religionnaires qui, exclus du consulat, voulaient obliger les consuls catholiques à faire eux-mêmes la levée des deniers. — 1683........................ 161
11. — Testament d'Antoine Mondet, cordonnier d'Argentat. — 1684........................... 164
12. — Procès-verbal de non-catholicité dressé par le curé d'Argentat contre Marie Muraillac, à l'article de la mort. — 1693;............... 165
13. — Procès-verbal de non-catholicité dressé par le juge d'Argentat contre Jean Labrousse, bourgeois, à l'article de la mort. — 1713......... 167
14. — « Mémoire à Mgr l'intendant de (?) pour envoyer en cour afin de faire avoir les biens des y dénommés en faveur de leurs enfans » Jean, Jeanne et Lucie de Costebadie. — 1689....... 168
15. — Requête de Lucie de Costetadie en production de titres. — Entre 1709-1717......... 169
16. — Extrait d'une requête de Lucie de Costebadie au roi. — 1714........................... 172
17. — Lettres de relief de temps accordées par le roi à Jeanne et Lucie de Costebadie, fille de Jean Costebadie, ministre d'Argentat. — 1717..... 174
18. — Extrait d'une requête de Lucie de Costebadie au roi. — Vers 1719........................... 176
19. — Requête des d^{elles} Jeanne et Lucie Costebadie au roi. — Après 1719....................... 176
20. — Extraits de mémoires juridiques, où il est question de Jean Costebadie, ancien pasteur d'Argentat, et de ses descendants. — XVIIIe siècle 177

AUBUSSON

21. — Mémoire de l'avocat Lorride sur les religionnaires d'Aubusson. — 1634.................... 179
22. — Analyse de quelques documents originaux des Archives nationales relatifs à l'église réformée d'Aubusson. — 1662-1667............... 187
23. — Requête au roi par les habitants d'Aubusson faisant profession de la religion prétendue réformée relative à leurs contestations avec les habitants catholiques de cette ville. — 1662. 190

		Pages.
24.	— Analyse de trois arrêts du Conseil (1662-63), d'une ordonnance contradictoire de l'intendant (1662), d'une déclaration du roi (1666) et d'une pétition des catholiques (1667) au sujet de l'exercice de la religion prétendue réformée à Aubusson..................................	195
25.	— Déclaration des sieurs Couloudon l'ainé, Mercier et Matheyron, de la religion prétendue réformée, touchant l'acquisition d'un cimetière, d'une école et d'un temple. — 1679..........	198
26.	— Analyse de quelques documents originaux des Archives nationales, relatifs à l'église réformée d'Aubusson. — 1683.................	201
27.	— Arrêt du Parlement de Paris en faveur des protestants d'Aubusson. — 1684............	203
27 bis.	— Lettres de l'intendant de Moulins au roi, concernant les religionnaires d'Aubusson. — 1685...................................	206
28.	— Signification de l'ordonnance de l'intendant de Moulins faisant mention de la remise des clefs du temple de Combesaude, près d'Aubusson. — Mars 1685......................	208
29.	— Procès-verbal des dépositions de témoins, touchant l'exercice illégal de la religion prétendue réformée à Aubusson. — Mars 1685..........	209
29 bis.	— Ordonnance de l'intendant de Moulins portant fermeture du temple de Combesaude, près d'Aubusson. — Mars 1685..................	212
30.	— Relevé des maîtres tapissiers d'Aubusson réfugiés à Schwabach. — XVIIIe siècle..........	215

BEAULIEU

31.	— Requête des protestants de Beaulieu à l'Assemblée de la Basse-Guienne tenue à Montflanquin. — 1624............................	216
32.	— Règlement de Mgr le duc de Bouillon sur la requête présentée à Mgr par ceux de la religion de Beaulieu. — 1642..................	219
33.	— Lettres de M. le duc de Bouillon aux consuls et habitants catholiques de Beaulieu au sujet des huguenots. — 1663........................	222
34.	— Certificat des consuls prêtres et habitants de Beaulieu, attestant le rôle des Jésuites dans la ville depuis leur arrivée et demandant leur maintien. — 1761.............................	223
34 bis.	— Lettre adressée à M. Vigier, curé de Beaulieu, par Gérard du Mouret, directeur des religionnaires de Limoges, relativement à un non-converti. — 22 mai 1726......................	229

CHATEAUNEUF-LA-FORÊT

35.	— Assence faite par Charles de Pierrebuffière, marquis de Châteauneuf, à Charles de Mars, « ministre de la parole de Dieu » à Châteauneuf, d'une terre dépendant de la forêt de Charabail, pour le prix de 720 livres et moyennant certaine rente payable au dit seigneur.—1617.	230
36.	— Testament de dame Marguerite de Pierrebuffière, épouse en secondes noces de messire Charles de Ferrières, seigneur de Sauvebœuf. — 1633.	234

LIMOGES

37. — Nouveaux extraits du registre de la compagnie du Saint-Sacrement de Limoges relatifs aux protestants. — 1648-1662 240
38. — Entretien ecclésiastique sur l'horreur que l'on doit avoir des hérétiques et des nouveautés.— Seconde moitié du xvii⁵ siècle 250

HISTORICA

i. — Ex actis et instrumentis ecclesiæ Lemovicensis (1362-1541) 255
ii. — Ex libro confratriæ visitationis beatæ Mariæ apud Predicatores 261
iii. — Ex schediis domini Guiberti advocati 262

BERNARDI GUIDONIS

CATALOGUS EPISCOPORUM LEMOVICENSIUM
continuatus auctoribus incertis   267

PIÈCES DIVERSES

1. — Transaction entre les habitants et le seigneur abbé de Beaulieu, sur Mémoire touchant l'élection des prud'hommes. — En provençal. Première moitié du xiv⁰ siècle 274
2. — Procès-verbal de l'assemblée des trois états du comté de la Marche et de la seigneurie de Combraille à Guéret. — 1486 289
3. — Procès-verbal de l'assemblée des trois états de la basse Marche au Dorat. — 1486 294
4. — Avis au public de l'ostension du chef de saint Martial. — 1533 296
5. — Accord entre le seigneur et les habitants de Magnac en basse Marche. — 1540 300
6. — Transaction entre le seigneur et les habitants de Magnac, en basse Marche. — 1727 306
7. — Relation de la fête du 14 juillet 1790, à Limoges   316

CHRONIQUES

de la confrérie du Saint-Sacrement de Limoges, 1560-1631   318

Table analytique des matières.....   345
 — des noms de personnes.........   351
 — des noms de lieux.........   362

CORRECTIONS

Pages.
66, ligne 5, au lieu de *venimeuses*, corrigez *venimeuse*.
203, — 4, — *contre*, — *en faveur de*.
212, — 25, — 29, — 29 bis.
256, — 4, — *acquisition*, — *acquisition*.
263, — 7, — *Sabius*, — *Sabinus*.
299, — 33, — *Alexandre*, — *Alexander*.

PUBLICATIONS DE M. A. LEROUX

Recherches critiques sur les relations politiques de la France avec l'Allemagne, 1292-1378. — Paris, Vieweg, in-8°.

Notice historique sur l'hôpital de Magnac-Laval (Haute-Marche). — Limoges, Ducourtieux, in-8°.

Inventaire des Archives Départementales de la Haute-Vienne, série D, précédée d'une histoire de l'Université de Limoges, 1537-1792. — Limoges, Gény, in-4°.

Documents historiques, bas latins, provençaux et français concernant la Marche et le Limousin, recueillis et publiés par MM. E. Molinier & A. Leroux. — Limoges, Ducourtieux, 2 vol. in-8°.

Inventaire des Archives Communales de la Ville de Limoges (Limoges jusqu'à 1789) [...]
Ducourtieux, in-4°.

Essai sur les [...]
[...] — N[...]

[...]

www.ingramcontent.com/pod-product-compliance
Lightning Source LLC
Chambersburg PA
CBHW050548170426
43201CB00011B/1614